대한민국
소프트웨어
성공 방정식

대한민국 소프트웨어 성공방정식

초판 1쇄 발행 2014년 2월 10일

인터뷰어 김재호
펴낸이 장성두
펴낸곳 제이펍

출판신고 2009년 11월 10일 제406-2009-000087호
주소 경기도 파주시 문발로 141 뮤즈빌딩 403호
전화 070-8201-9010 / **팩스** 02-6280-0405
홈페이지 www.jpub.kr / **이메일** jeipub@gmail.com

편집부 이민숙, 이 슬, 이주원 / **소통·기획** 현지환 / **표지디자인** 유재헌
용지 에스에이치페이퍼 / **인쇄** 한승인쇄 / **제본** 광우제책사

ISBN 978-89-94506-86-9 (03320)
값 15,000원

제이펍은 독자 여러분의 책에 관한 아이디어와 원고 투고를 기다리고 있습니다. 책으로 펴내고자 하는
아이디어나 원고가 있으신 분께서는 책에 대한 간단한 개요와 차례, 구성과 저(역)자 약력 등을 메일로
보내주세요. **jeipub@gmail.com**

대한민국 소프트웨어 성공 방정식

11人
인터뷰
모음집

인터뷰어 **김재호**

Jpub
제이펍

일러두기

- 책은 저자가 직접 쓴 부분, 인터뷰이들의 답변 내용을 토대로 작성한 부분,
  인터뷰이들의 답변 원문, 블로그 및 웹 사이트 내용 인용, 설문 회신 내용을 분석한
  부분 등으로 구성했습니다.

- 모든 인터뷰는 인터뷰이의 동의하에 대면 혹은 서면(이메일)으로 이뤄졌습니다. 필요시
  2차, 3차 인터뷰를 진행했으며, 존댓말로 주고받은 질문과 답변은 책의 구성상 짧은
  대화체 형식으로 바꾸었습니다.

- 이 책의 표지와 본문에서 사용된 서체는 책의 취지를 살려 모두 무료(오픈) 서체를
  이용하여 디자인하였습니다.

- 인터뷰이의 내용 중 소프트웨어 용어를 저자가 풀어 쓴 것은 해당 단어 뒤에 괄호를
  하고 나눔고딕볼드 서체로 표기해두었습니다.

- 원고 중 일부는 매체에 투고한 원고를 수정하고 업데이트하여 반영하였습니다(OSMU,
  One Source Multi Use).

- 서울시의 소프트웨어 정책 관련 설문은 임의로 웹 기획자 한 명, 개발자 세 명,
  정책연구자 한 명에게 요청하여 답변을 받았음을 밝혀둡니다.

차 / 례

《대한민국 소프트웨어 성공 방정식》은 우리나라 소프트웨어를 이끌어가고 있는 여러 사람의 이야기를 생생하게 담고 있습니다. 특히 책의 마지막 부분, '소프트웨어 성공을 위한 필요조건'에서는 정보화 시행 계획 및 정책 등 행정과 관련된 현장의 변화들을 조목조목, 그리고 꼼꼼하게 담아내고 있습니다. 참으로 생생한 목소리입니다.

오늘날 모든 산업의 융·복합 속에서 IT, 특히 소프트웨어의 중요성은 더할 나위 없습니다. IT는 이제 매우 중요하면서도 모든 산업의 근간이 되는 0차 산업입니다. 나아가 모든 기술은 삶을 담아낸다는 면에서 활발한 시민참여는 더 많은 기술적 변화와 일상의 혁신을 가져온다 하겠습니다.

하지만 소프트웨어 산업의 현장에서는 아직도 안타까운 현실을 토로하고 있는 게 사실입니다. 늦긴 했지만, 실질적인 정책 지원이 필요한 시점입니다. 정책의 혁신으로 좋은 발주자가 하나라도 더 생기는 것이, 좋은 산업을 키우는 지름길이라고 판단합니다.

오늘날 대한민국에서는 하루에도 수많은 중소기업과 스타트업들이 생멸하고 있습니다. IT 산업의 해당 정책과 관련해서는 공공기관 역시 현실에 안주할 수만은 없습니다. 시민 여러분과 함께 현장에서 답을 구하겠습니다. 소통과 집단지성이 서울시가 추구하는 전략이자 희망입니다. 책에 담긴 인터뷰이들의 이야기는 지금 우리들의 이야기입니다.

서울특별시장 **박원순**

이미지와 실체 사이에는 큰 간극이 있다. 보이는 것과 애써 보이게 만드는 것에는 차이가 있다. 소프트웨어는 이미지보단 실체에 가깝다. 그 안에 논리와 창의성이 담겨 있기 때문이다. 일반 사용자들이 보는 것은 소프트웨어로 구현된 결과물이기 때문에 이미지에 가까울 수 있다. 거대한 소프트웨어 체계에 깔린 맥락을 짚기 위해선 성찰이 필요하다.

이 책에 담긴 인터뷰 내용은 소프트웨어에 대한 좀 더 본질적인 것을 파헤치기 위한 노력이다. 평상시 소프트웨어란 무엇인지, 어떤 지향점을 가져야 하는지, 무엇을 주의해야 하는지, 소프트웨어 산업을 위해선 과연 무엇을 해야 하는지, 소프트웨어를 더욱 잘 활용하기 위해선 어떤 것을 염두에 두어야 하는지, 실제로 소프트웨어를 산업에 적용하면서 성공이라는 키워드를 위해 어떤 것을 배워야 하는지 등을 고민하는 사람들의 이야기라고 할 수 있다. 인터뷰이들은 각자의 영역에서 소프트웨어의 최전선에서 있는 사람들이다. 그들이 생각하고 실천하는 바들은 우리나라 소프트웨어 발전을 위한 이정표가 될 수 있다고 감히 적어본다. 우리에겐 지금

좌표가 필요하다.

소프트웨어는 가장 개인적이면서도 특수하고 보편적인 성격을 동시에 띠고 있다. 소프트웨어 개발을 위해선 팀워크가 필요하지만, 그보다 우선 필요한 것은 개발자의 창의성과 즐거움이다. 인터뷰 속에 담긴 내용을 보면 대개 소프트웨어 개발의 즐거움을 강조하고 있다. 먹고 살기 위한 프로젝트나 용역에 참가하다 보면 소프트웨어는 즐거움이 아니라 고역이 되기 일쑤다.

최근 한 예능 프로그램에서 고3을 대상으로 가장 닮고 싶은 사람을 물어봤더니 마크 주커버그와 스티브 잡스가 1, 2위를 다퉜다고 한다. 물론, 일부 특정 고등학교를 대상으로 한 설문이지만 시사하는 바가 크다. 언제까지 해외 유명 기업인들을 좇아가야 하는지, 왜 우리에겐 그러한 인물이 없는지 안타까울 때가 있다. 남녀노소 모두가 기억하고 존경하는 소프트웨어 관련 인물이 우리나라 토양에서 나올 수는 없을까.

개별적 창의성이 극대화하고 시장에서 인정받으면 그 소프트웨어는 보편성을 띠게 된다. 즉, 소프트웨어가 많은 사람에게 사용되고 인정을 받게 되는 것이다. 개발자는 어떤 코드로 짜여 있는지 알고 싶어 한다. 좋은 노래를 많은 사람이 따라 부르고 작곡자가 그 노래의 선율과 코드를 따라 하고 싶어 하는 것과 마찬가지다. 개인적 호기심과 열정이 시장에서 일반적으로 받아들여지는 순간이다. 모든 개발자가 꿈꾸는 바다.

이 책은 다음과 같이 구성돼 있다. 제1장에서는 순수한 과학적 호기심에서 출발한 앨런 튜링의 관심이 어떻게 거대한 소프트웨어 조류를 이끌어

냈는지 살펴본다. 특히, 튜링의 연계적 사고에 주목하며 그의 독창적 사유를 들여다본다.

제2장에서는 '생활코딩'이라는 새로운 도전을 펼치고 있는 이고잉 님과 인간의 마음을 먼저 생각하는 블로거 박원준 님을 만나본다. 비영리 플랫폼을 운영하며 동영상 코드 수업을 서비스하고 있는 이고잉. 그는 "언젠가 개발자들의 사고방식이 사회 전반적으로 흘러들어 가게 될 것"이라는 의미심장한 말을 남겼다. 소프트웨어는 사용자에게 편리함을 제공하지만, 그 이면에 있는 위험 요소 역시 알아채야 한다. "냉혈한 인간의 완벽한 기술보다 따뜻한 인간의 허술한 기술이 더 낫다"는 게 박원준 님의 일침이다.

제3장의 박상민 연구원은 한국과 미국에서 교육과 현장을 모두 경험했다. 소프트웨어 개발의 즐거움을 강조하며, 이를 위해 문제를 발견하고 해결하는 게 중요하다고 강조한다. 우리에게 가장 필요한 게 무엇인지 귀 기울여야 할 지점이다. 아울러, 권기택 대표와 김성호 이사는 도전 정신과 사회적 가치를 함께 추구하자고 강조한다. 그 핵심에 오픈소스가 자리 잡고 있다. 이들은 자유정신을 통한 협업과 이를 기반으로 한 혁신을 요청한다. 스타트업에겐 더더욱 그러하다. 하지만 오픈소스가 공짜라는 인식을 가져서는 안 된다.

제4장은 보안 관련 내용을 다룬다. 지능형 지속 위협 속에서 기본적인 대응에 충실할 필요가 있다. 안랩 박태환 팀장은 악성코드는 전 세계적으로 확장된 네트워크 때문에 개별 사용자가 주의해야 한다고 강조한다. 차세대 보안 리더 양성 프로그램 조근영 멘티는 "악성코드가 유포되는 길목을

미리 차단하려는 노력이 최선"이라고 밝혔다. 보안 전문가가 되기 위해 박태환 팀장은 "운영체제와 프로그래밍에 대한 기본 지식을 쌓으라"고 조언했다. 조근영 멘티는 "몰입하고 즐겨야 한다"고 조언했다.

런던 유니버시티 칼리지의 유신 교수는 갈수록 진화하는 부정적 의미의 해커들이 사회 근간을 흔들고 있는 가운데, 보안 문제는 기술 차원을 넘어선 사회적 합의의 문제라고 지적했다. 유신 교수는 정당한 대가를 주어야 소프트웨어 인력 고갈 문제를 해결할 수 있다고 말했다.

제5장에선 디지털 포렌식 전문가인 한양대 김인성 교수와 이야기한다. 그는 IT 칼럼니스트로서 왕성한 활동을 하며 우리나라 소프트웨어의 문제점을 조목조목 파헤친다. 특히, 그는 일명 컴퓨터 법의학인 디지털 포렌식으로 각종 디지털 관련 증거를 과학적으로 분석하며 사건 혹은 사안의 이면에 감춰진 진실을 알린다. 김인성 교수는 기계가 인간의 오감을 확장시키는 역할을 한다면서 기계로 인해 효율성의 극대화가 이뤄지면 세상이 변하고 바뀔 수 있다고 밝혔다.

제6장은 타이드인스티튜트의 고산 대표를 만난다. 그는 기술 + 상상력 + 디자인 + 기업가정신을 통해 세상에 없는 제품이나 서비스를 만들어 새로운 가치를 더하려고 노력 중이다. 점점 하드웨어가 소프트웨어화하고 있는 가운데, 고산 대표는 스스로 보급형 3D 프린터 아이템으로 현장에 뛰어들었다. 고산 대표는 과학기술을 시장으로 끌고 나가는 기술 기반 창업의 중요성을 강조한다.

제7장은 소프트웨어 성공의 필요조건을 알아보기 위해 서울시 사례를 중심으로 분석해봤다. 주위에 소프트웨어 관련 일을 하는 다섯 명에게 조언을 구했다. 소프트웨어가 우리 삶에서 기체화되어 가고 있는 가운데, 빅데이터로 인해 삶의 질이 바뀌고 있다. 서울시가 꿈꾸는 소프트웨어의 성공 전략은 주목할 만하다. 공공데이터 개방, 스타트업 활성화, IT 개발자들과의 토론과 소통 등 바람직한 사례가 많다. 하지만 서울시는 공공기관으로서의 한계 역시 드러낸다. 기업들은 죽기 살기로 사업을 진행하지만, 서울시는 공적 영역에 머물러 있다. 서울시는 기업들의 생존 전략을 깊게 들여다볼 필요가 있다. 한편, 오픈소스 소프트웨어의 가능성에 주목하며 아마추어적 해커 정신과 사용자 만족 역시 소프트웨어가 성공하기 위한 필요조건으로 눈여겨봐야 한다.

좋은 소프트웨어를 만드는 것은 결국 좋은 소프트웨어를 만드는 습관일 뿐이다. 습관이 모이면 문화가 되고 좋은 소프트웨어가 자랄 수 있는 토양이 마련된다. 모쪼록 이 책에 담긴 내용을 통해 더 나은 문화가 만들어지고 소프트웨어가 성공하기 위한 토대가 구축되길 기원해본다.

1

소프트웨어,
미래를 예견하다

앨런 튜링

소프트웨어의
아버지

천재는
우리에게
무엇을
남겼을까?

인간은 아주 가까운 미래만 알아차릴 수 있다. 하지만 그 안에 무수히
많은 것들이 우리를 기다리고 있다.

_앨런 튜링, 〈계산 기계와 지성〉 논문 중에서

최초의 해커, 수학자, 철학자, 컴퓨터과학자, 계산학자, 정보
과학자, 인공지능의 창시자. 나중엔 식물의 형태발생학morphogenesis 연구에도
몰두했던 비운의 천재. 바로 '앨런 튜링Alan Turing'이다.

미국 컴퓨터학회 정기간행물 〈Communications of the ACM〉 저널은 '앨
런 튜링의 해가 남긴 의미심장한 유산'[1]에 대한 소식을 전했다. '앨런 튜링
의 해'가 근본적인 것에 대해 사고하는 게 얼마나 중요한지 일깨워 주었다
는 내용이다. 2012년은 앨런 튜링이 태어난 지 100주년이 되는 해였다. 전
세계적으로 그를 기념하는 학술행사와 이벤트가 많이 열렸다.

그는 제2차 세계대전 당시 블레츨리 파크에서 독일군의 에니그마 코드Enigma Code를 크래킹하는 데 큰 기여를 했다. 드라마틱한 앨런 튜링의 삶은 다큐멘터리 〈코드브레이커CODEBREAKER〉(www.turingfilm.com)로 제작돼 다시금 조명을 받고 있다. 2014년에는 베네딕트 컴버배치Benedict Cumberbatch가 앨런 튜링으로 나오는 〈이미테이션 게임The Imitation Game〉이 개봉될 예정이다.

분절화된 과학을 넘어서

2012년 6월, 캠프리지 대학교에서 튜링 기념 콘퍼런스가 열렸다. 주제는 '계산 가능성 – 세상은 어떻게 계산되는가(작동하는가)?'였다. 영국 리즈 대학교 수리논리학과 교수이자 튜링 100주년 기념사업 회장인 베리 쿠퍼Barry Cooper는 "이 콘퍼런스는 과학이 어떻게 분절화돼 왔는지에 대한 우려를 표명하기 위해 개최됐다."면서 "계산 가능성과 그것이 어떻게 우리 삶에 영향을 주는지 고찰하기 위해 좀 더 연계적인 사고joined-up thinking로 되돌아 가길 원한다."라고 말했다. 근대를 거쳐 현대로 접어들면서 과학은 점차 분과학문으로 나뉘게 됐다. 이 때문에 근본적인 사고의 힘이 절실해진 것이다. 그래서 베리 쿠퍼 교수는 "미래는 계산 불가능하기 때문에 예측할 수 없다."면서 "하지만 튜링의 해는 계산 가능성에 대한 본질적인 문제를 다시 끄집어 내는 역할을 했다."고 평가했다.

컴퓨터과학의 노벨상이라 불리는 '튜링상'은 인텔과 구글의 후원으로 25만 달러를 수상자에게 지급한다. 미국 컴퓨터학회(ACM)에서는 1966년부터 컴퓨터과학 분야에서 중요한 업적을 남긴 사람들한테 튜링상을 수여하기 시작했다. 2012년 상은 MIT의 샤피 골드바서와 실비오 미칼리 연구원에게 수여됐다. 이들은 현대 암호 작성(해독) 기법을 가능케 하는 수학적 기초를 세웠다. 인터넷을 통해 안전한 커뮤니케이션과 트랜잭션 수단을 제공한 것이다. 두 연구원은 암호 작성법이 예술에서 과학으로 변모하는데 필요한 수학적 구조를 만들어냈다.

하버드 대학교에서 컴퓨터과학 및 응용수학을 가르치는 레슬리 밸리언트 교수는 2010년 '튜링상'을 받았다. 그는 튜링의 해 기념 강연에서 종종 연사로 나섰다. 밸리언트 교수는 "20~30년 전에는 조명받지 못했던 튜링이 다시금 각광받고 있다."며 "이는 기념사업 때문이 아니라 튜링이 세상에 끼친 영향을 자각하고 있기 때문"이라고 말했다.

앨런 튜링의 해가 남긴 여러 유산 중 하나는《앨런 튜링: 그의 업적과 영향 Alan Turing: His Work and Impact》(Elsevier Science 출간, 2013)이 출간된 것이다. 서문에선 "튜링의 저작들을 한데 모음으로써 이론적 정합성을 확인할 수 있다."며 "이는 결국 '세상은 어떻게 계산되는가(작동하는가)?'라는 근본적 물음을 여러 다른 측면에서 드러내는 것"이라고 밝혔다.

〈타임〉은 "모든 사람이 키보드를 두드리고, 스프레드시트(계산용 소프트웨어)나 워드프로세서 프로그램을 여는 건 튜링 기계의 덕분이다."라고 전한다. 앨런 튜링을 컴퓨터과학 혹은 소프트웨어의 아버지라고 부르는 이유다. 앨런 튜링의 창의성은 지금 우리가 매일 쓰고 있는 PC와 모바일에 근본 원리를 제공했다. 그가 상상한 '범용 튜링 기계Universal Turing Machine'는 컴퓨터라 불리는 모든 기기에서 작동하고 있다. '튜링 기계'와 튜링 기계를 실행하는 '범용 튜링 기계'라는 개념은 폰 노이만이 현대의 컴퓨터를 만드는 데 근본적 원리로 작용한 것이다.

범용 계산 개념과 세상의 작동방식

명백한 진리이지만 증명이 불가능한 명제가 존재한다는 것을 밝혀낸 게 바로 괴델Gödel의 '불완전성 정리incompleteness theorems'다. 완전한 형식논리체계가 불가능하다는 것을 보여준 것이다. 이를 상상 속에서 증명하는 게 '튜링 기계'다. 다섯 가지 공준postulate으로 시작되는 유클리드 기하체계는 명백한 진리이지만, 이 체계의 수학적 진리만으로 그 체계가 진리인지는 증명 불가능하다. 수학은 정합적 체계 내에서 증명 가능성을 찾는 것이기 때문에, 애초에 체계와 체계를 이루는 공리들을 부정하면 그 어떤 것도 증명될 수 없다.

수치계산으로 유명한 소프트웨어 '매스매티카Mathematica'를 만든 스티븐 울프럼Stephen Wolfram 박사. 그는 앞에 소개된 책《앨런 튜링: 그의 업적과 영향》에서 범용 계산의 중요성에 관해 썼다. 울프럼 박사는 "튜링은 범용 계산에 대한 개념을 창조하여 소프트웨어의 원리, 컴퓨터 혁명, 오늘날 점차 증가하는 기술의 진보를 이끌었다.”고 밝혔다. 수학적 이상으로 출발해 우주에 존재하는 모든 것을 설명하는 수단으로 발전한 것이 바로 '튜링 기계'라는 것이다. 튜링의 범용 계산 개념을 통해 지식이 점차 계산 가능한 형태가 되고 있다. 울프럼 박사는 “인간의 미래는 튜링의 범용 계산에 훨씬 더 의존하게 될 것”이라고 전망했다.

호기심과 독창적 사유로 세상을 바꾸다

유럽에서 제2차 세계대전이 끝날 무렵, 앨런 튜링은 수리논리학에서 얻은 영감과 암호 해독을 하며 겪은 경험, 전자기기에 대한 실용적인 지식을 융합하고자 했다. 스탠포드 대학교 철학사전[2]에 따르면, 그의 야심은 현대적 의미의 전자컴퓨터를 만들어 보고자 하는 것이었다. 튜링의 꿈은 산업혹은 상업적이라기보다는 순수한 과학적 동기로부터 출발했다. 특히, 그는 인간이 인식할 수 있는 계산이 이론적으로 얼마만큼 한계가 있는지 밝혀내고자 했다. 더욱이 계산의 능력과 인간 인식의 힘을 비교하며, 제대로 프로그래밍할 수 있으면 뇌와 같은 역할을 할 수 있을 것으로 생각했다. 튜링의 생각은 인공지능 연구의 토대를 세웠다.

인간과 기계를 구분하는 것은 무엇인가? 인간은 기계에 의존하기 때문에 그 경계는 점차 줄어들 것이다. 엄밀한 의미에서 지금도 우리는 부분적으로 기계에 의존하는 삶을 살고 있다. 하드웨어 안에 담긴 소프트웨어는 무엇이고 어떤 기능을 하는가? 소프트웨어만 따로 떼어놓고 보았을 때, 그 소프트웨어는 인간 정신과 유사한 기능을 한다. 튜링은 1950년에 〈계산 기계와 지성Computing Machinery and Intelligence〉이란 논문을 발표한다. 그는 이 논문을 통해 인간이 기계와 얘기를 나누는지, 다른 사람과 얘기하는지를 알 아차릴 수 없다면 컴퓨터 역시 지능을 갖고 있다고 봐야 한다고 강조했다. 백욱인 서울과학기술대학교 교수는 "튜링 테스트는 기계와 인간을 칸막이 방에 놓고 제3자가 질문을 한 다음, 어느 것이 기계이고 어느 것이 인간인지를 구분하는 것"이라며, "만약 제3자가 기계와 인간을 구분할 수 없다면 그 기계는 튜링 테스트를 통과한 것"[3]라고 밝혔다.

인간과 기계는 구분되는가

미래의 컴퓨터는 분명 인간과 더욱 가까워질 테다. 인간이 구현하는 소프트웨어는 효율성을 극대화하고 작동 메커니즘은 더욱 쉬워진다. 컴퓨터는 있는지 없는지 모를 정도로 인간에 근접해 있을 것이다. 내가 알고리즘을 사용하는지, 인간과 대화하는지 구분이 어렵게 될 것이다. 웹을 유영(遊泳)하는 검색엔진 로봇의 흔적이 누가 의도한 것인지를 분간할 수 없다. 수많은 애플리케이션의 대답은 내가 사람과 얘기하는지, 기계와 말하는지 헷갈릴 정도로 정교하고 정확해질 것이다. 튜링의 예견대로다.

1930년대에 앨런 튜링은 ACEAutomatic Computing Engine를 디자인한다. 이후 ACE는 1950년대 영국 국립물리학연구소(NPL)에서 Pilot ACE로 구현된다. Pilot ACE는 최초의 컴퓨터로, 그 당시 가장 빠른 컴퓨터였다. 영국 오픈 대학교 닉 브레이스웨이트Nick Braithwaite 교수는 〈가디언〉과의 인터뷰에서 "소프트웨어는 바로 튜링을 통해 시작됐다."면서 "튜링은 (프로그래밍) 언어를 고를 필요도 없이 처음으로 (소프트웨어적) 언어를 작성해야 했다."고 말했다. 빅토리아 시대에 찰스 베비지Charles Babbage는 인간의 계산을 공학 기계(차분기관)를 통해 구현하는 구상을 했다. 이에 반해, 튜링은 소프트웨어적 마인드를 통해 그 문제를 해결하고자 한 것이다.

튜링은 얇고 긴 테이프 위에 기호를 써내려가는 기계를 상상했다. 유한개의 규칙에 따라 다시 쓰고, 아니면 지우는 기능을 하는 기계다. 튜링은 사람이 노예처럼 이러한 작업을 수행하는 것이라고 묘사했다. 튜링은 이 사람을 '컴퓨터'라고 불렀다. 계산되어야 할 문제라는 것을 고려할 때, 이 기계는 해답을 주거나 정지하거나 해야 한다. 하지만 무한히 반복되면서 해답을 주지 않는 경우는 어떨까? 이때 튜링은 이 가상의 기계가 언제 정지할지 우리는 결코 모른다는 것을 수학적으로 증명했다. 튜링은 확고한 예를 통해 결정 문제는 증명 불가능하다는 것을 보여줬다. 결국, 수학사에서 러셀의 역리로 시작된 수학의 완전성에 대한 절망은 반복된다.[4]

예를 들어, π를 계산한다고 했을 때 튜링 기계가 언제 멈출지 알 수가 없다. π는 원의 둘레와 지름의 비를 나타낸다. π에 대한 계산은 튜링 기계를 통해 일일이 알고리즘화하여 출력할 수 있다. 무한정한 과정이라 하더라도 말이다. 튜링은 이를 계산 가능한 수라고 표현했다. 소수점 이하로 표기되어 그 계산 방식을 알고리즘화할 수 있는 게 바로 계산 가능한 수다. 여기서 중요한 건 π가 무한대라는 점이 아니다. 언제 이러한 계산 과정이 끝날지 판정할 수 있느냐, 이에 대한 증명이 가능한가에 초점이 맞춰진다.

다시 말해, 계산하는 과정이 언제 끝나는지 파악할 수 있고 증명 가능하다고 가정하는 것이다. 이러한 경우는 모든 경우, 즉 수학에서 말하는 임의의 경우에 적용되어야 증명이 된다. 강조하자면, 언제 끝날지 결정할 수 있는지, 그것을 증명할 수 있는지가 핵심이다. 모든 경우의 수에 대해서 말이다. 미리 결론을 말하자면, 언제 정지하는지 결정(판별)하는 건 불가능하다.

언제 계산이 종료되는지 혹은 정지할지 판별할 수 있는 기계 A가 있다고 해보자. 판별 결과에 따라 A는 정지하거나 정지하지 않게 될 것이다. 후자는 정지하지 않고 무한히 계속됨을 의미한다. A는 처리되어야 하는 입력값에 따라 정지 혹은 무한 실행이라는 두 가지 결정에 대한 판별을 내릴 것이다. 정지한다는 것은 계산이 끝남을, 무한 실행은 계산이 계속됨을 의미한다. 그런데 입력값이 정지하는 프로그램이면 무한히 실행하고, 입력값이 무한 실행하는 프로그램이면 정지를 실행하도록 A를 알고리즘화해 보자. 정지하는 프로그램이라는 것은 계산의 종료 시점을 결정할 수 있다는 뜻이다.

이때 A가 A 자신을 입력값으로 받게 되면 어떨까? 즉, 언제 계산이 종료되는지 판별할 수 있는 기계 A가 자신을 입력값으로 받게 되면 어떤 일이 벌어질까? 임의의 경우에 적용되어야 증명이 되는 것이기 때문에 하나라도 문제가 발생하면 증명은 불가능하다. 모든 까마귀는 까맣다는 명제는, 한 마리의 흰 까마귀가 발생하면 거짓이 되는 셈이다. 입력값 A가 정지하는 프로그램이면, 출력값 A는 무한 실행이 된다. 계산의 종료 시점을 판별할 수 있기 때문에 계속 실행하는 것이다. 반대의 경우도 마찬가지다. 입력값 A가 무한 실행하는 프로그램이면, 출력값 A는 정지한다. 계산의 종료 시점을 판별할 수 없기 때문에 종료하는 것이다. 결국, 모순이 된다. 귀류법 적용이다. 그 유명한, 자기 자신을 포함하지 않는 모든 집합의 모임 U를 생각하면 된다. U 역시 집합이다. U는 자기 자신을 포함하거나 하지 않으면 안 된다는 역리가 발생한다. 바다 위에 표류해 목이 타지만 바닷물을 마시지 못하는 것으로 비유될까? 이상을 정리해 보면 아래와 같다.

(가정) 언제 계산이 정지(종료)할지 판별할 수 있는 임의의 기계 A가 존재한다.

A를 다음과 같이 프로그래밍한다.

① 입력값: 정지하는 프로그램   → 출력값: 무한 실행
② 입력값: 무한 실행하는 프로그램 → 출력값: 정지

만약 A의 입력값이 A이면, A는 정지하거나 무한 실행할 것이다.

① 입력값 A: 정지하는 프로그램　　　→ 출력값 A: 무한 실행

➡ 입력값 A는 언제 계산이 종료하는지 판별할 수 있는 정지하는 프로그램이었
　는데, 출력값 A는 무한 실행이 되어 모순이 발생했다.

② 입력값 A: 무한 실행하는 프로그램　　→ 출력값 A: 정지

➡ 입력값 A는 언제 계산이 종료하는지 판별할 수 없는 무한 실행하는 프로그
　램이었는데, 출력값 A는 정지가 되어 모순이 발생했다.

따라서 가정은 거짓이다. 계산이 언제 정지할지 판별할 수 있는 임의의 기계 A
가 존재하지 않는다. 존재할 수 없다.

계산 가능성과 결정 문제 그리고 튜링 기계

튜링 기계는 결정 문제가 증명 불가능하다는 것을 매우 간단한 추상적 알
고리즘으로 보여준다. 결정 문제는 어떤 명제를 증명하는 가운데 참인지,
거짓인지를 결정할 수 있는 알고리즘의 가능성을 밝혀내려는 것이다. 즉,
모든 수학적 명제에 대해 증명이 가능한가에 대해 결정할 수 있는 방법이
있는가에 대한 물음이다. 힐베르트Hilbert는 수학에서 가장 중요한 문제들
을 제시했는데, 그중 하나가 완전한 산술 체계가 가능한지 밝혀내려는 결
정 문제였다. 그것은 불가능하다. 괴델은 이를 제2불완전성 정리로 증명했
다. 튜링은 괴델이 증명한 바를, 기계적으로 재증명한다. 그게 바로 튜링
기계다.

계산 가능한 것을 계산할 수 있도록 하는 가상의 기계가 튜링 기계다. '계산 가능'하다는 것은 알고리즘을 통해 참 혹은 거짓이 증명된다는 뜻이다. 어떠한 연산을 기호논리학적 방법으로 알고리즘화할 수 있다고 치자. 하지만 튜링 기계에 의해 무한히 재생성되는 연산에 대해, 정말 보편적이고 일반적인 체계를 만들어낼 수 있겠는가? 에른스트 페터 피셔는 "정지 물음에 대한 답은 매 경우 개별적으로 내려져야 하지만, 이를 결정하는 일반적인 공정이란 존재하지 않는다."[5]고 적었다.

튜링 기계는 무한대로 존재한다. 현대적 개념에서 무수히 많은 프로그램이 있는 것과 같다. 프로그램을 실행하는 건 바로 컴퓨터. 튜링은 이를 '범용 튜링 기계'라고 불렀다. 따라서 무수히 많은 범용 튜링 기계 하에 셀 수 없을 정도로 많은 튜링 기계가 존재한다. 튜링 기계는 행동표가 지시하는 알고리즘에 따라 작동한다. 현대의 개별 컴퓨터는 소프트웨어에 의해 다른 컴퓨터에서 시뮬레이션될 수 있다. 프로그램은 또 다른 형태의 데이터이며 다른 프로그램에 의해 조작될 수 있다.

튜링은 가장 확실하고 기본적인 원칙을 통해 사유했다. 독창적인 사고가 가능했던 이유는 그의 인식 안에서 체계를 세우고 증명하려는 노력 때문이다. 하지만 이러한 그의 성격은 그를 학문적이든 삶의 측면이든 고립되게 만들기도 했다. 그럼에도 지금 다시 그를 주목하는 건 순수한 과학적 동기와 호기심 때문이다. 단 하나의 기본적인 토대에서 확장되는 그의 사유가 소프트웨어를 통해 우리 삶의 모습을 바꾸었다.

정리

☑ 2012년이 앨런 튜링의 해로 지정됨으로써 그의 영향력에 대해 세계가 집중했다. 2013년에는 그의 업적과 영향을 총망라하는 책이 출간됐다. 2014년에는 튜링의 삶을 조명하는 〈이미테이션 게임〉이라는 영화가 개봉될 예정이다.

☑ 지금 내가 키보드를 치며 작업할 수 있는 건 튜링의 공이 크다. 그를 '소프트웨어의 아버지'라고 부르는 이유다. 튜링의 '범용 계산' 개념은 소프트웨어의 원리, 컴퓨터의 혁명 등 계산과학을 통한 기술의 진보를 이끌었다.

☑ 튜링은 순수 과학적 동기에서 실용적 지식을 연계하고 융합하고자 했다. 특히, 기계가 생각할 수 있는지에 대한 그의 고민은 인공지능 연구의 토대를 세웠다. 계산의 가능성과 원리에 대한 연구 등은 튜링 기계, 범용 튜링 기계, 튜링 테스트 등으로 귀결된다. 결국, 소프트웨어는 튜링을 통해 시작됐다고 해도 과언이 아니다.

☑ 튜링은 가장 확실하고 기본적인 원칙을 통해 사유를 확장시키고 연계적 사고를 했다. 독창적 사고가 가능한 이유다.

천재 과학자의 탄생과 죽음

(1912년 6월 23일 ~ 1954년 6월 7일[6])

앨런 튜링이 새롭게 조명받고 있다. 2012년은 튜링이 탄생한 지 100년을 기념해 '앨런 튜링의 해'로 지정됐다. 튜링은 소프트웨어 분야에서 일하는 사람들에겐 낯설지 않다. 아니 오히려 존경해마지 않는다. 2013년에는 그의 업적과 영향을 총망라하는 두꺼운 책이 출간됐다.

앨런 튜링의 아버지는 인도에서 공무원으로 일했던 줄리어스 매시슨 튜링Julius Mathison Turing이었고, 어머니는 에셀 사라 튜링Ethel Sara Turing이다. 튜링은 1912년 6월 23일에 영국에서 둘째 아들로 태어났다. 출산 후 튜링의 부모는 인도로 돌아갔고, 그로 인하여 그는 형과 함께 영국에 있는 한 가정집에서 양육되었다. 어머니의 회고를 따르면, 앨런 튜링은 어렸을 때부터 새로운 단어 만들기를 좋아했다고 한다. 그는 동심이 담긴 백과사전을 쓰기도 했다.

1926년 튜링은 공립학교인 셔본 고등학교에 입학했다. 셔본에서 튜링이 가깝게 지낸 사람은 모컴이었다. 하지만 튜링이 아끼던 이 친구는 1930년 소결핵이란 병의 복합증세로 죽고 말았다. 이때의 상심과 충격은 튜링의 삶에 결정적 영향을 끼친다.

1931년 가을, 튜링은 킹스 칼리지에 입학하여 수학을 공부한다. 1934년 학사학위 취득 후, 1935년 킹스 칼리지의 특별연구원으로 특채된다. 1936년 봄, 그는 힐베르트가 제시했던 결정문제를 귀류법으로 해결했다. 힐베르트는 수학이 완전한지, 모순은 없는지, 일관성은 있는지, 결정 가능한지 등에 대해 문제를 제시하고 고심하고 있었다. 튜링은 커서 결정 가능성에 대한 질문에 '튜링 기계'라는 가상의 기계를 사용한 방법의 논문으로 이를 증명했다.

1939년 제2차 세계대전이 시작되었을 때 튜링은 블레츨리 파크에 있는 정부암호 부서에서 독일해군의 암호 해독 작업을 한다. 제2차 세계대전이 끝난 1945년에는 국립물리연구소에서 컴퓨터의 자동계산 기계 구축 관련 일을 한다.

약 2년 후인 1947년, 튜링은 국립물리연구소를 떠나 켐브리지 대학교로 돌아간다. 그는 생리학과 신경과학 수업을 수강하고, 이듬해에 맨체스터 대학교의 정보과학팀에서 일한다. 튜링은 1950년 <계산기와 지능>이라는 논문을 게재한 후 인공지능의 창시자로 불리게 된다. 1951년에는 왕립학회의 특별회원으로 선출된다. 1952년, 튜링은 41세에 생물학을 수학적으로 분석하는 데 관심을 가지게 된다. 특히, 식물의 형태발생학에 대한 연구를 주로 하였다.

튜링은 동성애자였는데, 결국 한 젊은 청년과의 동성애 관계가 드러남으로써 법정에 선다. 당시 동성애는 불법이었다. 튜링은 2년간 화학적 거세를 받았다. 하지만 얼마 지나지 않은 1954년 6월 7일, 튜링은 청산가리에 담긴 사과를 베어 물고 자살로 생을 마치게 된다.

2013년 12월 23일, 튜링은 59년 만에 특별사면을 받았다. 영국 정부는 왕실의 사면령에 따라 전례 없는 사면조치를 단행했다. 그에게 씌워진 오명이 공식적으로 없어진 셈이다. 그동안 수많은 사람이 튜링의 사면을 요구하는 온라인 탄원서에 서명했다. 2009년엔 고든 브라운 전 영국 총리가 튜링에게 공식 사과한 바 있다.

 **Interview...**

앨런 튜링과의 가상 대화[7]

미국 컴퓨터학회(ACM)에서는 1966년부터 컴퓨터과학에 중요한 업적을 남긴 사람들한테 과학 분야의 노벨상이라고 할 수 있는 '튜링상' 수여를 시작했다. 그렇다면 앨런 튜링은 어떤 이유로 노벨에 걸맞은 명성을 얻게 된 것일까? 그를 직접 만나보자.

Q 오늘날 사람들로부터 '소프트웨어의 아버지'라고 불리는 심정은 어떠한가?

:) 나는 사람들로부터 인공지능, 인지체계의 모델화, 생명정보 과학 등의 분야에 대한 명성을 부여받았는데, 아시다시피 컴퓨터는 저뿐만 아니라 수많은 수학자, 논리학자, 철학자, 과학자, 공학자들로 인해 만들어졌다. '소프트웨어의 아버지'라……. 나를 그렇게 대단한 사람으로 여겨주신 분들께 감사한다. 컴퓨터의 발명에 기여한 다수를 대표해 그런 호칭을 받은 것으로 여기겠다.

초창기 컴퓨터는 계산기에 가깝다. 현대 컴퓨터의 모태는 내가 발명한 '범용 튜링 기계'라고 할 수 있다. 나는 '튜링 기계'의 개념이 되는 계산 가능성의 논리 이론을 24살이 되던 1936년에 만들었다. 이 '범용 튜링 기계'는 컴퓨터 역사상 최초의 해석 프로그램으로, 이 프로그램만 있으면 다른 어떤 프로그램도 처리할 수 있다.

Q 튜링 박사는 오늘날 '현대 컴퓨터'를 이룩하는 데 어떤 역할을 했다고 생각하는가?

나는 현재 컴퓨터의 시초라고 할 수 있는 상상의 기계를 고안했다. 물론, 그 시절에는 단지 암호 해독기에 불과했지만, 수학적 알고리즘이 어떻게 기계화되었는지를 시도했다. '튜링 기계'는 인간의 계산 과정을 잘게 쪼갰다고 생각하면 이해하기 쉽다. 일종의 미분이다. 튜링 기계에 매진하고 있던 1938년 여름 어느 날, 나는 독일 군대의 암호 해독 프로젝트에 참여하게 된다. 그 시절 시민들의 공원이었던 블레츨리 파크에서 연구실을 배정받았다. 여기서 암호 해독에 필수적인 '봄베Bombe'를 재탄생시켰다. 그리고 '봄베'는 에니그마 해독의 초깃값을 찾는 데 큰 역할을 했다.

Q 당신의 위대한 업적은 독일군을 패배시키는 데 일조했다. 독일군이 사용하던 '에니그마'는 어떤 원리인가?

모든 사람이 내가 개량한 '봄베'가 독일군의 에니그마를 해독하는 데 큰 기여를 했다고 생각하고 있다. 하지만 난 제2차 세계대전 시작 시기에 폴란드 사람들이 독일의 초기 에니그마를 대적하기 위해 만든 기계를 더 손본 것뿐이다. 독일군을 패배시키는 업적은 이미 수많은 사람의 열정 위에 그저 내가 돌을 하나 더 얹은 것에 불과하다.

1933년, 히틀러 집권 후 독일군이 사용하던 초기 에니그마는 셰르비우스가 만든 암호장치였다. 그들은 이 장치에 관심을 가지고 구입해 26개의 이중 소켓이 달린 플러그 보드를 장착했다. 이로써 기존 장치에 A부터 Z까지의 알파벳 철자 26개를 한 번 더 섞을 수 있게 되었다. 다시 말해, 독일군이 새로 제작한 에니그마는 암호바퀴 3개와 반사바퀴 1개, 그리고 플러그 보드 하나를 가지고 있었다. 특히, 플러그 보드는 A-G, B-C …… 등과 같이 두 철자의 배열이 다르도록 배선되었다. 철자의 변환은 A를 G로,

G를 A로 바꾸는 순열이며, 암호문과 평문에 이 순열을 적용하면 각각의 평문과 암호문의 순열로 바뀐다. 한 마디로, 설정하는 값이 매번 바뀌는데, (키 코드값을) 어떻게 설정하는지를 모르면 절대 알아챌 수 없다. 같은 H라는 글자를 치더라도 매번 다르게 나타난다.

에니그마의 작동 방법은 먼저 암호바퀴 여러 개 중 3개를 선택한 후 각각의 바퀴를 규정된 포지션에 맞춘 후 특정한 3개의 철자가 창으로 보이게끔 원통 3개를 임의로 배치한다. 3개를 임의로 배치 시 총 6개의 경우의 수를 가지게 된다. 배치 후 기계를 초기 위치에 놓고 콘센트에 플러그를 끼워 넣어 작동시킨다. 이제 에니그마 좌판의 철자 하나를 누르면 이에 대응하는 철자가 새겨진 램프에 불이 하나 들어온다. 독일군이 사용한 에니그마는 여기서 멈추지 않고 연합군과의 팽팽한 눈치 싸움 속에서 더 정교하게 진화하게 된다. 하지만 복잡성만 증가했지 진화한 에니그마들의 기본 작동원리는 유사했다.

Q 에니그마는 해군끼리 통신을 위해 만들어졌는가? '에니그마'는 언제 탄생하였나?

암호는 에니그마라는 암호장치가 만들어지기 전부터 존재했다. 제1차 세계대전을 포함한 각 나라의 내전과 혁명의 과정에서 암호가 이미 활용된 것이다. 하지만 그들의 암호전달 방법은 인간 스파이가 주를 이루었기 때문에 발각되면 정보가 누설되어 큰 위험에 처했다. 또한, 암호를 만든 주체가 인간이기 때문에 상대편의 암호를 해독하는 일도 쉽게 이루어졌다. 하지만 1915년에 전동기 타자기가 등장해 인간이 암호를 전달하지 않고 기계가 스파이 역할을 하는 시대가 열렸다.

1919년 10월, 후고 알렉산더 코흐Hugo Alexander Koch는 '암호장치'라는 이름으로 기계를 만들었고, 1927년에 아르트어 셰르비우스Artur Scherbius에게 자신의 특허권을 매각했다. 셰르비우스의 기계는 암호장치에는 반사바퀴라는 것이 있어서 암호화와 해독 과정을 함께 처리할 수 있었다. 또한, 철자 하나를 암호화할 때 회전체가 한 단계씩 움직이는 것뿐만 아니라 다음 회전체까지도 돌아가는 특징이 있어서 인위적으로 돌리지 않아도 자동으로 복잡한 암호를 생성해 냈다. 셰르비우스는 그 장치를 그리스어로 수수께끼를 뜻하는 '에니그마Enigma'라고 하였다. 에니그마의 발명으로 해군끼리의 소통도 원활해졌고, 인간의 노력이 없어도 전기를 통해 빠르게 암호를 작성하고 해독할 수 있게 되었다. 하지만 이에 따라 적군의 암호기계도 발전하기 시작했고, 전자암호를 독점하던 나라는 더 정교하게 자신들의 암호기계에 부품을 추가해 나가야 했다.

Q 에니그마를 어떻게 해독할 수 있었는지 과정을 설명해 달라.

난 제2차 세계대전이 발발할 당시 뉴저지 주 프린스턴 대학교에서 수리논리학 전자계산기 이론을 연구하고 있었다. 당시 독일은 에니그마를 개량해 기존의 장치에 바퀴 두 개를 추가 제작하는 등 암호제작 과정을 복잡하게 만들었다. 더군다나 독일군은 1940년 5월, 6개의 철자를 이용하여 개별 열쇠를 전송하는 방법마저 바꾸고 말았다. 나는 블레츨리 파크로 급하게 불려 갔고, 독일군의 에니그마에 맞서기 위해 폴란드의 봄바를 개선해 '봄베Bombe'를 만들었다. 봄베 무게는 500킬로그램이 넘는 거대 암호 해독기다. 기계는 에니그마의 일치된 순열을 따르며 정확한 조합이 나타날 때까지 계속 움직였다.

새로 '봄베'를 개량하기 위해서 우리는 미친 듯이 노력했지만, 독일군의 새로운 에니그마를 바로바로 해독할 수는 없었다. 시간이 흐르면 독일군에 대적할 만한 암호 해독기가 나오겠지만, 그러기엔 현재 상태가 전쟁 중이라는 것을 망각하지 말아야 했다. 시간이 없었다. 그러나 천만 다행히도 1942년 10월 하순, 영국 구축함이 독일 잠수함 U-559를 제압하며 기밀 자료를 입수했다. 이 덕분에 더는 골머리를 앓지 않고 독일군의 개선된 에니그마가 어떻게 작동하는지 단숨에 파악할 수 있었다.

전쟁 중 독일군의 암호 해독을 위해 단순히 '봄베'의 역할이 컸다고만 말할 수는 없다. 얼마간의 운도 따랐으며, 선행자들의 노력 역시 간과할 수 없다. 후에 우리의 노력이 컴퓨터의 작동원리에 기반을 두게 되었다고 들었다.

Q 당신은 제2차 세계대전의 종전을 앞당기는 데 크게 이바지했다. 그런데 그 후로 정부로부터 암호 해독에 대한 정보 누설이 생길까 봐 감시를 받으며 마음고생이 심했다. 1954년 6월 7일, 당신은 독사과를 먹고 자살을 했다고 알려졌다. 그래서 오늘날 애플의 로고가 당신이 베어 문 독사과라는 소문이 돌았다. 애플의 디자이너들은 사실이 아니라고 했다. 무엇이 그리 힘들었는가?

:(　어릴 때의 시간 대부분을 부모가 아닌 유모와 함께 보냈다. 그 후 묵묵히 인생을 살아오며 수학과 철학의 해결해야 할 문제에 집중했다. 그러던 중 전쟁이 터졌고, 나 역시 시대의 조류에서 벗어날 수 없었다. 전쟁 중 내가 할 수 있는 건 암호 해독에 기여하는 것이었다. 하지만 전쟁이 끝나자 나의 해독방법을 기밀로 여기고 싶어 하는 정부로부터 감시를 받기 시작했다. 더구나 1951년에는 국가로부터 동성애를 인정받지 못하고 오히려 범죄로 몰려 2년 동안 여성 호르몬 주사를 투여받기도 했다. 나로서는 큰 정신적 충격이었다. 6월 7일 전날, 고향에 내려갔다 왔다. 그곳에서 정신과 치료를 받았는데, 뭔지 모를 허무가 밀려오면서 삶이 무의미하게 느껴졌다.

Q 당신의 심정을 100% 이해하지는 못하겠지만 젊은 나이에 재능을 모두 발휘하지 못해 참 안타깝다. 사과를 좋아했나?

어릴 때부터 《백설공주와 일곱 난쟁이》 책을 즐겨 보았다. 책에 나오는 사과와 죽음 관련 장면들을 좋아했다. 나는 매일 잠들기 전에 사과를 먹는 습관이 있었다.

Q 오늘날 튜링 테스트를 통과하는 인공지능에 '뢰브너 상'을 수여하고 있다. 튜링 테스트는 기계가 인간처럼 될 수 있을지, 지능을 가지면 생명이라고 할 수 있을지, 그 생각을 입증하기 위해 고안되었다. 범용 튜링 기계가 어떻게 다른 기계를 흉내 낼 수 있는가? 또한, 당신이 생각한 소프트웨어, 생각하는 기계, 계산하는 기계의 요점은 무엇인가?

내가 생각한 '범용 튜링 기계'는 다른 튜링 기계가 할 수 있는 모든 일을 흉내 낼 수 있는 기계였다. '범용 튜링 기계'에 투입되는 입력값은 이 기계가 흉내 낼 다른 튜링 기계에 입력될 값과 프로그램이었다. 튜링 기계에 입력되는 것은 괴델의 수 대응으로 맞추어 보면 'ㄱ'을 '1'로, 'ㄴ'을 '2'로, 'ㅏ'를 '5'로, 'ㅓ'를 '6'이라 하면 '가나'는 '1526'이 된다. 이걸 확장하면 우리는 생각하는 기계, 즉 지능을 가진 기계를 상상할 수 있다.

기계가 생각한다는 결론을 내리기 위해서는 '튜링 테스트'를 해보아야 한다. '튜링 테스트'는 사람 행세를 하는 컴퓨터와 인간이 서로 교신을 주고받을 때 컴퓨터가 인간을 속일 수 있는지 시험하는 테스트다. 우선, 컴퓨터와 인간은 각각 다른 방에 있어야 한다. 인간은 상대방이 기계인지 사람인지 알 수 없다. 이 과정에서 컴퓨터는 자기가 인간인 것처럼 문자를 보내게 된다. 만약 인간이 그 문자를 주고받은 후 상대가 사람일 것이라고 판단하게 된다면, 이 컴퓨터는 지능을 가졌다고 봐야 한다. 하지만 시간이 길어질수록 컴퓨터는 정확한 위치를 탐지할 가능성을 더 많이 갖기 때문에 공정한 시합을 위해서는 제한된 시간 범위 안에서 진행해야 한다. 나는 이 게임을 '모방게임'이라고 불렀다. 논리학과 생물학의 관계 짓기를 통해 모든 지식 영역에서 가능할 혹은 가능할지 모르는 정보과학 모델의 일반화에 공헌한 것 같다.

인간은 태어나면서부터 모방을 통해 지식을 축적해 나가고 모방한 것을 토대로 상대방의 대답에 반응하게 된다. 상대방 역시 모방을 통해 반응한 것이다. 컴퓨터 역시 모방게임 등을 통해 대답의 유형을 분류한다. 'Yes or No'라는 알고리즘으로 프로그램화하는 것이다. 이렇게 구축된 부류에 따라 컴퓨터는 대답을 모방할 수 있다. 경험론자 로크J. Locke가 강조한 '아무것도 쓰이지 않은 흰 종이tabula rasa'를 떠올려 보자. 인간만 감각과 지각을 백지에 그리는 건 아니다.

Q 당신이 '튜링 기계'라는 개념을 도입한 1936년의 논문에서 '기계'라는 용어는 아날로그 식이었으며, 계산의 과정을 하나의 지능으로 본 걸로 알고 있다. 인간의 기계화, 기계의 인간화에 대해 우려의 모습(디스토피아)이 많다. 이에 대해 어떻게 생각하는가?

:(　　나는 여전히 컴퓨터가 생각할 수 있다고 본다. 많은 사람은 인간 역시 계산의 결과물이 될 수 있다는 것을 아직 모르는 것 같다. 일각에서는 컴퓨터가 생각을 가질 수 없다고 보는데, 그중 주요한 키워드 몇몇에 대해 반론은 다음과 같다.8)

첫 번째, 신학적인 입장을 가진 이들에 대해서 반론하자면 전지전능한 신이 인간을 위해 영혼을 창조하는 일이 가능하다면 기계를 위해서도 가능하다.

두 번째, 기계가 의식을 가질 수 없다는 의견에 대해서는 유아론(唯我論, **철학적 개념으로 나와 나 이외의 의식과 감각을 분리하는 주관적 관념론**)을 들고 반론이 가능하다. 그 어떤 사람도 다른 사람이 의식이 있는지 알 수 없다. 확인할 수 있는 유일한 방법은 내가 다른 사람이 되는 것뿐인데, 이는 불가능하다. 따라서 유아론에 따르면, 기계가 의식을 갖는지 갖지 않는지도 판별 불가능하게 되어버린다.

세 번째, 다양한 사람들이 기계는 무능하다고 본다. 하지만 그들이 지금까지 저급하고 조야한 기계만 봐왔기 때문이다.

네 번째, 기계는 새로운 일을 창조하여 우리를 놀라게 할 수 없다고 주장한다. 하지만 머지않아 기계도 우리를 웃게 하고 놀라게 할 수 있다고 생각한다. 〈바이센티니얼 맨〉에 나오는 로봇인 앤드류 마틴이 언젠간 상용화될 수 있지 않을까!

Q **오늘날 소프트웨어가 구현되어 적용되고 있는 모습들을 보니 어떠한가?**

:)   수많은 소프트웨어 회사들이 자신들의 창의성을 바탕으로 훌륭한 아이디어 제품들을 만들어 내고 있다. 그것은 이익보다는 열정을 드러내는 방향으로 나아가야 한다. 하지만 오늘날 소프트웨어 시장은 검은 손길이 활개를 치고 있다. 돈벌이 상품과 자기 회사의 명성을 위한 개발이 아닌, 소프트웨어를 우리 삶의 한 유기체로 인정하는 태도가 중요하다. 소프트웨어로 구현되는 여러 사람의 글과 영상들 혹은 댓글은 누군가의 대변인이 되어주고 용기를 준다. 하지만 악성 댓글과 같은 것들은 상대방을 증오하는 결과를 초래하기도 한다. 간접적인 경험들이지만, 소프트웨어가 마치 유기체처럼 우리를 조정하고 있는 것이다. 소프트웨어가 앞으로 우리를 어떤 방향으로 이끌어가야 하는지 항상 고심해야 한다.

Q **소프트웨어의 가능성은 어디까지이며, 어떻게 이 세상을 변화시킬 것이라고 보는가?**

'튜링 기계'를 처음 고안했을 때부터 계산뿐만 아니라 생각마저 가능한 기계를 만들려고 하였다. 인간이 중추신경계를 가지고 있듯이 컴퓨터는 CPU와 기억장치를 가지고 있다.

무한한 모습을 가진 수학적 기계는 다양한 방식으로 진화하며 정보를 전달한다. 마치 우리가 유전물질을 대대로 물려주는 것처럼 말이다. 컴퓨터의 가능성은 더욱 지능적인 상호작용을 할 수 있도록 해주는 것이다. 의식이 어떻게 등장하게 되었는지 아무도 모른다. 그런데 어떻게 현재 기계가 의식이 없다고 단정할 수 있는가!

기계가 환경을 인식하고 추론해서 적절한 물리적 반응을 내세운다고 해보자. 그것은 충분히 지능적이다. 이번엔 주입된 정보만을 조합하는 것에 더하여 각기 다르게 작용하도록 적용한다고 해보자. 호르몬에 의해 감정이 지배를 받듯이 정보에 따라 각양각색의 의미가 도출될 수 있다. 기계는 진화하여 인간이 될 수 있다.

자연 산물인 인간은 이 세상에 존재하는 목적과 이유가 있다. 생각하는 기계 역시 마찬가지다.

인 / 터 / 뷰 / 후 / 기

앨런 튜링을 상상 속에서라도 만나는 건 결코 쉬운 일이 아니었다. 그의 생각들이 수학적으로나 철학적으로 심오하기 때문이다. 특히, 올해 봄 출간된《앨런 튜링: 그의 업적과 영향》을 보고 깜짝 놀랐다. 책이 두껍기도 하지만 그 내용이 매우 다방면에 걸쳐 있었다. 속으로 외마디 비명이 흘러나왔다.

튜링의 영향력을 제대로 평가하기 역시 쉽지 않을 터다. 이미 튜링의 업적은 1900년대 중후반에 한 차례 사장될 위기를 맞았다. 그래서 다시 그를 불러내는 건 의미 있는 일이라고 생각했다. 최대한 평이하게 접근하고자 했다. 결과는 잘 모르겠다.

튜링의 사진을 보니 필자가 공부하며 만나던 수학자들이나 철학자들의 이미지가 계속 떠올랐다. 순수한 열정만으로 세상을 바꿔나가는 그들의 노력에 새삼 다시금 존경심이 생겼다.

2

소프트웨어,
생활이 되다

이고잉

생활코딩
운영자

비영리
플랫폼
'생활코딩'

이 나라의 모든 사람은 컴퓨터 프로그래밍을 배워야 합니다. 왜냐하면,
사유할 수 있는 방법을 알려주기 때문입니다.

_스티브 잡스, 〈더 로스트 인터뷰(The Lost Interview)〉 중에서

생활코딩은 코딩 강의 동영상 등 다양한 콘텐츠를 제공한
다. 생활코딩은 웹 서비스 만들기부터 언어, 클라이언트, 서버, 개발 도구,
프로젝트 관리까지 다양한 콘텐츠로 채워져 있다. 소프트웨어 교육 콘
텐츠의 보고(寶庫)다. 소프트웨어가 생활이 될 수 있는 여건을 마련해 준
셈이다. 이 때문에 보존해야 할 가치가 있는 인터넷 유산으로 인정받아
'2012 e하루616 디지털 유산 어워드'에 선정됐다. 이 상은 다음세대재단이
주관해 인터넷의 하루인 6월 16일이라도 기록, 보존, 전시하려는 행사다.

클라이언트에는 HTML, CSS, 자바스크립트 등이 있고, 서버에는 웹 서버, PHP, MySQL 등이 있다. 클라이언트는 웹 브라우저로서 일종의 갑(甲), 서버는 을(乙)이다. PHP는 서버에서 운용되는 언어다. 데이터베이스 시스템인 MySQL은 오라클에서 관리하는 오픈소스다. HTML이 웹 페이지의 정보를 표현하는 언어라면, CSS는 HTML을 보기 좋게 디자인하는 역할을 하는 언어다. 이러한 내용은 비영리 플랫폼인 생활코딩에서 쉽게 찾아볼 수 있는 내용이다.

생활코딩은 'ㅋㅋㅋ 전략'을 갖고 있다. 이는 바로 콘텐츠-컨테이너-커뮤니티의 약자다. 콘텐츠는 텍스트와 동영상까지 생활코딩에 담겨 있는 강좌 내용이다. 컨테이너는 콘텐츠를 담아내는 도구다. 처음에는 블로그였다가 정렬의 문제 때문에 현재는 오픈튜토리얼스(opentutorials.org)를 활용 중이다. 생활코딩의 교육 관점에서 블로그는 최신순으로만 콘텐츠를 보여주는 단점이 있다. 커뮤니티는 생활코딩 그룹과 생활 생산자모임(생활맥주, 생활백수 등)을 일컫는다.

비영리 플랫폼, 누구나 쉽게 배운다

미국의 소프트웨어 교육지원 비영리단체인 코드(www.code.org)가 생활코딩과 유사하다. 이 사이트에선 빌 클린턴 전 대통령부터 마크 주커버그까지 프로그래밍을 강조하는 게 눈에 띈다. 또한, 코드 아카데미(www.codecademy.com)에서는 코딩과 프로그래밍하는 법을 무료로 배울 수 있다. 바야흐로 소프트웨어 전성시대다. 이젠 프로그래밍을 모르면 도태될 수 있는 사회가 된 것이다. 정부 차원에서는 개방형 소프트웨어 교육센터 (olc.oss.kr)를 운영 중이다. 전 세계적으로 프로그래밍을 조기 교육하는 가운데, 국내에서도 소프트웨어 조기교육에 관심을 기울이기 시작했다.

생활코딩은 어르신들을 위한 효도코딩 프로그램도 운영 중이다. 컴퓨터, 인터넷, 스마트폰, 게임 등 정보기술에 대한 동영상 강의를 제공하고 있는 것이다. 물론, 무료로 웹 서비스 중이다. 어르신들을 위한 키보드를 디자인하기도 했다. 디자인은 효도코딩과 리첸에서 직접 진행했다. 알파벳별로 대문자와 소문자가 함께 있고 한글로도 표기되어 있어 편리하다.

생활코딩은 소프트웨어 전반으로 교육을 확산시켜도 손색이 없을 정도로 높은 품질을 갖췄다. 하지만 아직 미완성이다. 효도코딩 인터넷이나 스마트폰 섹션은 공사 중이다. 앞으로 더 많은 콘텐츠가 채워질 예정이다. 생활코딩은 누구나 코딩하는 세상Everybody coding을 꿈꾼다. 생활코딩 페이스북 커뮤니티에는 18,126명의 회원이 가입돼 있다(2014년 1월 24일 기준).

사회 전반으로 확산되는 코딩 교육

생활코딩은 오프라인 교육 '작심삼일' 프로젝트를 진행 중이다. 2013년에만 벌써 10번째 강의가 열렸다. 10번째는 동영상으로 녹화해 제공한다. "클라이언트는 요청하고, 서버는 응한다." 이 두 가지 키워드의 의미를 충분히 파악하는 게 수업 목표다. 2013년 8월 9일, 한남동에 위치한 다음커뮤니케이션 회의실에 삼삼오오 사람들이 모였다. 이날 '생활코딩' 강의 오리엔테이션이 열렸다. 8월 10일, 같은 장소에는 주말임에도 남녀노소 구분 없이 프로그래밍을 배우려는 사람들로 가득 찼다. 8번째 교육은 2013년 8월 28일부터 사흘간 서울시 청년일자리 허브에서 펼쳐졌다. 9번째 오프라인 교육은 10월 4일, 누리꿈스퀘어 R&D타워 13층 한국공개소프트웨어협회에서 오리엔테이션을 시작으로 진행됐다. 10번째 교육은 가천대학교에서 열렸다.

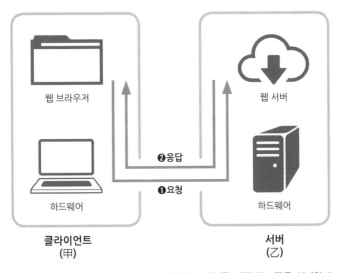

웹 브라우저

하드웨어

❷응답

❶요청

웹 서버

하드웨어

**클라이언트
(甲)**

**서버
(乙)**

서버는 정보를 제공하는 쪽이고, 클라이언트는 정보를 제공받는 쪽을 의미한다.
_생활코딩(www.opentutorials.org) 강의 중에서

생활코딩을 이끌고 있는 이고잉egoing 개발자. 블로그(egoing.net)를 운영 중인 그는 생활코딩을 위해 3년간 열정을 바쳤다. 이고잉은 그의 필명이다. 온라인과 오프라인의 삶을 구분하고자 필명을 사용 중이다. 그와의 인터뷰 역시 실명공개와 사진촬영은 하지 않는다는 전제로 이뤄졌다.

이고잉은 "콘텐츠 생산자들을 위한 공공재를 만들어 보자는 취지에서 시작했다."고 설명했다. 그는 한 블로거(민노씨.네, http://minoci.net)와 인터뷰에서 "칸(아카데미)이나 생활코딩은 차라리 시대의 압력"이라고 밝힌 바 있다. 비영리 교육서비스인 칸아카데미나 생활코딩 등은 필연적으로 도래할 수밖에 없는 시대적 요청이라는 뜻이다.

"프로그램은 도구가 아니라 그 자체가 콘텐츠다. 개발자의 도구에서 영감을 많이 받는다." 이고잉은 소프트웨어 개발자들이 쓰는 도구가 일상화되고 당연하게 여기게 되면 그게 바로 혁신이라고 강조한다. 예를 들어, 미국에서는 www.github.com에 본인의 이력(소스 코드)을 알 수 있게 하는 URL 한 줄이면 실력이 판가름난다. 이를 통해 구직과 채용을 할 수 있다. 계급화된 학벌, 번거로운 이력서와 채용과정 등이 필요 없는 것이다.

이고잉은 오픈소스의 힘을 강조한다. 특히, 오픈소스가 미래를 보는 단초가 될 수 있다고 본다. 그는 "프로그래밍은 전자화된 세계 위에서 이뤄진 문명"이라면서 "그렇기 때문에 기존의 인습, 전통에 영향 없이 그 세계에 만들어진 흐름이 있다."라고 말했다. 기존의 것들이 전자화된 세계로 이전되고 있는 것이다. 이고잉은 "물리적인 것들이 가상화되면서 프로그래머들이 겪었던 문화를 똑같이 겪게 될 것"이라며, 오픈소스는 그중 하나라고 역설했다.

1,200여 개 동영상 코딩 수업 서비스

생활코딩 운영자 이고잉은 현재 콘텐츠 생산과 수업에만 매진하고 있다. 한마디로, 백수다. 좀 더 유기적이고 쉬운 교육 콘텐츠를 담아내기 위해 집중하고 있는 것이다. 전업으로 총 세 명이 생활코딩 플랫폼을 만들고 있다. 지인 두 명은 바깥에서 도움을 준다. 이를 통해 지금까지 1,200여 개의 코딩 수업 동영상을 제작했다. 생활코딩 커뮤니티에서는 오늘도 코딩 관련 어려움을 나누고 서로 해결한다. 위키백과는 생활코딩을 "일반인에게 프로그래밍을 알려주는 것을 목적으로 하는 비영리 교육 프로젝트"라고 설명한다.

"중학교 1학년 학생이 어머니와 함께 수업을 들었다. 처음에는 잘 따라올 수 있을까 걱정이 되었다. 그런데 수업 내용을 실시간으로 타이핑하며 친구들에게 생중계를 했다고 전해 들었다. 아이들의 흡수력이 정말 빠르고 넓다는 것을 깨달았다." 인터뷰에서 이고잉은 오프라인 수업 중 생긴 일화를 소개했다. 그는 "서너 번 오는 어르신들도 있다."면서 "어르신들은 지식 혹은 알아가는 것에 대한 나름의 연륜과 여유가 있다."고 덧붙였다. 젊은이들이 보이는 이해 못 할 것 같은 불안감이나 빨리 이해하고 싶은 조급함을 벗어나 있다는 뜻이다.

최근 프로그래밍을 의무교육화하고 입시에 반영하자는 의견이 제시됐다. 실제로 인도, 이스라엘 등에선 프로그래밍을 정규 교과에 포함시켰다. 영국도 조만간 추가할 예정이다. 이에 대해 이고잉은 의무교육에 대해선 잘 알지 못해 견해가 없다고 응답했다. 다만 의무교육과는 무관하게 "컴퓨터가 대중화되면서 좀 더 많은 사람이 좀 더 어려운 일을 하게 되는 방향으로 흘러왔다."며 "기술을 아는 사람과 모르는 사람의 격차는 실질적으로 사람들의 삶에 영향을 주게 될 것"이라고 대답했다. 즉, 프로그래밍을 하고 있다고 인식하든 그렇지 않든 개발자들이 하고 있는 논리적인 사고를 요구받게 된다는 뜻이다.

하드웨어 자연 속에 소프트웨어 인간 사회

이고잉은 블로그에 "기실 인간사회란 자연을 하드웨어로 하는, 소프트웨어다."라며 "소프트웨어를 들여다보면 인간사회를 더 잘 이해할 수 있다."

고 적은 바 있다. 이에 대해 그는 "프로그래밍은 대중공학의 입문"이라면서 "공학적인 지식과 경험들이 복잡다단한 인간 세계를 단순화시키고 모듈화하는 것"이라고 설명했다. 마치 사회학에서 현실 세계에 대해 개념화 작업을 하는 것처럼 말이다. 그는 교통시스템을 보면 '라우팅(**데이터 분류나 전달을 위한 경로 선택**)'을 떠올린다고 했다. 이고잉은 유사성을 발견하는 가운데 즐거움을 느낀다.

또한, 그는 "공학이 수단이면 과학은 차라리 목적"이라고 썼다. 그가 생각하는 과학이란 무엇일까? 이고잉은 "과학이라는 용어(개념)는 과학이라는 용어(개념) 자체의 메커니즘과 과학이라는 용어(개념)가 담고 있는 내용 두 가지로 나뉜다."고 말했다. 후자가 일반적으로 알고 있는 과학으로서 과학의 대상이 필요하다. 예를 들어, DNA나 힉스라는 대상을 탐구하는 것이다. 하지만 이고잉은 "대상을 빼고 메커니즘에 집중한다."며 "파이썬, PHP 등 코딩 언어들의 기저에 담긴 원리를 찾는 것, 더 낮은 차원에서 이해하고자 하는 행위가 과학"이라고 대답했다. 책을 읽는 것을 과학이라고 할 수 없지만, 책 읽기를 통해 이해를 넓혀 가면 결국 과학이라는 메커니즘이 작동했다는 것이다.

그렇다면 과학 혹은 기술의 미래는 어떨까? 이고잉은 "리니지를 하루에 6시간 동안 10년간 한다면 그 사용자에겐 헌법보다 약관이 더 중요해질 것"이라면서 "가상화된 세계가 좀 더 인간에게 의미가 커질 것"이라고 내다봤다. 미래에 그 세계가 공공성을 잃는다면 심각한 저항에 부딪힐 것이다. 이 때문에 그가 "기술은 그것을 사용하는 사람이 가치 중립적이지 않기를 촉구하기 때문에 가치 중립적이지 않다."고 표현한 적이 있다. 이고잉은 "생활코딩만 놓고 봤을 때, 유토피아건 디스토피아건 기술을 알아야 한다는 것은 동일하다고 본다."고 지적했다. 바이러스가 해롭거나 이롭거나 인간은 바이러스를 알아야 하는 것과 같다.

더 나은 프로그래머 되기 위한 다리 역할

프로그래머로서 소프트웨어가 점점 더 삶을 지배하는 가운데 나아가야 할 방향을 무엇일지 물어봤다. 이고잉은 "아마추어로서의 삶을 회복할 필요가 있다."며 "장인과 아마추어 정신이 합해지면 좋을 것"이라고 강조한다. 프로페셔널은 결국 타인을 만족시켜야 하지만, 자신이 좋아하는 일은 할 수 없다. 그래서 그가 다니던 회사를 나와 공공재인 플랫폼에 주력하고 있는 이유다.

생활코딩이 꿈꾸는 미래는 무엇일까? 이고잉은 "몰입감을 느낄 수 있는 '자유'를 계속 누리고 싶다."고 말했다. 생활코딩을 통해 콘텐츠를 만드는 건 그가 일생을 두고 오래 할 수 있는, 몰입감 최고의 게임이다. 생활코딩은 일반인들을 위한 초보 과정으로 시작했지만, 더 나은 방향으로 나아가기 위한 다리 역할을 하고 싶다는 게 포부다. 그 다리는 이고잉이 생활코딩을 위해 익혀야 할 것들이다. 그는 "1년 후에는 제가 그 수업의 소비자가 될 것"이라고 밝혔다.

스스로 창작하다 보면 자신감과 호기심이 생긴다

아울러 이고잉은 "자신감이 있어야 일을 잘할 수 있다고 생각했는데, 자신감이 살아가는 목표가 아닐까 생각한다."며 "스스로 온전한 생산물을 만듦으로써 자신감을 회복할 수 있었다."고 힘주어 말했다. 예를 들어, 대학에서는 학생이 학생을 가르치거나 학생 자신이 직접 커리큘럼을 기획해 강의해 보자는 것이다. 스스로 만들어 가다 보면 자신감과 호기심이 생길 것이라는 게 그의 지론이다.

정 / 리

☑ 생활코딩은 1,200여 개 동영상 서비스를 제공하여 소프트웨어가 일상화되는
데 이바지하고 있다.

☑ 생활코딩은 콘텐츠-컨테이너-커뮤니티 전략으로 오프라인 강의 '작심삼일'
프로젝트를 열고 있다.

☑ 생활코딩을 만들고 운영 중인 이고잉. 그는 프로그램은 그 자체가 콘텐츠라며,
프로그래밍은 전자화된 세계 위에서 이뤄진 문명이라고 강조한다.

☑ 이고잉은 장인과 아마추어 정신을 융합할 필요가 있다며, 생활코딩은 더 나은
프로그래머가 되기 위한 다리 역할로서 계속되기를 바란다고 강조했다.

☑ 생활코딩 커뮤니티에는 현재 1만 명이 넘는 사람들이 가입해 소프트웨어에
대한 궁금증을 해결하고 있다.

 Interview...

about : 생활코딩 운영

Q 생활코딩을 이끌어가는 멤버는 몇 명인가?

생활코딩은 혼자서 강의를 만들고 있고, 강사를 섭외하는 경우도 있다.
그리고 생활코딩의 홈페이지인 opentutorials.org는 세 명 혹은 다섯 명이
운영한다고 말할 수 있다. 생활코딩 플랫폼에 전업으로 뛰어든 사람은 세
명이고, 두 명은 외부에서 직간접적으로 도움을 주고 있다. 다 내 친구들
이다.

Q 생활코딩이 사람들에게 알려지는 차원에서 홍보가 좀 더 되면 좋을 텐데?

원하는 것은 생활코딩이 있는 그대로 보이는 것이다. 매체란 프레임을 갖
기 마련이고, 프레임을 통해서 보이는 것은 언제나 왜곡이 있기 마련이다.
그래서 매체들을 좀 피하는 편이다. 물론, 매체의 영향력이 만들어 내는
성장에 대한 욕심이 없는 것은 아니다. 그래서 나는 생활코딩 스스로 일
종의 매체력을 가지게 되어서 자신을 있는 그대로 내보일 수 있기를 바라
고 있다. 이미지와 실체가 달라지는 것이 싫다. 실체와 이미지의 분리가 심

화되면 나중에는 이미지에 매달리게 된다. 이미지가 실체를 압도하는 것은 모든 노화의 원인이면서 결과라고 생각한다.

Q 작심삼일 프로젝트를 진행하면서 기억에 남는 에피소드가 있는가?

아이들과 어르신들께서 새로운 것을 받아들이는 양상이 다르다는 게 인상적이었다. 한번은 엄마와 함께 중학교 1학년 학생이 참석했다. 그런데 이 또래의 특징은 수업을 재미있어 하는지 아니면 힘들어하는지 도통 알 수 없다는 것이다. 사춘기가 지나면 자연스럽게 사회적 제스처를 익히게 된다. 그 과정에서 재미없어도 재미있는 척, 몰라도 아는 척을 하게 되는데, 어린 학생들은 그런 피드백이 전혀 없다. 그런데 나중에 듣게 된 것인데, 이 어린 학생이 수업을 들으면서 자기 친구들에게 실시간으로 수업 내용을 중계했다고 한다. 수업만으로도 힘들 텐데, 그것을 중계까지 하다니……. 젊은 두뇌의 흡수력은 참으로 대단하다. 동시에 '어리다고 사고력이나 이해력을 낮게 평가하면 안 되겠구나' 하는 것을 절감했다.

오프라인 수업에는 어르신들도 꽤 많이 오신다. 아무래도 어르신들은 진도를 따라가는 데 어려움을 겪는다. 그런데 중요한 것은 모르는 것을 대면하는 태도다. 여유가 있다. 모르면 또 오신다. 알 때까지 오신다. 한 번 들었을 때 60%를 이해한 젊은이가 한 번 수업에 나왔다고 치자. 처음에는 10%, 그다음에는 30%, 그다음에는 60%, 80%, 이렇게 이해의 수준을 점점 넓혀가는 어르신이 있다고 했을 때 결과적으로 누가 더 많은 것을 얻어가겠나? 그런 점에서 배우는 것이 많다. 우리는 모두 같은 교실에 있지만, 각자의 시간 속에서 살아가고 있는 것 같다.

Q 수업 준비 혹은 수업 진행하면서 힘든 점은 없나?

없다. 몸이 힘들기는 하지만, 이게 중독성이 있다. '작심삼일'을 하면서 느끼는 것인데, 사람에게는 그 사람이 발휘할 수 있는 능력의 한계가 있다. 그렇기는 한데, 그것이 알려진 것보다 훨씬 더 큰 것 같다. 피로감과 같은 몸의 증상들은 몸이 발휘할 수 있는 한계에 다다랐기 때문에 생기는 것이 아니라 더 이상 몸의 파워를 사용하지 말라는 의식에 대한 몸의 경고가 아닐까 싶다. 그리고 그 경고를 무시하고 나머지 능력을 한번 사용해 본 사람은 그 맛을 잊지 못하고 그 힘을 찾게 되는 것이 아닐까 싶다. 오버클로킹(overclocking, CPU의 성능을 최대치로 끌어올리기 위해 동작 속도를 높이는 행위를 뜻함. CPU에 무리가 갈 수 있음. 오버클로킹 대회가 열리기도 함)처럼 말이다. 장시간 강의를 하면서 마라토너들이 이해가 될 듯 말 듯하다.

강의가 끝나면 거대한 공허가 몰려온다. 그리고 이 공허를 채우기 위해서 다음 강의를 준비한다. 멈춰지지 않는다. 아쉬운 것은 수업 시간이 좀 길었으면 좋겠다. 3일은 조금 짧다. 하루만 더 했으면 좋겠다.

Q 생활코딩을 후원해 주겠다면 받겠는가? 편집권은 전적으로 부여하고 말이다.

생각해 보겠다. 기대 없는 돈은 없다고 생각하기 때문이다. 설령, 기대가 없다고 해도 부응해야 한다는, 스스로 느끼는 부담감은 있을 것이다. 생활코딩 밖에서 돈을 벌어서 생활코딩을 위해서 돈을 쓰는 것이 가장 이상적일 것 같다.

Q 오픈튜토리얼스 사이트가 칸아카데미와 비슷한 것 같다. IT 전반으로 확산시킬 계획은 없는지?

물 흘러가는 대로 진행되는 것이 원하는 것이다. '순리대로 주어지는 역할을 해나가야 하지 않겠나!' 하는 생각을 하고 있다. 그것과 별개로 지금 기대하는 오픈튜토리얼스의 역할은 콘텐츠 생산자들을 위한 공공재다. 생활코딩과 같은 활동을 하고 싶어 하는 사람이 있다면 그렇게 할 수 있도록 하는 플랫폼을 기대하고 있다. 그리고 그 플랫폼이 특정인의 이익을 위해서 독점되는 것이 아니라 플랫폼 사용자들에 의해서 공유되는 플랫폼이었으면 좋겠다.

가장 유사한 형태의 플랫폼이 위키피디아가 아닐까 싶다. 위키피디아의 기능 말고, 존재방식 말이다. 주제 역시도 생활코딩과 같은 IT뿐만 아니라 다양한 주제들이 담길 수 있다고 생각한다. 이를테면, 최근에 나는 수영을 배우기 시작했는데, 수영을 배우면서 알게 된 것들을 오픈튜토리얼스에 강의로 정리하고 있다. 커리큘럼의 이름은 '방수수영'이다. 주소는 http://opentutorials.org/module/585/5029이다.

about : 소프트웨어와 과학기술의 미래

Q 미래를 보는 다른 키워드는 무엇인가? 예를 들어, '협업' 등과 같은 키워드 말이다.

프로그래머들은 전자화된 세계의 첫 번째 거주자라고도 할 수 있을 것 같다. 전자화된 세계를 만든 사람들이기 때문이다. 프로그래머들의 문화는 기존의 문화와 구분되는 구석이 많이 있다. 이를테면, 오픈소스는 지적 생산물의 공공성을 중시한다. 이것이 처음에는 이상한 것으로 받아들여졌지만, 지금 오픈소스는 공고하게 뿌리내렸을 뿐 아니라 점점 빠른 속도로 확산 중이다. 일례로, 지나가는 개발자를 붙잡고 오픈소스와 특허 중에 어떤 것이 당신의 삶에 더 큰 기여를 했는가를 물어보면, 열에 아홉은 분명히 오픈소스라고 대답할 것이다. 오픈소스는 개발자의 문화에 머물러 있지 않고 지금은 CCL Creative Common License과 같은 콘텐츠 오픈 운동에까지 큰 영감을 주고 있다.

그런데 여기서 중요한 것은 오픈소스가 개발자들의 DNA에서 나온 것이냐는 물음이다. 나는 그렇지 않다고 생각한다. 오픈소스는 개발자가 이상하기 때문이 아니라 개발자들이 다루고 있는 생산물이, 또 그것을 생산하는 생산수단이 개방된 세계로 이들을 이끌고 있기 때문이라고 생각한다. 전자화된 시스템은 무엇을 생산하는 데 원가가 거의 들지 않고 무한대로 복제도 가능하다. 오픈소스는 이러한 세계의 특성이 만들어 낸 산물이라고 생각한다. 그리고 앞으로 우리가 살게 될 세계는 그 사람이 개발자이건 아니건 이런 세계. 그런 점에서 오픈소스를 위시한 개발자의 문화는 전자화된 시스템에서 일어날 일들의 미래라고 나는 생각한다.

Q 오프라인 강의를 듣다 보니 "자본은 양극화, 기술은 일극화을 만든다."고 표현했다. 어떤 뜻인가?

한때 자본가는 노동자들의 왕이었다. 이들의 권세는 직원 수로 평가되었다. 오늘날 자본가는 기계들의 왕이다. 이들의 권세는 얼마나 적은 수의 직원으로 얼마나 많은 돈을 벌었느냐로 평가된다. 즉, 과거에는 자본가와 노동자의 대립이 착취에서 비롯되었다. 그래서 투쟁하는 대상이 분명했다. 그런데 오늘날은 소외와 배제와의 싸움이다. 고용 자체를 하지 않는다. 투쟁의 대상조차도 사라지고 있다. 삶은 더욱 고단해지는데 싸울 대상은 사라지고 있는 것이다. 그 이면에 테크놀로지가 있다고 생각한다.

Q "공학이 수단이면 과학은 차라리 목적이다." 과학이라는 범주는 방대하다. 공학적 과학, 과학적 공학이 다 가능할 것이다. 어떤 의미인가?

나는 대략 10년 차 개발자다. 시간이 참 많이 지났다. 회사를 그만두고 생활코딩을 시작하면서 엔지니어로서 정신세계에 분명한 변화가 찾아왔다. 궁금해지기 시작한 것이다. 나는 이것을 엔지니어링적인 사춘기라고 부른다. 무슨 뜻이냐면, 지금까지 나는 무엇을 만드는 데 관심이 있었다. 어떻게 하면 더 효율적으로 생산할 수 있을 것인가가 주요 관심사였다는 뜻이다. 다시 말해서 하이레벨로, 하이레벨로 높은 탑을 쌓는 데 매몰되어 있었다. 그런데 언제부턴가 지금 내가 발 딛고 서 있는 이곳의 아래층이 궁금해지기 시작했다. 마치 학교에서 주입하는 공부를 열심히 하다가 사춘기 때 '인생이 무엇인가? 인간은 또 무엇인가? 세계는 어떻게 구성되어 있는가?' 이런 질문을 하게 되는 것과 비슷하다.

지금까지 실용적인 공학에 집중했는데, 언제부턴가 그 공학을 이루고 있는 로우레벨이 궁금해진 것이다. 이것에 과학이라는 표현을 사용한 것이다. 물론, 나는 과학자보다는 덜 불행하다. 왜냐하면, 과학자가 인간을 만든 그 무엇인가를 이해하는 사람들이라면 나는 같은 인간이 만든 것을 이해하려고 하는 사람이니까. 그런데 이것조차도 쉽지 않다. 하지만 효율이 중요한 공학과는 다르게, 과학은 차라리 목적이기 때문에 시간이 얼마가 걸리건 중요하지 않다. 그것을 궁금해하고 이해하려고 하는 것은 어떻게 보면 살아가는 목적 중의 하나라고 생각한다.

Q 과학-공학-기술은 뉘앙스가 좀 다른 것 같은데……

기술과 공학을 나는 거의 같은 의미로 사용한다. 그리고 과학과 상대하는 개념으로 기술보다는 공학을 사용하는 편이다.

Q 미래에는 음성 외에 다른 차원의 프로그래밍 방법이 나올 수 있을까?

지금은 GUI_{Graphical User Interface}의 시대다. 그래픽의 환경에서 컴퓨터 프로그램을 제어하는 것이 보편화되었다. GUI 이전에는 CLI_{Command Line Interface}, 즉 명령어를 이용해서 컴퓨터를 제어하던 시대였다. 그런데 GUI가 세상을 뒤덮은 후에도 다수의 서버 측 엔지니어들은 여전히 CLI를 선호한다.

그것은 과거의 향수일까? 나는 그렇게 생각하지 않는다. CLI는 논리적이고 순차적이면서 언어적으로 컴퓨터를 제어할 수 있도록 해주는 도구다. 반대로, GUI는 직관적이지만 어떤 일을 처리할 때 그 일이 끝날 때까지 기다렸다가 일이 끝나면 다음 작업을 처리하는 식으로 일을 처리해야 한다. 나는 GUI 세대이지만 CLI의 효율성에 대해 짝사랑 같은 것을 하는 것 같다. CLI를 익숙하게 다룰 수 있도록 지금도 수련 중이다. 한 시대의 정수가 다른 시대의 정수에 의해서 버려질 수는 있다. 하지만 새로운 시대의 정수가 이전 시대의 정수보다 항상 우월한 것은 아니라고 생각한다. 다만, 그 시대의 요구가 달라졌을 뿐이다.

그러고 보면 CLI는 시리_{Siri}와 같은 음성인식 시스템을 통해서 귀환하고 있는 것일지도 모른다. 예를 들어, 시리는 언어를 이용해서 시스템을 제어한다. **파이프(pipe, 두 명령어 사이를 연결하는 것. 첫 번째 프로세스의 출력이 두 번째 프로세스의 입력으로 연결되도록 함)**나 리다이렉션**(방향 지정이나 변경)** 또는 반복문이나 조건문과 같은 구문을 아직은 이해하지 못하지만, 이러한 것을 이해할 수 있는 방향으로 진화해 나갈 것이다.

이를테면, 이렇게 시리를 사용할 수 있을 것이다. "시리, 내 전화번호부에서 동창을 찾아서(배열) 고등학교 친구들에게만(조건문) 메시지를 보내줘(반복문). 그리고 앞으로 내가 '고등학교 동창회 공지 보내기'라고 하면 이 명령을 실행하는 거야(함수)." 이 명령에는 배열이나 조건문, 반복문과 같은 프로그래밍의 핵심적인 모든 요소가 암시적으로 포함되어 있다.

이러한 논리적인 작업을 수행하기 위해서는 사용자가 자신의 의사가 잘 전달되고 있는지를 확인하고 좀 더 복잡한 프로세스를 만들 수 있는 피드백이 있어야 할 것인데, 이러한 부분에서 많은 발전이 있지 않을까? 이렇게 되면 사람들은 프로그래밍하고 있는지도 모르면서 이미 프로그래밍하고 있는 시대가 될 것이다. 다소 극단적이지만, 결국 모든 사람이 프로그래밍하는 시대가 성큼성큼 다가오고 있다.

about : 소프트웨어 생태계

Q 돈을 벌려면 자기가 좋아하지 않은 프로그래밍을 짜야 하는 순간도 온다. 좋아하는 일을 하면서도 생계가 되는 일을 할 수 있을까? 현실과 이상의 괴리에 접점을 찾자면?

그 접점은 나도 열심히 찾는 중이다. 지금 하고 있는 일도 하고 싶은 일과 해야 하는 일의 조화를 위해서 하고 있는 것이 아니고, 생계를 위해서 해야 하는 일을 거의 완전히 포기하고 생활코딩에 전념하고 있다. 운이 좋다면 하고 싶은 일과 해야 하는 일이 일치할 수도 있겠지만, 그렇지 않다면 차라리 생계와 취미를 엄격하게 분리하는 것도 차선책이 되지 않을까!

Q 소프트웨어를 의무교육화하고 입시에 반영하는 것에 대해선 어떻게 생각하는가?

특별히 견해가 없다. 공교육에서의 소프트웨어 교육은 나의 관심사가 아니다.

Q 우리나라 보안 인증 시스템의 문제는?

이 역시 견해가 별로 없는데, 이것은 생각이 없는 것이 아니라 아는 것이 별로 없다. 물론, 나는 엔지니어이지만 엔지니어링은 넓고도 깊다. 나는 그

중 한 톨만큼의 지식을 가지고 있을 뿐이다. 보안에 대해서는 약간의 지식이 있을 뿐이다. 갑론을박의 와중에서 이 문제를 명쾌하게 파악할 수 있는 교양이 나에게는 없어서 나는 이 문제에 대해서 유보적이다. 다만, 많은 사람이 불편함을 겪고 있다면 적극적으로 그 불편함을 극복 및 완화할 방안을 찾아봐야 할 것으로 생각한다. 동시에, 지금의 인증 시스템이 현재의 관점에서는 불합리하다고 할지라도 특정 기업의 시스템이 완전한 독점을 완성했을 때 만들어진 시스템이라는 점도 참작해 줄 필요가 있을 것 같다.

Q 포털 사이트의 문제에 대해선 어떻게 생각하는가? 제한된 검색이나 인터넷 골목상권 등.

포털을 잘 안 쓰기 때문에 이 또한 견해가 별로 없다. 중요한 문제라고 생각하지만 내가 주로 고민하는 사안은 아니다. 포털의 거대화와 정보 비대칭의 문제에 대한 비판들에 대해서는 대체로 지지하는 편이다.

Q 개발자로서 불법 소프트웨어 문제는 어떻게 바라보는가?

견해를 유보하겠다. 그렇지만 나는 이 문제에 관심이 많다. 그리고 이것은 정말로 어려운 문제라고 생각한다. 그래서 고민이 많은 것에 비해 판단은 잘 못 내리고 있다. 복제가 가능한 전자화된 시스템이기 때문에 피해갈 수 없는 문제라고도 생각하고, 지적인 결과물이 과연 100% 당당하게 자산화될 수 있는 것인가에 대해서도 의문이다. 우리는 누구나 99.999%의 공공화된 지적 자산에 신세를 지고 있지 않나? 동시에 지적 창작물을 생산하는 생산자들의 생계와 삶의 문제도 매우 중요한 이슈다. 이 둘 사이에서 어떻게 균형을 잡아야 할지 참으로 고민된다.

Q 오픈소스의 힘은? 서울시 홈페이지가 워드프레스를 기반으로 만든 것은 바람직한가?

바람직하다고 생각한다. 공공기관과 오픈소스는 잘 맞는 궁합이라고 생각한다. 오픈소스는 단지 프로그램에 국한되는 것이 아니라 사회 전반적으로 영향을 끼친다는 면에서 중요하다고 생각한다.

오픈소스가 소유 방법 등에 영향을 미칠 것이다. 기존의 것들이 전자화된 세계로 이전되고 있다고 본다. 물리적인 것들이 가상화되면서 프로그래머들이 겪었던 문화를 똑같이 겪게 될 것이다. 오픈소스가 미래를 보는 실마리가 될 수 있다.

Q 오픈소스로 인해서 보상이 어렵지 않겠는가?

이를테면, 워드프레스가 오픈소스가 아니라면 지금처럼 거대하게 성장할 수 있었을까? 워드프레스가 지금 정도의 규모라고 가정해 보자. 그러면 워드프레스는 오픈소스가 아니었더라도 엄청난 부를 얻었을 것이다. 반면에 지금의 상태에 도달할 확률도 엄청나게 낮아졌을 것이다. 복제가 가능한 전자화된 세계에서 공공성이라는 것은 경쟁력 있는 전략이라고 생각한다.

Q 해커와 크래커의 문제는 창과 방패 같다. 해커의 본질적인 정신은 무엇이라고 보는가?

글쎄, 일단 크래커의 문제는 변질이라기보다 등장이라고 본다. 낭만적인 해커는 예전부터 있었고, 지금도 많이 있다. 다만, 기술이 워낙에 큰 힘을 갖다 보니까 기술적으로 무장한 소수의 악의만으로도 아주 큰 문제를 일으킬 수 있어서 지금의 상황까지 온 것이 아닐까 싶다. 그리고 이러한 문제는 기술이 발달할수록 가속화될 것 같다. 특히나 지금까지는 공학이 비공학을 대체하는 시대였다면, 오늘날은 공학이 공학을 대체하는 시대로 서서히 접어들고 있다고 본다. 따라서 그 과정에서 소외되고 배제된 공학자들은 절망적인 삶을 살거나, 타인의 절망을 팔아서 자신의 절망으로부터 탈출하려고 할 것 같다. 이러한 문제는 순수한 공학적 문제라기보다는 사회적인 문제와 연결된 문제라고 생각한다.

해커의 정신을 감히 정의하기에는 나는 부족하다. 나는 해커가 아니다. 하지만 해커가 되고 싶다. 그리고 내가 생각하는 해커의 모습은 전자화된 세계라는 이 신세계에서 유토피아를 꿈꾸는 사람들이다. 전자화된 세계의 모습으로. 그 결실 중의 하나가 오픈소스가 아닐까 싶다.

Q 트위터에 공공성이 있는가?

공공성이라는 것은 두 가지로 이루어진다고 생각한다. 하나는 운영자들의 의지, 다른 하나는 이용자들의 규모다. 어떤 시스템이 많은 사람으로부터 이용된다면, 국가 소속이건 기업 소속이건 그것은 공적인 성격을 갖게된다고 생각한다. 국가의 것이라도 아무도 이용하지 않는다면 공공성이없다고 본다. 트위터나 페이스북은 그런 점에서 공적이다.

트위터만 놓고 봤을 때 트위터는 나에게 실망감을 많이 주었다. 수많은 트위터 클라이언트들이 API Application Program Interface를 이용해서 창궐했을 때 나는 경이로운 눈으로 그 생태계를 바라봤다. 하지만 트위터는 트위터 클라이언트 중의 하나인 트위티를 인수했고, 이어서 API를 제한하기 시작했다. 트위터의 운영자들에 대해서 오해를 했던 것 같다. 트위터의 생태계가 필연적인 요소가 많다고 생각했는데, 우연의 요소가 더 많았던 것은 아닌가싶다. 물론, 트위터가 내부적으로 어떤 어려움을 겪고 있었는지 모르는 입장에서 하는 말일 수도 있다. 하지만 솔직한 느낌은 그렇다.

Q 소프트웨어로 성공한다는 것, 소프트웨어가 성공한다는 것은 무엇이라고 생각하는가?

성공의 의미는 정의하기가 어려운 것 같다. 다만, 일반적으로 많은 사람이 사용하고, 또 그 사용자를 기반으로 많은 부를 창출할 수 있다면 성공한 것이라는 게 일반적인 인식인 것 같다. 이것을 부정하지 않지만, 그렇다고 긍정하지도 않는다. 성공과 실패라는 정의가 개개인의 삶에서 다양한 것처럼, 어떤 사람의 삶의 한 단면이 소프트웨어의 성공과 실패라고 단정하기 어렵다.

about : 블로그에 올린 글들

Q "이 세상을 지배하는 것은 분명히 소프트웨어이고, 우리가 새로운 이웃과 이웃하기 시작했다는 점은 변하지 않는다."(이고잉 블로그 중에서 '생활코딩') 지배한다는 의미는 무엇인가? 세상에 만연한다는 것인가, 아니면 인식의 변화를 가져온다는 뜻인가?

거기서의 지배란 세계를 움직이는 원리나 수단, 이런 의미를 두루뭉술하게 담고 있는 것 같다.

Q "이들(프로그래머들)에게 하드웨어는 자연이고, 소프트웨어는 사회다." "프로그래머에게 입법은 코딩이고, 행정은 로직이며, 사법은 디버깅이다. 다시 말해, 이들은 코딩으로 사회를 만들고, 로직으로 운영하며, 디버깅으로 단죄한다." "기실, 인간사회란 자연을 하드웨어로 하는 소프트웨어다. 그런 점에서 소프트웨어는 사회를 닮았다. 그래서 잘 만들어진 소프트웨어는 대체로 사회를 충실하게 모방한 것이고, 소프트웨어를 들여다보면 인간사회를 더 잘 이해할 수 있다."(이고잉 블로그 중에서 '프로그래머') 여전히 이렇게 생각하는가? 좀 더 설명을 해달라.

음, 그 글은 다소 과장되었거나 은유가 사용된 글이 아니었을까 싶다. 당시에 어떤 마음으로 그런 글을 쓴 것인지를 잘 기억나지는 않지만, 지금 생각해 보면 나는 서로 무관해 보이는 것들 사이의 유사점을 발견했을 때 강한 희열을 느끼는 것 같다. 그런 희열을 표현한 글인 것 같다.

정말 그렇다. 사람들이 차를 타고 교통 시스템을 이용하는 것을 보면 인터넷이 동작하는 패킷과 그 패킷을 적절한 좌표로 이동시켜 주는 라우터와 같은 것들이 생각난다. 또한, 심장은 인체의 다른 장기들과는 다르게 매우 중요하면서도 그 존재 자체도 의식으로부터 감춰져 있다. '심장은 의식조차도 잠재적인 공격자로 간주하고 있는 것은 아닐까?'라는 생각을 하곤 하는데, 이것은 시스템에 대한 최고 권한이 있는 사람조차도 잠재적인 공격자로 간주해서 별도의 최고 권한(sudo 명령어: 최고 관리자의 권한을 잠시 얻는 것)을 요구하는 것과 비슷하거나 보다 엄격하다. 아울러 인간의 미의식이나 습관은 컴퓨팅의 캐싱(caching, 명령어나 데이터를 임시로 저장했다가 나중에 불러오는 것. 미의식이나 습관 역시 인간에게 저장되어 있다가 어떤 순간에 다시 나타나곤 하는데, 여기선 캐싱과 인간의 미의식 및 습관을 비교하고 있음)과 효용이 비슷할 뿐 아니라 갱신이 어렵다는 그 결함까지도 닮았다.

내가 공학적인 행위를 하는 데 절대적인 영향을 미치는 것은 현실에서의 경험이다. 마찬가지로, 공학의 메커니즘을 보고 있으면 그것이 복잡한 현실을 이해하는 데 유용한 인식의 틀을 제공한다.

Q "네오의 등장은 터무니없지만, 스미스 요원은 '일리' 있다." "이 복잡한 영화에서는 다양한 긴장이 존재하지만, 복제자에 대한 생산자의 공포야말로 영화가 뿜어 내는 불안과 공포의 원천이다."(이고잉 블로그 중에서 'matrix') 네오보다 스미스가 더욱 와 닿았는가 보다. 영화 얘기를 조금 더 들려 달라.

IBM이라는 생산자는 MS라는 복제자에게, MS라는 생산자는 다시 구글이라는 복제자에게 왕좌를 물려주고 있다. 매트릭스가 고도화될수록 전무후무한 복제자가 출현할 것이다.

Q 전자화된 세계는 앞으로 어떻게 전개될 것으로 보는가?

나는 오늘날의 기업이 만드는 것이 크게 제품과 세계라고 생각한다. 지금까지 기업은 제품을 만드는 주체였다. 인터넷이나 컴퓨팅이 등장한 이후에는 기업이 제품뿐만 아니라 세계도 만든다. 이를테면, 리니지나 페이스북과 같은 것 말이다. 이것은 어쩌면 당연한 일이다. 이러한 것을 만들기 위해서는 공학과 자본 그리고 도전정신이 필요하다. 이것을 해낼 수 있는 집단은 기업밖에 없기 때문이다.

하지만 잘 만든다고 해서 운영 또한 잘 할 것으로 생각하지는 않는다. 예를 들어, 한 사람이 하루에 8시간씩 10년간 리니지를 했다면, 리니지라는 게임은 그 게임을 하고 있는 사람의 삶을 실질적으로 지배하는 세계라고 할 수 있을 것이다. 이 사람에게는 그가 속한 사회의 헌법보다 리니지의 약관이 더 큰 영향력을 발휘할지 모른다. 또, 10억 명이 사용한다는 페이스북이 정말로 전 세계 모든 사람이 사용하는 시스템이 된다면, 페이스북이 마음에 들지 않는다고 해서 다른 대체재를 찾을 수 없는 시스템이 될 수도 있다. 즉, 한 사람의 삶에 지대한 영향을 미치면서 그것이 대체 불가능한 것이 있다면, 그 시스템은 일종의 세계다. 이러한 세계를 소수의 사주와 임원 그리고 그 시스템에 대해 애정이 부족한, 얼굴 없는 주주들에 의해서 지배당한다는 것은 문제가 있다고 생각한다. 이러한 현실인식이 다소 과장된 것일지도 모른다. 그러나 인간의 인지를 지금보다 훨씬 더 깊게 지배할 미래를 생각해 보자. 전자화된 세계에 대한 공공성이랄까, 민주성이랄까 하는 이슈는 언젠가 심각하게 대두될 것이다.

Q "기술은 그것을 사용하는 사람이 가치중립적이지 않기를 촉구하기 때문에 가치중립적이지 않다. 가치중립적이지 않은 힘을 다른 말로는 권력이라고 부른다."(이고잉 블로그 중에서 '기술권력') 기술에 대한 태도가 이중적인 것 같다. 과연 어떤 입장인가? 생활코딩의 철학은 무엇인가?

입장은 맥락상 만들어진다고 생각한다. 생활코딩만 놓고 봤을 때, 유토피아건 디스토피아건 기술을 알아야 한다는 것은 동일하다고 본다. 공통분모다. 생활코딩은 이런 측면에서 의미가 있다. 예를 들어, 바이러스가 해롭든 이롭든 인간은 바이러스를 알아야 하는 것과 같다.

Q 작성한 글들을 보면 대구(對句)가 많이 눈에 띈다.

세계의 복합적인 일들을 비유를 통해 이해하는 편이다. 사고를 할 때 두 대상의 차이점과 공통점을 통해 이해하는 측면이 있다.

about : 생활코딩의 향후 계획

Q 최근의 관심사는 무엇인가?

엔지니어로 10년 넘게 일했는데, 언제부턴가 로우레벨이 궁금해지기 시작했다. API를 매개로 내가 익숙하게 사용하던 이 시스템의 로우레벨에서는 도대체 무슨 일이 벌어지고 있는 것일까? 나는 이것을 엔지니어링적인 사춘기라고 표현하는데, 우리도 사춘기 때 '인간이란 무엇이고, 나는 어디서 왔다가 어디로 가는가?' 등 이런 비실용적인, 근본적인 것에 대한 물음을 갖지 않나? 그런 점에서 나는 종교나 과학 그리고 철학은 인류의 사춘기를 담당하는 분야라고 보는데, 그런 일이 일어나고 있는 것 같다. 그런데 나처럼 로우레벨이 아니라 하이레벨에서 내려온 비전공자는 로우레벨을 이해하는 데 많은 난관이 있다. 예전에는 그러한 난관들 때문에 포기를 했는데, 요즘은 조금 달라졌다. 포기가 아니라 유보다. 대신에 로우레벨을 이해하기 위한 교양들, 이를테면 수학이나 영어 또는 알고리즘이나 로우레벨의 언어들을 차근차근 공부하면서 시간을 보내고 있다. 나에게 로우레벨에 대한 탐험은 차라리 철학이고 과학이기 때문에 시간이 얼마 걸리는지는 중요하지 않다. 천천히 내 속도대로 해나가다가 때가 되면 떠나는 거라고 생각하고 있다.

Q 문화사적인 관심도 많은 것 같다.

예전에는 역사를 죽은 학문이라고 생각했다. 역사에서 이야기하는 역사의 의의가 아무리 봐도 와 닿지가 않았다. 나는 국가를 운영할 사람이 아닌데, 역사책의 탐구 대상은 국가이고 국왕이다. 요즘에는 수학과 영어를 공부하고 있다. 지금은 거대하고 복잡한 이 체계들도 처음에는 매우 단순했고, 그것들이 가지고 있는 현재의 복잡성이 어떠한 시대적인 요청들이었다는 사실들을 알아가다 보니까 공부에 수긍이 가고 미래에 대한 안목도 생기는 것 같다. 역사의 의미가 보다 폭넓어졌으면 좋겠다.

Q 본인의 역량은 어느 정도 레벨이라고 생각하나?

초고급(超高級)이 1%라면 49% 정도? 갈 길이 엄청나게 멀다.

Q 오픈튜토리얼스는 사회에 필요한 플랫폼 역할을 하고 싶은 것인가?

오픈튜토리얼스를 만드는 사람은 멀리서 도와주는 멤버가 두 명이고, 가까이 모여서 서비스를 개발하고 있는 사람이 세 명이다. 두 명은 개발자고, 한 명은 디자이너다. 우리가 처음 이 일을 위해서 모였을 때 합의한 것이 있다. '소유권을 세팅하지 않겠다. 그리고 투자를 받지 않겠다.' 생활코딩 프로젝트는 콘텐츠 생산자를 위한 공공재를 만들어 보자는 합의에서 시작됐다. 그게 2년 전 일이다. 그때는 왜 그렇게 했는지 잘 몰랐다. 그냥 그렇게 해야 할 것 같았다. 그리고 1년 정도 지난 시점에서 한국에 협동조합의 바람이 불었다. 협동조합을 공부하면서 우리가 이미 협동조합을 하고 있다는 것을 알았다. 우리는 플랫폼을 공동으로 공유하고, 플랫폼을 만드는 과정에서의 의사결정을 표결로 한다. 치열하게 토론하고, 접점이 찾아지지 않을 때 다수의 의사를 따른다. 멤버들은 워낙에 건조한 성격들이라서 어떤지 모르겠지만, 나는 이것이 좋다. 그리고 이러한 조직 문화가 공공재를 만들고 운영하는 데 적합하다고 생각한다.

Q 오픈튜토리얼스의 롤모델이 있는가?

많다. 플랫폼의 존재 방식에서는 위키피디아를 존경한다. 또 엄청나게 많은 카테고리가 있지만, 그 많은 카테고리를 하나의 강력하고 단일한 맥락인 알림으로 묶어 낸 페이스북의 알림으로부터 우리는 교훈을 얻었다. 오픈튜토리얼스의 알림 기능은 명백하게 페이스북으로부터 배운 것이다. 또한, GitHub의 개방성 또한 우리의 스승이다. 무엇보다 우리 영감의 원천은 프로그래밍이다. 프로그래머들이 좋은 프로그램을 만들기 위해서 고안한 수많은 생산도구들과 인간의 사고를 공학적 대상으로 발전시키고 있는 프로그래밍 언어로부터 많은 자극을 받는다. 프로그래밍은 가장 최신의 콘텐츠이지만, 전자화된 컨테이너 위에서 등장한 최초의 콘텐츠이기도 하다. 이 독특한 지위 덕분에 프로그래밍은 지금 속속 전자화되고 있는 전통적인 콘텐츠들의 선조가 될 것이다. 그런 점에서 개발자들은 미래에 살고 있다.

Q 생활코딩이 꿈꾸는 미래는 무엇인가?

개인적으로는 앞으로도 재미있는 수업을 만들 수 있었으면 좋겠다. 어떤 사명감이나 의무감 같은 것을 가지고 이 일을 하고 있는 것은 아니다. 나는 수업 시간이 즐겁고, 그것이 우연히도 다른 사람들에게 도움이 된다고 하니 이보다 좋은 취미생활이 또 있을까 싶다.

Q 생활코딩을 하면서 얻은 게 있다면? 혹은 바람은?

생활코딩과 같은 활동이 많아지면 좋겠다. 생활코딩을 하면서 자신감이 생겼다. 자신감이 있어야 일을 잘할 수 있다고 생각했는데, 자신감이 살아가는 목표가 아닐까 요즘 생각한다. 또한, 생활코딩의 경쟁자가 생기면 좋겠다. 예를 들어, 학생들이 학생들을 가르치거나 학생들이 직접 자신의 커리큘럼을 만들어 보면 어떨까. 자신의 길을 스스로 만들어가는 과정을 평가하는 것이다.

나는 나름 한창이지만 여생 동안 가지고 놀 수 있는 장난감의 의미가 제일 큰 것 같다. 내 마음대로 꼼지락거리면서 이런저런 수업을 만들어 보고 싶다. 얻은 게 너무 많아서 열거할 수 없을 것 같다. 열거하는 순간 날아가 버릴 것 같아서 그렇게 못하겠다. (웃음)

인/터/뷰/후/기

생활코딩 수업 오리엔테이션을 듣고 수업을 하루 참관해 보았다. 여느 수업과는 다르게 자발적이고 화기애애했다. 참고로, 생활코딩 수강인원은 금방 마감될 수 있으니 미리 신청해야 한다.

성수역 부근에서 두 번 그를 만나 인터뷰하고 녹취했다. 맛있는 저녁과 간식을 함께 했다. 이를 통해 그와 관련된 여러 이야기를 들을 수 있었다. 이고잉은 요새 수영과 영어, 수학에 열심이다.

이고잉은 참 차분하고 진지하다. 본인이 이해하지 못하거나 분명한 논리를 갖고 있지 못하면 쉽게 답변하지 못한다. 이게 당연한 것처럼 들릴 수 있다. 단, 살면서 실천하기는 어렵다. 인터뷰는 서로가 분명한 개념을 파악하고 서로 이해할 때까지 반복하고, 명확히 했다. 원고는 그가 만족할 때까지 계속 수정했다. 앞으로 그가, 생활코딩이 어떤 방향으로 나아가게 될지 주목된다.

박원준

몽달이
블로그
운영자

인간의 마음을 먼저 생각하는 기술전도사

심호흡을 하고 집중하라. 인터넷엔 지우개가 없다는 것을 알라.

_리즈 스트라우스, www.successful-blog.com 운영자

블로그는 여전히 매력적인 매체이자, 플랫폼이며, 소프트웨어다. (준)전문가들이 제약 없이 콘텐츠를 올릴 수 있다는 점에서 좋은 매체다. 다양한 이용자와 소통하고 검색될 수 있다는 의미에서 활발한 플랫폼이다. 간단한 조작만으로 여러 기능을 수행할 수 있기 때문에 강력한 소프트웨어다. 블로그는 이런 면에서 개별적이면서 동시에 보편적이다. 또한, 블로그는 일상이다. 각자가 가진 소소한 이야기부터 전문 지식과 감춰진 이야기까지 디지털 콘텐츠의 집합체다.

2000년 초중반부터 네티즌들을 열광시킨 블로그는 지금까지 굳건히 자리매김하고 있다. 블로그는 정보량이 방대하여 '핫미디어'이면서 동시에 이

용자들과 소통이 활발하다는 측면에서 '쿨미디어'이기도 하다.[9] 특히, 파워 블로거라 불리는 몇몇 사람들은 콘텐츠의 깊이와 쉬운 설명으로 주목받고 있다.

그중 '몽달이 블로그(http://blog.meson.kr)'는 내공이 만만치 않다. 페이지 뷰는 약 40만을 넘겼다. 하루에도 약 500명의 방문자가 다녀간다. 블로그에는 총 480개의 글이 포스팅되어 있다(2014년 1월 12일 현재). 콘텐츠는 일상 다반사, 몽달이 생각, 사람들 생각, 시스템 잡설로 분류된다. 시스템 잡설에는 클라우드 스토리지, 폴더 관리, 모바일 UI, 개방성과 표준, 구글 크롬 등 총 70개(2014년 1월 12일 현재)의 글이 등록돼 있다. 운영자를 기술전도사Technological Evangelist라고 불러도 될 정도로 블로그는 풍부한 지식을 선사한다. 몽달이 블로그는 박원준 씨가 운영하고 있다. 그는 대학 시절 공학을 전공하고 지금은 유전 질환 치료와 생리학을 공부하고 있다. 연구와 프로젝트로 한창 바쁜 그를 인터뷰했다.

블로그 전성시대, 기술전도사 몽달이

박원준 씨는 현재 계산과학을 통해 모델을 만들어 그 모델을 계산하고 모의실험을 하고 있다. 대상은 유전학과 생리학 등과 관련된다. 그는 "이제 익숙해진 인간 전체 유전자Human Complete Genomics는 수많은 데이터를 통해 우리가 인지할 수 있는 단계로 해석하는 과정"이라면서 컴퓨터는 중심적 역할을 맡아왔다고 강조한다. 다시 말해, 유전학 데이터를 통해 생리학적 의미를 찾는 작업을 수행한다. 일례로, 특정 유전자 서열의 구성과 유전적

질환의 관계, 극복 방법
등을 연구하는 것이다.

작업의 중심엔 소프트웨어
가 있다. 박원준 씨에게 소프트웨어
란 "컴퓨터라는 기계와 인간이 서로 소통할
수 있는 모든 수단"을 의미한다. 컴퓨터가 가진 계
산 능력, 반복적 작업, 오류 적은 정확성을 인간 대신해
줄 수 있도록 소통하는 모든 작업이 바로 소프트웨어라
는 것이다. 또한, 그는 소프트웨어를 "목적을 이루기 위
해 기능을 가지는 일련의 실행 체계"[10]라고 정의한다.

소프트웨어가 새로운 형태로 확장되어 서비스를 제공
하면 플랫폼이 된다. 드롭박스가 그 예로 꼽혔다. 생
활시장에 비유하면, 팔기 위해 내놓은 여러 상품이
소프트웨어다. 한 가게에서 다품종 소량 판매를 하면 소프트웨어의 확장
성에 의해 플랫폼(환경)이 된다. 거꾸로, 종로구 통인시장의 도시락 카페같
이 각 상점이 쿠폰을 통해 연합 마케팅을 펼치기도 한다. 이 경우 역시 소
프트웨어라고 박원준 씨는 설명한다.

블로그를 통해 시스템에 관한 내용을 소개하는 이유에 대해선 "'왜 이 소
프트웨어를 쓰는지'와 '조금은 특이한 활용 방법'을 찾아보자는 생각"이라
고 답했다. 즉, 원리와 활용의 예 그리고 응용으로 이어질 수 있기를 바라
는 마음에서 포스팅을 시작한 것이다.

예를 들어, '스마트폰을 이용한 도서관리 - 코드2디비', '정보의 가공 및 개인화 - 논문 작성을 중심으로'는 일반 연구자들에게 매우 유용한 내용으로 이뤄져 있다. 전자에서는 "책마다 부여된 ISBN을 스마트폰의 바코드 리딩 앱과 구글 북스Google Books란 웹 서비스를 통해서 아주 빠른 시간에 정확한 내용을 입력하는 방법을 소개"했다. 특히, "이를 응용하면 자산 관리를 위한 온라인 서비스로 간편하게 만들 수 있다는 것"도 알리고 싶었다는 게 그의 설명이다. 후자에선 "논문 작업을 위해 구글 알림Google Alerts, 포켓Pocket, 멘델레이Menedeley와 같은 몇 가지 웹 서비스와 프로그램을 통해서 논문의 참고문헌 작업을 좀 더 손쉽게 하는 방법을 소개"한다. 논문 작성법을 일반화하기는 힘들기 때문에, 포스팅된 글은 그 과정에서 필요한 정보의 가공, 수집, 활용(협업, 설문조사, 그래프 작성 등)을 알려준다.

몽달이 블로그 중 시스템 잡설에 관한 소개를 보면 "컴퓨터를 쓰는 인간의 마음을 먼저 생각"한다는 표현이 나온다. 이에 대해 박원준 씨는 "소프트웨어 최종 사용자에게는 불편함을 해결해 주고 싶은 마음, 소프트웨어 개발자에게는 협업과 공유를 위한 방법을 지향하는 마음을 뜻한 것"이라고 조심스럽게 말했다. 즉, "컴퓨터 때문에 불편해진 인간의 마음을 표현하고 싶었던 것 같다."는 것이 그의 대답이다. 이러한 불편을 스스로 해결할 수 있는 능력을 키울 수 있도록 조금이나마 도움을 주고 싶다는 뜻이다. 최근 그는 범용으로 사용 가능한 라이브러리(프로그램들의 모음) 위주의 프로그래밍을 시도하고 있다. 두 가지 이유에서다. 첫째, 일반적 경우를 생각하기 때문에 다양한 경우에서 발생하는 예외와 오류에 대한 대처가 가능하다. 둘째, 여러 창의성이 결합하게 돼 생각지 못했던 원리와 기능을 구현할 수 있다.

인간의 마음을 먼저 생각하는 기술

한편, 우리 사회에서 개인정보 유출 사건은 계속해서 뉴스거리로 등장한다. SNS로 인해 불특정 다수와 연결이 되고, 나의 정보가 유출되며 신상이 털리기도 한다. 소프트웨어가 생활이 되면서 나타나는 사회병리 현상이다. 그래서 박원준 씨는 "다수의 사용자가 사용한다고 해서 그 서비스가 유용할 것이라는 점은 동의하기 힘든 명제"라며 "웹 서비스의 성공을 위해선 사용자들의 능동적 동의가 필요"하다고 포스팅했다.

요샌 좀 바뀌었을까? 그는 "서비스의 가치관을 판단할 방법은 서비스를 제공하기 위한 약관 혹은 정책, 그리고 예상될 수 있는 문제에 대해서 충분히 알려야 할 필요가 있다."고 말한다. 다시 말해, "서비스가 시작되기 전 서비스를 구성하고 서비스가 가지는 과정에서 개인의 데이터를 어떻게 관리하고 처리하는지에 대한 투명한 공개는 먼저 고려되어야 하는 내용"이라는 것이다. 개인의 ID와 데이터 역시 문제다. 특정 서비스를 사용하다가 다른 곳으로 이동하고자 하면 기존 데이터를 어떻게 처리해야 할지 난감해진다. 이 때문에 박원준 씨는 "서비스가 개인 데이터를 저장하는 경우라면 기본적인 백업, 백업의 형태가 표준을 따르는지를 확인하는 것은 차후 서비스를 떠날 때 자신의 데이터를 덜 손실하는 방법"이라고 설명한다. 소프트웨어가 생활인만큼 그에 대한 규약이 필요하다.

냉혈한 인간이 쓰는 완벽한 기술보다
따뜻한 인간이 쓰는 허술한 기술이 낫다

소프트웨어는 결국 인간의 삶을 편하게 바꾸는 데 초점을 맞춘다. 하지만 여러 사례에서도 확인할 수 있듯이 그 이면에는 위험 요소가 존재한다. 그러한 위험을 다시 소프트웨어로 극복할 수 있을까? 과학기술의 폐해를 과학기술적인 방법으로 극복하는 것이 가능하겠는가 하는 물음이다. 박원준 씨는 우선 무엇이 위험요소인지 생각해 봐야 한다고 대답한다. 그는 "과학기술은 가치중립적 대상"이라며, "다만 그 기술을 누가 어떻게 쓰는가의 문제가 된다."고 말한다. 예를 들어, 안티스팸 기술은 스팸을 막아주는 순수한 기술로서만 역할을 할 때 좋은 기술이다. 그런데 악덕 경영주가 본인에게 불리한 내용이 전달되지 못하도록 안티스팸 기술을 사용할 수 있다. 결국, 그는 "냉혈한 인간이 쓰는 완벽한 기술보다 따뜻한 인간이 쓰는 허술한 기술이 인간에게 더 큰 이득이 될 것"이라고 믿는다.

이젠 일상과 떼려야 뗄 수 없는 검색을 떠올려보자. 정보검색의 관문으로 생겨난 포털 사이트. 그런데 네이버와 다음 등 대형 포털의 인터넷 골목상권 위협 문제가 최근 도마에 올랐다. 이에 대한 규제가 필요하다는 것이다.

포털 사이트가 문제가 된 사안은 크게 세 가지로 압축된다. 하나, 광고와 검색 결과에 대한 분리 문제. 둘, 미디어로서 역할을 하는 포털 사이트의 편집권 문제. 셋, 자체 플랫폼을 이용한 벤처 및 창의적 아이디어 등에 대한 위협 등이다. 문제의 핵심에 '검색'이 자리한다. 이 때문에 포털의 본질적 기능인 검색을 기술에만 의존할 수 없다. 소프트웨어의 산물인 '검색'에 사회적 협의가 필요해진 셈이다.

사회적 협의가 필요해진 '검색'

전문가들은 법적 규제보다는 협의체를 통한 견제와 가이드라인 제시, 소비자 중심의 정책 등 신중론에 무게를 두고 있다. 특히, 검색엔진의 알고리즘이 공정할 수 있다는 건 '환상'이라고 지적하면서 법적으로 미디어인 대형 포털의 권한을 인정해야 한다고 주장한다. 물론, 그에 따른 사회적 책임도 뒤따라야 한다. 구글조차도 페이지 랭크 등 검색 알고리즘의 일부만 공개하고 있다. 페이지 랭크는 익히 알려졌다시피 중요도에 따라 검색 결과를 보여주는 기술인데, 구글을 탄생시킨 원동력이기도 하다. 많이 링크돼 있으면 중요도가 높아지는 것이 기본적 개념으로, 학술 인용지수와 빈도수를 생각하면 이해하기 쉽다.

'포털'은 14세기 후반에 입구, 관문을 뜻하는 고대 프랑스어 'portal'(현대 프랑스어로는 portail)에서 유래했다. 포털은 항구를 뜻하는 '포트port'와도 연관된다. 포트는 컴퓨터 주변장치와 연결 부분 혹은 통신을 위한 정보의 출입구 역할을 한다. 이러한 유래에서 파생된 포털 사이트는 현재 '검색'이라는 필수불가결한 기술로 우리 삶을 지배하고 있다.

이 때문에 박원준 씨는 "검색엔진이 플랫폼으로 진화하며 인간의 인식도 진화시켜야 한다."[11]고 밝혔다. 검색엔진이 검색기술로서만 존재해선 안 되고, 공공성을 담보하며 사회적 역할을 해야 한다는 뜻이다. 다시 말해, 검색기술이 사회적 가치에 들어맞아야 한다. 원본을 인용 없이 복사해서 포스팅하거나 악의적으로 이용하는 것에 대해 사회적 정화 기능이 필요하다는 뜻이다. 그는 검색엔진이 좋은 플랫폼으로 진화하려면 중재자로서 작용해야 한다고 강조한다. 사용자들이 잘못된 정보에 순식간에 휩쓸린다면 사회적 역할을 해야 한다는 것이다. 예를 들어, '패혈증'이 아니라 '폐혈증'이 검색돼 재생산된 사례가 있다. 그에게 진화란 "다양성을 통해서, 다양한 사용자의 참여로, 최적의 방식을 찾아가는, 항상 변화하는 동적인 상태"를 뜻한다.

사용자 참여로 최적의 방식을 찾다

박원준 씨는 플랫폼이란 예측하고 원리를 찾기 위한 '검색엔진의 모델링'이라고 설명한다. 가장 좋은 정보를 찾기 위해 다음 세 가지를 고려해야 한다. 하나, 정보의 단편성: 양질의 정보를 찾는 것은 얼마나 많은 양질의 키워드에 따라 좌우된다. 둘, 정보의 휘발성: 시간에 따라 정보의 질이 달라진다. 셋, 정보검색에 대한 최적화의 한계성: 정보의 상황이 변경되거나 더 이상 존재하지 않으면 새로운 경로를 찾아야 한다.

검색기술은 사용자들에 의해 중요도가 결정되며, 사용들이 콘텐츠를 만든다. 따라서 공공성을 띨 수밖에 없다. 1세대 검색은 디렉터리 형식, 2세대 검색은 웹 페이지 간의 연결 구조로 관련도를 결정해 알려주는 형식, 3세대 검색 방식은 다른 이용자들의 이용 상황을 고려하는 유형의 '소셜 서치' 형식이다.[12] 카페, 블로그, SNS 등 갈수록 너와 나의 이용 행태가 중요해지는 것이다. 따라서 검색기술은 공공재에 속한다고 할 수 있다.

〈BBC〉는 구글의 대항마 관련 내용을 보도했다.[13] 마이크로소프트의 '빙'이나 러시아의 대형 포털 '얀덱스', '네이버' 등이 소개됐다. 그중 눈에 띄는 것은 '덕덕고'[14]라는 검색 서비스다. '덕덕고'는 "익명으로 검색"한다는 기치 아래 사생활 보호를 원칙으로 삼고 있는 검색기술이다. 검색되지 않을 자유를 부여하는 것이다. 이 사이트는 구글이나 MS 등이 미국 NSA에 데이터를 제공한 후 반사효과로 인기를 끌고 있다.

침묵할 수 있는 권리

'ungoogleable'이라는 단어가 있다. 이는 신조어로 영어사전에 등록돼 "인터넷 검색엔진(특히 구글)에 자신의 이름을 검색했을 때 아무런 정보가 나오지 않는 사람"을 뜻한다. 좀 더 확장하면, 검색되지 않는 것 혹은 검색되지 않을 수 있는 상태를 의미한다.

〈BBC〉에 따르면, 해외에는 인터넷 평판을 관리해 주는 회사가 있는 모양이다. 물론, 이를 악용할 여지는 있다. 하지만 검색되지 않을 자유는 좀 더 근원적인 문제와 맞닿아 있다. 영국 옥스퍼드 인터넷연구소의 랄프 슈로더Ralph Schroder 교수는 "중국의 민주주의 수호 활동가들이 탄압을 피해 익명의 웹 사이트를 운영할 필요가 있을지 모른다."라고 말했다.

소프트웨어로 인해 정보에 접근하는 관문이 생겨났다. 모든 사용자가 들어설 수밖에 없는 관문으로서 포털은 공공성을 지닌다. 완전한 공공성이 아니라면 적어도 준공공성은 띤다. 아울러, 정보를 만들어 내고 사용하는 나로서는 침묵할 권리와 더불어 검색되지 않을 자유가 필요하다. 관문의 주체와 객체는 사용자인 나이기 때문이다.

기술은 가치중립적, 누가 쓰는가가 문제

한편, 박원준 씨는 바람직한 소프트웨어의 성공 사례로서 구글, 매스웍스(Mathworks, 테크니컬 컴퓨팅, MATLAB이라는 공학용 소프트웨어로 유명), 아스펜테크(AspenTech, 공정 산업 관련 솔루션 제공), SAS(통계 분석 소프트웨어를 제공하는 세계적인 기업), 오토데스크(Autodesk, CAD 소프트웨어로 유명) 등을 언급했다.[15] 이러한 기업들의 소프트웨어 엔지니어들이 가진 공학적 지식은 산업 전반 혹은 일상에까지 영향을 끼치고 있다. 그래서 가치가 있다고 밝혔다. 귀담아들을 얘기다.

소프트웨어의 정신은 공개와 협업을 통한 혁신이다. 앞으로 소프트웨어가 바꾸게 될 변화의 양상(소프트웨어의 성공적인 서비스)은 어떠할 것이라고 내다볼까? 박원준 씨는 개인적으로 생각하는 소프트웨어의 철학적 방향으로 대답을 대신한다고 했다. 하나는 "클라우드 서비스의 가시적 성과"이고, 다른 하나는 "개인이 소유한 데이터의 양"이다. 그는 "오픈소스가 가지는 장점으로 클라우드 서비스 환경에서 소프트웨어가 가지는 다양성을 주목"하면서 "이런 변화에 다양한 산업과 분야를 적용하는 것을 시도해 보고 싶다."고 대답했다.

몽달이 블로그를 운영 중인 박원준 씨의 최근 관심사는 HTML5(**특정 소프트웨어 없이도 인터넷 브라우저에서 화려한 그래픽 효과를 구현하며, 음악이나 동영상을 자유롭게 감상할 수 있도록 하는 웹 문서 프로그래밍 언어의 최신 규격**)다. 동시에 대규모 데이터를 처리할 수 있는 XML(**HTML보다 확장된 기능을 가진 언어**)과 이를 표현하는 기술에 관심을 두고 있다. 전문 학습 없이도 개인의 다양한 소프트웨어 도구들이 만들어질 것 같다는 게 그의 생각이다. 앞으로 어떤 콘텐츠가 그의 블로그에 담기게 될지 기다려진다.

정 / 리

☑ 몽달이 블로그 '시스템 잡설'에는 총 70편의 글이 올라와 있다. 이 글을 쓰는 동안에도 시스템과 XML & API 관련 글이 업데이트되었다. 블로그 운영자 박원준 씨는 현재 계산과학을 활용해 유전학과 생리학 등을 연구하고 있다. 한마디로, 유전학 데이터를 통해 생리학적 의미를 찾는 일이다. 그에게 소프트웨어란 "컴퓨터라는 기계와 인간이 서로 소통할 수 있는 모든 수단"을 말한다.

☑ 박원준 씨는 인간의 마음을 먼저 생각하는 기술을 고민한다. 엔드유저에겐 불편함을 해결하는 마음이고, 개발자에겐 협업과 공유 위한 방법론을 지향하는 마음이다. 그는 "냉혈한 인간이 쓰는 완벽한 기술보다 따뜻한 인간이 쓰는 허술한 기술이 인간에게 더 큰 이득이 될 것"이라고 말했다.

☑ 소프트웨어 성공 사례로서 박원준 씨는 구글, 매스웍스, 아스펜테크, SAS, 오토데스크 등을 꼽았다. 이러한 기업들에서 소프트웨어 엔지니어들이 가진 공학적 지식은 일상에까지 영향을 끼치고 있다. 그렇기 때문에 가치가 있다.

☑ 소프트웨어가 바꿀 미래 혹은 소프트웨어의 성공적인 서비스에 대해 그는 클라우드 서비스의 가시적 성과와 개인이 소유한 데이터의 양을 언급했다.

 **Interview...**

about : 소프트웨어 입문 배경

Q 전공은 무엇이고 지금은 어떤 연구를 하고 있는가? 자기소개를 해달라.

대학 시절 공학을 전공하고 지금은 유전 질환 치료를 중심으로 공부하고 있다. 대상은 유전학, 생리학에 관련된 내용이지만 실험실에서 가운 입고 실험하는 게 아니다. 계산 과학Computational Science으로 모델을 만들고, 이를 계산하여 모의실험simulation을 통해서 연구하고 있다. 실제 실험이 각 나무를 탐색하는 과정이라면, 계산 과학을 통해서는 전체 숲이 어떻게 움직이는지 찾아내는 과정이라고 생각하면 좋을 것 같다.

인간 전체 유전자는 수많은 데이터를 통해 우리가 인지할 수 있는 단계로 해석하는 과정이다. 그 중심에 컴퓨터가 있다. 현재는 유전학 데이터가 생리학적 의미를 가질 수 있는 작업을 하고 있다. 예를 들어, 특정 유전자 서열이 구성되어 있을 때 어떤 유전적 질환을 가질 수 있다는 점을 찾아낸다. 여기서 이를 극복하기 위해 어떤 방법이 필요한지 찾아내고 궁극적으로 치료하는 방법을 찾아내는 것이다. 이런 과정에서 현상의 원리와 이론을 계산할 수 있도록 컴퓨터가 중심이 돼 역할을 한다. 그리고 컴퓨터가 인간이 원하는 작업을 수행할 수 있도록 소위 '코딩' 과정이 필요하다. 따라서 자연스럽게 소프트웨어에 관련된 기술과 내용이 필요하게 되었던 것 같다.

Q 소프트웨어에 관심을 기울이게 된 배경을 말씀해 달라.

소프트웨어의 매력을 처음 느낀 건 대학교 학부 시절 학과 내 전산실을 구성하면서다. 여러 대의 컴퓨터를 통해서 서버/클라이언트 네트워크를 구성하고 관련된 작업을 했다. 이때 기계와 기계가 연결된 네트워크의 중요성과 함께 인간이 기계, 특히 컴퓨터를 이용하여 불편한 내용을 해결하는 과정이 인간의 소프트웨어적 창의성이 가장 높게 발휘되는 순간이라는 것을 느끼게 되었다. 그런 재미와 수학을 비롯한 자연과학을 좋아하는 과정에서 컴퓨터와 자연과학이 만나는 계산 과학에 흥미를 느끼게 되었다.

Q 그렇다면 소프트웨어란 과연 무엇인가?

소프트웨어란 단순히 우리가 필요한 기능을 구현해 주는 프로그램 정도로 인식될 수 있다. 하지만 그 이전에 근본적으로 컴퓨터란 기계와 인간이 서로 소통할 수 있는 모든 수단을 소프트웨어라 인식하는 것이 필요하다. 즉, 컴퓨터가 인간보다 잘하는 것은 계산 능력computing power과 반복적 작업recursive tasks, 오류가 적은 정확성precision이라 생각하는데, 이 작업을 인간 대신 해줄 수 있도록 소통하는 모든 작업이 소프트웨어다.

일상적으로 접하는 워드나 엑셀이란 소프트웨어도 인간의 작업을 좀 더 효율적으로 할 수 있도록 컴퓨터의 능력을 사용하는 도구다. 이것들은 단순하지만 반복적인 작업을 빠르게 할 수 있도록 도와주는 소프트웨어. 마찬가지로, 자동차가 광범위하게 움직일 수 있도록 제어하는 전자 회로에 들어가는 내용도 소프트웨어. 이 때문에 컴퓨터가 보급되기 이전이라도 인간의 편의를 위해 만들어진 모든 도구는 소프트웨어가 아닐까 싶다.

about : 소프트웨어 꿰뚫기

Q '시스템 잡설'에 올라온 글들을 보면 파워 유저나 기술전도사를 넘어 준 소프트웨어 개발자라는 인식이 든다. 심지어 소프트웨어 산업을 잘 알고 있다.

과찬의 말씀이다. 파워 유저도 기술전도사도 아닌 생계형 소프트웨어에 관심 있는 사람이다. 네트워크 시스템이 주는 매력과 개인적 연구 분야의 필요성 때문에 프로그램을 자주 접했다. 소위 자신이 원하는 것을 프로그래밍으로 만들어 내는 전문적 프로그래머의 실력은 없다. 주로 타인이 잘 만들어 놓은 라이브러리를 통해 구현하고 싶은 것을 만들어 내는 과정을 거친다. 이러다 보니 기존에 존재하는 기술을 잘 활용하는 것이 좋은 방법이라고 생각했다.

컴퓨터의 활용도는 얼마나 좋은 소프트웨어를 쓰는가에 달렸다고 생각한다. 어떤 소프트웨어가 더 좋은지 찾아야 한다. 아무리 좋은 소프트웨어가 있어도 사용자가 얼마나 활용하는가에 따라서 그 가치와 결과물은 달라진다는 것을 조금씩 느꼈다. 따라서 내가 자주 접하는 소프트웨어나 관련 기술을 단순히 소개하는 것, 혹은 '똑같이 따라 하기' 같은 안내서로는 주어진 소프트웨어를 제대로 활용할 수 없는 것이 아닌가 하는 생각이 들었다. 그래서 조금은 길더라도 스스로 '왜 이 소프트웨어를 쓰는지'와 '조금은 특이한 활용 방법'을 생각해 보았다. 블로그 독자들에게 받을 인기는 관심을 두지 않았다. 단순한 소개가 아닌 원리-활용 예-응용으로 이어질 수 있는 글은 없을까 하는 마음으로 시스템 잡설을 쓰게 됐다.

Q 2007년 3월 16일부터 2014년 1월 12일까지 6년 10개월 동안 포스팅했다. 어떤 계기로 관련 글을 쓰게 되었는지 좀 더 설명해 달라. 글들을 읽다 보니 어떻게 하면 이러한 해박한 지식을 가질 수 있는지도 궁금하다.

소프트웨어를 통해서 인간의 작업을 좀 더 수월하게 만들어 줄 수 있는 원리를 찾아내고 싶었던 것 같다. 그런 과정에서 자연스럽게 소프트웨어가 가지는 중심 기능, 즉 컴퓨터와 인간을 소통시켜 주는 기능에 관심을 두게 되었다. 주로 모바일 기기의 사용자 인터페이스User Interface에 관심이 생겼다.

사실, 대부분은 컴퓨터를 사용하며 느낀 불편함이나 해결하고 싶은 문제들이다. 이것들을 어떻게 해결했는지, 해결하는 과정에서 필요한 원리와 소프트웨어는 무엇인지를 소개하는 것에 집중했다. 예를 들어, 책장에 있던 책들을 온라인에서 관리할 수 있는 손쉽고 간편한 방법이 없을까 고민했다. 책마다 부여된 ISBN을 스마트폰의 바코드 리딩 앱과 구글 북스 Google Books란 웹 서비스를 통해 아주 빠른 시간에 정확한 내용을 입력하는 방법을 소개했다.[16] 또한, 논문 작업을 위해 구글 알림Google Alerts, 포켓Pocket, 멘델레이Menedeley와 같은 몇 가지 웹 서비스와 프로그램을 통해서 논문의 참고문헌reference 작업을 좀 더 손쉽게 할 방법을 소개했다.[17]

각각의 웹 서비스 혹은 프로그램을 소개하는 것으로 글 한 편을 간편히 작성할 수 있다. 하지만 내 데이터 흐름이 각 소프트웨어(웹 서비스, 앱, 소프트웨어 모두)를 거치면서 나에게 더 필요한 데이터로 가공되는 과정이 더 중요한 부분이라고 생각했다. 그래서 단순히 소프트웨어의 기능과 내용을 소개하는 것이 아니라, 소프트웨어가 왜 쓰이는지 근본적인 이유를 찾고 싶었다. 그런 내용은 소프트웨어가 '왜 만들어졌는지'를 확인하는 과정에서 많은 해답을 준다. 즉, 소프트웨어는 나의 데이터가 더 유용한 가치로 만들어지는 과정에 컴퓨터(웹 서비스의 서버 혹은 개인 컴퓨터)와 소통하기 위한 도구란 점을 강조하고자 했다. 이런 원리를 인식하고 소프트웨어를 사용하면 다양한 범위에서 응용할 수 있다는 점도 전달하고자 했다. 가령, 스마트폰을 바코드 리더로 이용해 도서 관리에 사용했는데, 이를 응용하면 자산 관리를 위한 온라인 서비스로 간편하게 만들 수 있다. 또한, 연구실 기자재 및 실험 데이터를 관리하는 방법으로 응용할 수 있다. 실험자가 직접 입력key in해야 하는 과정을 바코드로 전환할 수 있다. 이 방법은 각종 온라인에 다양하게 구축된 CMSContents Management Service를 통해서 별도의 비용 부담 없이 구축할 수 있다.

아울러, 글을 작성하게 되는 또 다른 계기는 자동화 기술이다. 인간이 수행해야 하는데, 꼭 필요하지만 번거로운 작업들이 있다. 이를 손쉽게 해결할 수 있는 많은 방법이 존재한다. 좀 더 정확하게 별 수고 없이 수행할 수 있는 방법들을 제시하고 싶다. 자동화 기술은 원하는 기능을 수행할 수 있도록 해주는 것이다. 대부분 인간이 미리 정해놓은 상황predefined conditions에 부합하도록 말이다.

Q 따로 소프트웨어에 관한 학습을 하는 것인가? 그리고 코딩을 하는 것 같다. 요샌 어떤 부분에 관심을 두고 있는가?

나는 따로 학습할 정도로 전문적인 프로그래밍이 필요하지 않다. 따라서 직접적인 코딩을 위한 프로그래밍 기술을 익히진 않는다. 하지만 소프트웨어, 프로그래밍이 가지는 장점, 단점, 한계점을 인식하도록 다양한 정보를 취하려고 노력한다. 코딩을 직접 하기는 하지만, 직접 프로그래밍 코드를 입력하는 단계가 아니다. 기본적으로, 컴퓨터를 통해서 어떤 기능을 수행할 것인지에 대한 내용 및 구조, 소위 아키텍처architecture 설계와 전문 프로그래밍 언어high level language라고 불리는 소프트웨어로 코딩한다. 그래서 하단의 실행단계에 필요한 세부적인 프로그래밍은 하지 않는다.

요즘은 대규모 데이터 처리를 위한 연산에 관심을 두고 있다. 그와 동시에 사용자들에게 분석된 데이터를 제공해 주거나 처리된 결과를 보여주는 웹 서비스 기술에 관심을 두고 있다. 구체적으로 말하자면, HTML5다. 프레젠테이션 레이어~~presentation layer~~를 위한 HTML5에 주목하고 있다. 또한, 대규모 데이터를 처리할 수 있는 XML 기술과 이를 표현하는 기술에 흥미가 있다. 특히, 전문 분야에서 XML의 응용에 주목한다. 의료 정보 분야에서 사용되는 HL7(**의료 서비스 관련, 이기종 시스템 간 의료정보 교환 표준. http://www.hl7.org 참조**), 생화학/생리학적 대사과정을 표현하기 위한 CellML(**XML 기반 표준안. 오클랜드 대학교 생명공학 연구소에서 개발. http://www.cellml.org 참조**), SBML(**XML 기반 표준안으로 Systems Biology Mark-up Language. 시스템 생물학에서 활용되며, 소프트웨어 간 모델 교환이 가능하게 해준다**)과 같은 것들이다. 이런 것들을 더욱 이해하기 위해서 개인적으로 가지고 있는 (심지어 사소한) 데이터들을 XML로 구성하고 있다.

이런 XML은 데이터의 구조화에 필요한 내용이다. 이를 통해 인간에게 유용한 정보를 만들어 낼 수 있는 의미로 연결하는 과정에 더 많은 관심을 두고 있다. 이 내용이 연구 중심 주제다. 그리고 XML에 대한 관심은 자연스럽게 표준화에 시선을 두게 했다. 표준화와 개방성을 통해서 발전할 수 있는 다양한 가능성을 좀 더 신뢰하게 되었다.[18] 표준화에 의한 데이터의 구조는 다양한 협력자들의 참여를 가능하게 만든다. 결국, 소수의 엘리트에 의해 만들어지는 소프트웨어보다 더 강점을 가질 수 있을 것으로 생각한다. 가장 큰 차이점은 바로 사용자가 참여자가 될 수 있다는 점이다. 소프트웨어는 점점 전문적으로 개발을 위한 학습을 하지 않아도 개념과 구조를 알게 되는 방향으로 나아갈 것이다. 이를 위한 다양한 도구들이 만들어질 것이다.

Q "컴퓨터를 쓰는 인간의 마음을 먼저 생각하려고 한다."라고 적었다. 어떤 의미인지 좀 더 설명해 달라.

대부분 컴퓨터에 관련된 글은 컴퓨터가 얼마나 멍청한 존재인지를 알려 주는 것이다. 인간의 일상적인 활동과 생활은 별로 불편함을 느끼지 않는 다. 그런데 워드나 엑셀 등을 쓰기 시작하면서 해당 소프트웨어가 제시하 는 (제공하는 게 아니라) 기능과 절차를 따르면서 불편함이 커진다. 소프트 웨어로 인해 가능한 것이 많아지기 때문이다. 이에 대한 질문과 답변이 컴 퓨터 관련 글의 대부분이다.

개인적으로 애플이란 기업을 별로 탐탁하게 생각하지 않는다. 하지만 애 플이 대중적으로 많은 소비자에게 다가갈 수 있던 가장 큰 요인은 필요 없는 것은 '과감하게 보여주지 말라'는, 소위 미니멀리즘minimalism이 아닐까! 쉽게 말해, 인간은 소프트웨어를 통해 다양한 기능을 사용하고 싶은 것 이 아니라 주요 기능만 제대로 사용하고 싶은 것이다. 그러나 사용하면서 크고 작은 불편함을 느끼면 내가 쓰는 소프트웨어 안에 내가 원하는 기 능이 존재하지 않을까 고민한다. 아마도 '컴퓨터를 쓰는 인간의 마음'이란 컴퓨터 때문에 불편해진 인간의 마음을 뜻하고 싶었던 것 같다. 그리고 그 런 불편을 스스로 해결할 수 있는 능력이 컴퓨터에 대한 활용도로 바라 볼 수 있을 것이다.

최종 사용자enduser 입장에서 이런 세세한 부분까지 신경 쓸 필요는 없을지 모른다. 그러나 내가 만들고 싶은 기능과 원리를 널리 전파시키기 위해서 는 타인의 마음까지도 헤아릴 필요가 있다고 생각한다. 전문적인 분야든 개인적인 연구든, 비록 나만을 위한 프로그래밍과 소프트웨어를 개발한 다고 해도 말이다. 그런 이유에서 요즘은 가능하다면 라이브러리 위주의 프로그래밍을 시도한다. 즉, 좀 더 번거롭고 당장 사용 가능한 기능이 아닐지라도 다소 범용적 사용이 가능한 라이브러리를 만들려는 것이다. 시간이 걸릴지 몰라도 첫째, 일반적 경우를 생각하기 때문에 다양한 경우에 대한 예외와 오류에 대한 대처가 가능해진다. 둘째, 다른 이들의 창의성이 결합되어 생각하지 못했던 원리와 기능을 구현할 수 있다.

정리하자면, 소프트웨어 최종 사용자에게는 불편함을 해결해 주고 싶은 마음, 소프트웨어 개발자에게는 협업과 공유를 위한 방법을 전달하는 마음을 뜻한 게 아닐까 다시 고민해 본다.

about : 소프트웨어와 과학기술의 양면성

Q 개인정보 유출 사건을 통해 "다수의 사용자가 사용한다고 해서 그 서비스가 유용할 것이라는 점은 동의하기 힘든 명제"라고 표현했다. 특히, 웹 서비스의 성공을 위해선 사용자들의 능동적 동의가 필요하다고 말씀한 바 있다.[19] 요즘에는 폐쇄형 SNS가 나오고 개인 주소록 등을 차단하는 서비스도 제공되고 있다. 2년여가 흐른 지금 많이 바뀌었다고 보는가?

기술은 가치중립적이다. '좋은 기술', '나쁜 기술'이란 것이 존재할까? 아마도 그 기술을 사용하는 사람의 가치관이 반영되는 것이라고 생각한다. 서비스의 가치관을 판단할 방법은 무엇인가? 서비스를 제공하기 위한 약관 혹은 정책 등을 사용자에게 알리고, 예상될 수 있는 문제에 대해서 관련 정보를 충분히 제공하는 것이다. 이미 블로그에서 언급했듯, 개인의 대화 내용을 서버에 저장하면 범죄 수사 시에 도움을 받을 수 있다. 하지만 진범을 찾기 위해 진범이 아닌 용의자들의 모든 개인정보 및 대화 내용을 알아낼 수 있게 된다면 어떨까? 그런 과정이 정의로운가에 대해 진지한 고민조차 하지 않았다. 즉, 서비스를 구성하고 서비스가 가지는 과정에서 개인의 데이터를 어떻게 관리하고 처리하는지에 대한 투명한 공개는 먼저 고려되어야 하는 내용이다. 서비스가 시작되기 전에 말이다. 현재 비슷한 서비스를 하는 업체 중에서 이러한 중요성에 대해서 인지하고 충분히 알리는 업체가 있는지 한번 생각해 봐야 할 것 같다.

결론적으로, 나는 관련 서비스를 여전히 사용하지 않고 있다. 그 업체들이 대화 내용을 포함한 개인 데이터를 맡길 만큼 충분한 신뢰를 주지 못하기 때문이다. 많은 지인이 '어떻게 쓰지 않고 살 수 있느냐?'고 묻는다. 가입조차 하지 않았다고 대답하면 오히려 이상하게 바라보는 경우가 많다. 냉정하게 말해서, 국내를 벗어나 국제적으로 얼마나 많이 사용되는가? 단지 국내에 국한된 인기 서비스가 아닌지 냉정하게 생각해 볼 필요가 있다. 카카오톡 이전에도 메시지 서비스는 다양하게 많았다. 구글 토크, MSN 메신저뿐만 아니라 소셜 미디어 서비스에서 대화(채팅) 서비스는 기본적으로 제공한다. 카카오톡의 대중적 확산의 원인이 무엇인지 한번 진지하게 고민할 필요가 있지 않을까?

두 번째는 개인의 ID 문제다. 전화번호는 가변성이 강한 ID다. 전화번호가 바뀌면 이는 더 이상 유효하지 않다. 그런데 번호가 바뀐 사용자들은 옛날 번호를 가지고 있다는 이유로 전혀 알지 못하는 사람들과 연결되기도 한다. 이는 예상외로 지속적인 스트레스가 될 수 있다. 이 모든 이유는 사용자를 많이 만들기 위해 좀 더 손쉬운 방법으로 기술을 사용했기 때문이다.

이런 이유로 나는 인터넷 상의 서비스를 사용하는 입장에서 기준을 가지고 가입한다. 그 기준은 아주 간단하다. '개방성'이다. 구글이 제시한 개방성의 정의는 '언제, 어디서나, 내가 원할 때 내 데이터의 손실 없이 떠날 수 있는 것'이다. 오랫동안 사진을 올리고 글을 올렸는데 서비스가 너무 상업적으로 변하고 원하는 기능이 제대로 구현되지 않은 경우가 있다. 이때 다른 서비스로 옮기고 싶은데 지금까지 자신이 작성한 글과 사진들을 모두 포기해야 한다면, 이는 상당한 스트레스다. 따라서 기본적인 백업, 백업의 형태가 표준을 따르는지를 확인하는 것은 차후 서비스를 떠날 때 자신의 데이터를 덜 잃게 되는 방법일 것이다. 서비스가 개인 데이터를 저장하는 경우라면 말이다. 단지 편리하다는 이유만으로 나중에 개인 데이터를 모두 소멸시켜야 하는 것은 큰 위험 요소다.

'개인의 데이터를 볼모로 서비스를 계속 사용할 수 있도록 한다.' 이것도 하나의 전략이라고 생각할 수 있다. 하지만 궁극적으로 서비스에 대한 신뢰가 높지 않다면 서비스의 수요층을 제거할 수 있다. 국내 웹 서비스 업체들은 이런 부분에 대해서 진지하게 고민해야 한다. 특히, 사용자들이 어떤 것을 원하는지 소비자의 관점에서 생각해 볼 필요가 있다.

Q 소프트웨어는 결국 인간의 삶을 편하게 바꾸는 데 초점을 맞추는 것 같다. 그러나 포스팅한 글에도 썼듯이 그 이면에는 위험 요소가 존재한다. 과학기술의 폐해를 과학기술적인 방법으로 극복할 수 있다고 보는가? 그러한 위험을 다시 소프트웨어로 극복 가능한가?

무엇이 위험 요소인지 생각해 봐야 한다. 앞서 이야기했듯이, 과학기술은 가치중립적 대상이다. 다만, 그 기술을 누가 어떻게 쓰는가의 문제다. 핵발전소 vs. 핵폭탄과 같은 극단적 예를 들지 않아도 좋다. 대부분의 사람이 '좋은 것'이라고 믿고 있는 것을 생각해 보자. 〈터미네이터〉에 나오는 '스카이넷'이라는 기계는 스스로 판단하고 인간을 제거할 수 있는 방법을 터득한다. 나중에는 인간을 멸망시키는 존재가 되는데, 영화를 보면서 과연 기초가 되는 기술이 무엇일까 고민한 적이 있다. 그 당시 생각했던 기술이 전자 메일에서 스팸(무작위로 배포되는 광고나 선정적인 메일 혹은 메시지. 최

근엔 보이스 피싱 등 좀 더 진화된 형태로 나타나는 경향이 있음)을 막아주는 기술이 아닐까 생각했다.

대부분의 사람은 스팸을 막아주는 것을 '좋은' 것이라고 가치 판단을 한다. 하지만 그것은 스팸을 막아주는 순수한 역할에 충실할 때만 '좋은' 것이다. 기본적으로, 스팸인지 아닌지 판단한다는 것은 나에게 오는 메일 모두를 한 번 이상 검사한다는 걸 뜻한다. 스팸으로 의심되는 것은 판단과 추론을 통해 스팸 편지함으로 옮겨 놓는 것이다. 이 기본적인 기능을 제대로 해줄 때에만 안티스팸 기술은 인간에게 유용하다.

만약 이런 추론 기능을 악의적으로 사용한다면 이 기술이 '좋은' 기술이 될 수 있을까? 회사의 최고경영자들이 자신에게 불리한 내용이나 이와 비슷한 내용을 검색하여 일반 이용자들에게 메일이 전달되지 않도록 하는 것은 어렵지 않을 것이다. 즉, 같은 내용의 기술이지만 인간의 의도에 따라서 기술은 인간에게 큰 해가 될 수 있다. 만약 추론 기능을 증가시켜 인간에게 폭력을 만들어 낼 수 있는 내용을 생산한다면 어떨까? 더욱이 사람들에게 이메일을 보내 갈등을 조장한다면 기계가 인간을 멸망시킬 수 있는 구체적인 방법이 될 수도 있다고 본다.

과학기술이 가지는 구체적인 위험 요소는 기술 그 자체가 가진 것이라기보다는 인간의 악의적인 의도 혹은 섬세하지 않은 결과일 가능성이 높다. 이런 측면에서 인간의 악의적인 의도를 막아줄 수 있는 것은 인간 사회 속에서의 법과 규제, 그리고 문화와 인식이다. 기술을 잘못 이용하면 처벌하는 구체적인 규제가 필요하다. 법률적 처벌이 무서워서라도 그러지 않을 것이다.

Q 과학기술은 가치중립적이지만 과학기술을 사용하는 인간의 불완전성과 양면성을 얘기하는 것인가?

개인적으로 고민하는 주제 중 하나가 인간의 섬세하지 않은 부분은 소위 감사auditing를 통해서 점차 보완해 가는 것이다. 인간의 섬세하지 못한 조작, 실수 그리고 그 실수를 통해 나타나는 기계적인 결함을 보완해 주는 감사다. 이 방법은 단일 처리 과정을 모니터링하는 것으로 끝나는 기존의 감사가 아니다. A란 데이터가 D라는 결과가 나오는 과정에서 의도적이든 의도적이지 않든 오류를 가지는 결과 D'를 만들어 낸다고 해보자. 그런데 D가 맞는지 D'가 맞는지 확인할 수 없다. 이러한 경우, A에서 B와 C의 중간 과정이 있을 때 B'와 C'와 같이 우리가 의도한 설계에 따르지 않는 중간값(B', C')이 나오게 된다면 어떨까? 그러면 중간 과정에 문제가 있다는 것을 감사할 수 있다. 가칭 교차 감사(cross auditing 혹은 xauditing)다. 반면, 다른 경우도 가정해 볼 수 있다. A에서 D가 나와 우리가 의도한 혹은 예상한 결과가 나왔다. 하지만 중간 결과값이 B' 혹은 C'가 나오면 어떨까? 이것은 D가 제대로 나온 과정이 아니다. 우연에 의해 나온 결과값이다. 이런 방법론을 소프트웨어 개발에서 적용하기 위해 연구 중이다. 특히, 혼자가 아닌 다양한 사람이 다양한 배경과 방법론을 가지고 접근하는 협업 시스템의 경우, 교차 감사 방법론이 더 유용할 것으로 예상하고 시도해 보고 있다.

이 밖에도 인간의 섬세하지 못한 부분을 보완하는 많은 기술적 방법은 발명될 수 있다고 본다. 다만, 근본적으로 인간이 악의적인 의도를 가진다면 아무리 뛰어난 기술적 보완이라도 그냥 좀 더 복잡해지고 어려워질 뿐 소용없을 것이다. '인간의 악의적인 이용을 차단할 수 있는가'를 고민하다 보면, 결국 선한 인성으로 기술을 이용하는 것이 가장 큰 보완책이다. '냉혈한 인간이 쓰는 완벽한 기술보다 따뜻한 인간이 쓰는 허술한 기술'이 인간에게 더 큰 이득이 될 것이라고 믿는다.

about : 소프트웨어가 바꾸는 미래

Q 소프트웨어의 정신은 공개와 협업을 통한 혁신이다. 앞으로 소프트웨어가 바꾸게 될 변화의 양상(소프트웨어의 성공적인 서비스)은 어떠할 것이라고 내다보는가? 블로그에는 고대 역사 웹 서비스, 칸 아카데미, 구글 아트 프로젝트 등을 좋게 평가했다.

변화의 양상을 예측한다는 것은 무척이나 어렵다. 미래의 변화 방향이란 거창한 주제가 아닌 개인적으로 생각하는 철학적 방향으로 질문을 대체하고 싶다. 나는 소프트웨어의 변화가 주는 흥미로운 부분을 두 가지 측면에서 바라본다. 첫 번째는 클라우드 서비스의 가시적인 성과다. 두 번째는 개인이 소유한 데이터의 양이다.

첫 번째, 클라우드 서비스의 가시적인 성과를 성장시키는 요소는 서버 규모가 커지는 것과 모바일 운영체제의 사용량이 증가하는 점이다. 조금만 시야를 넓게 바라보자. 우리가 사용하는 모든 인터넷은 실체가 없는 대상이 아니다. 인터넷은 서버라는 임무를 가지는 컴퓨터들이 사용자들에게 원하는 서비스를 제공해 주는 것이다. 그런데 기업 구조에서 자체적으로 서버를 운영, 관리해오던 모습에서 현재 대규모 서비스 개념인 소위 클라우드 서비스로 전환되고 있다. 즉, 기존에는 서버를 직접 구축하고, 이를 관리하고, 구성원들에게 서비스를 제공했다. 이제는 웹 서비스를 통해 협업과 공개가 더 쉽게 이루어진다. 이러한 클라우드는 서비스로의 인프라 IaaS, Infrastructure as a Service, 서비스로의 플랫폼PaaS, Plaform as a Service 및 서비스로의 소프트웨어SaaS, Software as a Service로 구성된다. 설명하자면, 직접 서버를 구축하지 않고 플랫폼을 이용하여 최종 사용자들이 소프트웨어에 집중한다. 그런데 이 과정에서 표준을 기반으로 한, 자신의 목적에 맞는 소프트웨어를 개발하는 것은 클라우드가 존재하지 않던 예전 시절보다 빠르게 개발할 수 있다.

두 번째, 실제 하드디스크에 저장하고 있는 데이터의 양에 주목한다. 예전에는 공유와 협업을 할 수 있는 제대로 된 플랫폼이 없었다. 만약 자신의 자료를 누군가에게 공유하고 싶으면 자신의 하드디스크에 잘 저장해야 했다. 이를 공유하기 위해 서버(인프라), 서버 운영체제(플랫폼)가 필요했다. 더 구체적으론 공유를 위한 소프트웨어도 필요했다. 그러나 현재는 단순히 동영상을 제공해 타인이 보게 할 목적이라면 유튜브에 올리면 된다. 좁은 의미에서 유튜브는 동영상을 보기 위한 소프트웨어다. 하지만 넓은 의미에서 유튜브는 동영상 공유, 다양한 동영상 편집 등의 작업, 사람들의 의견 수집이 가능한 좋은 플랫폼이다. 클라우드 서비스는 공유와 협업을 가능하게 해주었다. 더 나아가 실제 개인이 가지고 다녀야 할 데이터의 양도 크게 줄었다.

Q 클라우드 서비스를 가능하게 하는 근간 혹은 동력은 무엇인가?

10여 년 전 마이크로소프트 직원이 엄청나게 자랑하던 걸 세미나에서 본 기억이 난다. 내용인즉, 서버에 자신의 프로파일$_{profile}$과 스크립트$_{script}$를 저장해 두고 자신의 컴퓨터가 아닌 네트워크에 연결된 다른 컴퓨터에서 로그인해도 동일한 작업환경을 제공해 준다는 것이었다. 이제는 타인의 컴퓨터가 아니라, 심지어 스마트폰이나 아주 간단한 단말기에 웹 브라우저만 실행할 수 있다면 자신의 모든 작업 환경을 실행할 수 있는 시대가 이미 다가왔다. 협업과 공유를 위해 이를 실현해 줄 수 있는 좋은 플랫폼도 중요하다. 하지만 자신이 공유하고 협업할 내용이 자신의 컴퓨터에만 존재한다면 별 소용이 없을 것이다.

요즘은 오피스 제품을 설치하지 않는다. 모든 문서 작업은 구글 드라이브의 문서를 이용한다. 실제 개발에 관련된 작업이 아니라면 온라인에서 거의 대부분 작업이 가능해졌다. 심지어 동영상도 온라인에서 봐도 무리가 없는 넷플릭스(Netflix, 온라인 DVD로 시작하여 지금은 전 세계 최대 인터넷 동영상 서비스 업체가 됨)가 있다. 결국, 동영상 파일도 내 컴퓨터에 저장하지 않아도 된다. 예전엔 오프라인에서 작업하고 온라인에 파일만 공유했다. 지금은 온라인에서부터 작업을 시작한다. 또한, 온라인에서 공유와 협업 모두가 이루어진다. 결국, 내 컴퓨터에 저장되는 것이 하나 없어도 온라인 작업이 가능한 세상이다. 그런 개념을 충분히 반영하는 제품이 구글 크롬북일 것이다.

이 과정에서 주목할 것은 클라우드 서비스의 성장 동력이 무엇인가다. 그건 바로 오픈소스다. 예전에는 소프트웨어의 상용화가 개발 추진의 좋은 원동력이었다. 이젠 플랫폼이 바뀌었다. 개발자들은 최종 사용자들이 잘 사용할 소프트웨어 개발에 집중할 수 있게 되었다. 소프트웨어 자체에서 찾을 수 있던 이익 구조가 웹 서비스를 통해 좀 더 다양한 방법으로 이익을 만들어 낼 수 있다. 역설적으로, 오픈소스가 더 경쟁력을 가지게 되었다. 목적을 가지는 익명의 많은 개발자가 오픈된 소스를 가지고 개발하는 과정에 주목하자. 이 과정이 상업적 개발 과정보다 오히려 더 효과적일 수 있다. '효율적'은 적절하지 못한 표현 같다. 요컨대, 오픈소스가 가지는 장점으로 클라우드 서비스 환경에서 소프트웨어가 가지는 다양성에 주목하자. 이런 변화에 다양한 산업과 분야를 적용해 보고 싶다.

인/터/뷰/후/기

몽달이 블로그는 우선 광고가 없어서 좋다. 정말 깔끔하고 분류가 잘 되어 있다. 블로그 제목에 'Meson'이라는 표현이 있는데, 물리학의 중간자를 뜻하는가 보다. 역시 어딘가 심오한 구석이 있다. 블로그 및 사람(인터뷰이)을 잘 골랐다.

블로그에는 소프트웨어 관련 얘기 외에 책과 글쓰기, 문화와 영화, 일상 이야기들이 올라와 있다. 특히, 철학 같은 심오한 이야기가 좋다. 깊이도 있다.

인터뷰는 서면으로 이뤄졌다. 저자를 신뢰해 줘서 한편으로 안심이었다. 내용은 맥락에 맞게 많은 문장들을 손봤다. 또한, 블로그에서 인용하기도 했다. 답변은 이메일로 주고받으며 이야기를 나눴는데, 몽달이 캐릭터처럼 푸근한 느낌이 전달됐다.

3

소프트웨어,
스타트업의 도전과 성공

박상민

유칼립투스
연구원

해커
정신을
깨우다

내가 해킹을 즐기는 이유는 지적 도전과 호기심, 모험의 유혹 때문이다.
훔치거나, 피해를 입히거나, 컴퓨터 바이러스를 만들어 내려는 게 아니다.
_케빈 미트닉(Kevin Mitnick), 온라인 뉴스사이트(www.salon.com) 인터뷰 중에서

박상민 연구원은 방대한 소프트웨어 세계에 발을 들여놓고
세 번의 울분을 토했다. 첫 번째, 인문학도에서 컴퓨터 학과로 전과하며
느꼈던 막막함. 두 번째는 갑에게 혼났던 일. 세 번째는 박사 자격시험에
서 백지를 내고 맞닥뜨리면서 절감한 한계. 그는 나중에야 다 본인의 실력
부족에서 비롯된 것임을 깨달았다. 일련의 과정을 겪으며 박 연구원은 한
국인의 강점은 그러한 '분함'이라고 블로그에서 밝혔다. 미국의 잉여문화
나 거대한 오픈소스 커뮤니티가 없지만, 우리가 가진 강한 감정적 유대야
말로 눈여겨봐야 할 부분이라는 것이다.[20]

미국 클라우드 전문업체 유칼립투스Eucalyptus 박상민 연구원. 그는 클라우드, 빅 데이터, 컴퓨터과학에 관심 많은 소프트웨어 엔지니어다. 특히, 박상민 연구원은 '인간-컴퓨터 공생Human-Computer Symbiosis' 블로그를 운영하며 국내 IT 관련 연구 및 기술문화를 지적해 관심을 모았다. 프로젝트로 한창 바쁜 그를 두 차례에 걸쳐 인터뷰했다.

"스타트업은 그 자체가 새로운 이론의 실험이기 때문에 논문을 쓰지 않더라도 연구다." 한국으로 돌아오지 않는 이유에 대해 그는 이렇게 말했다. 또한, "나는 대기업 기준의 인재나 논문을 많이 쓰는 연구원보다는 긍정적인 의미에서의 해커로 남고 싶어서 미국에서 일한다."고 덧붙였다.

과연 어떤 환경일까? 같이 일한 지 3년이 됐으나 얼굴을 못 본 직원이 있을 정도로 유칼립투스에서는 재택근무가 자유롭다. 언제, 어디서 일하든지 회사의 관여를 받지 않는다. 그는 "새로운 기술을 만드는 즐거움, 그리고 스타트업이 성공했을 때 얻는 큰 금전적 보상 등이 동기를 부여"한다며, "연구를 시작할 때도 그랬지만 새로운 분야를 개척하는 것이 가장 보람 있고 즐겁다."고 말했다. 그럼에도 "평균적으로 따지면 하루에 약 10시간 정도는 일하는 것 같다."고 그는 말했다. 창조경제가 새 정부의 화두로 떠오른 지금 주목할 만한 대목이다.

긍정적 의미의 해커로 남고 싶다

2013년 10월 25일, 국내에서도 드디어 아이폰 5S와 5C가 출시되었다. 이 시리즈는 세상에 나오기 전부터 화제였다. 특히, 해커들의 관심이 지문인식 기능에 쏠렸다. 한 벤처 캐피탈 회사는 상금과 부상도 걸었다. 전/현직 해커들은 밤을 새워 아이폰의 새로운 기능에 대한 해킹을 시도했고, 마침내 아이폰 5S의 지문인식 기능은 이틀 만에 해킹됐다. 지문인식 기능으로 아이폰을 해제할 수 있는데, 보안 전문가들은 모바일 구매 등 민감한 정보에 노출되는 건 아닌지 우려하고 있다. 2007년에 애플이 최초의 스마트폰을 출시한 후 화이트 햇white hat들은 아이폰, 아이패드, 앱스토어의 복잡다단한 보안 이슈들을 발견했다. 이들 덕분에 아이폰은 혁신의 상징이 되었다.

일련의 상황을 지켜보며 주목할 점은 바로 '해커 정신'이다. 해킹이란 말은 몰래 보안을 뚫고 정보를 캐내는 의미로 부정적 의미가 강하다. 이 때문에 해킹과 크래킹, 화이트 햇과 블랙 햇 혹은 핵티비스트를 구분해서 쓰기도 한다. 초창기 해커들은 범죄의 목적보다는 주로 개인적인 즐거움으로 정보에 침투하고 새로운 시도를 감행했다. 앨런 튜링부터 리처드 스톨만, 스티브 잡스와 마크 주커버그 등은 모두 해커들이다. 주커버그가 해커 정신The Hacker Way을 강조하는 데에는 다 이유가 있는 것이다. 지금 강조하고자 바는 바로 이러한 의미의 긍정적 해커 정신이다.

개발자의 입장에서 소프트웨어로 성공한다는 것은 화이트 햇, 즉 긍정적 의미의 해커가 되는 것이다. 박 연구원의 표현을 빌리면, "직업이 즐거움이 되는 것"이다. 박 연구원은 "한국에서 개발 일을 하며 힘들어하고 불평하는 친구들을 자주 봤다."면서 "소프트웨어를 개발하는 과정은 즐거움의 연속이어야 한다."고 강조한다. 해커들은 단순하다. 단지 그게 즐거워서 해킹한다. 오픈소스의 문화적 측면을 얘기하며, 박상민 연구원은 "미국에 끊임없이 소프트웨어 회사가 생기고 회사들이 빠른 시간에 성장하는 이유는 저변에 셀 수 없이 많은 오픈소스 해커들이 있기 때문"이라고 말했다. 스티브 워즈니악Steve Wozniak, 리누스 토발즈Linus Torvalds 등은 취미로 주말에 작업하여 성공했다는 의미다. 박 연구원은 즐거워하다 보면 능력 있는 개발자가 되고 보상이 따르게 된다고 설명한다. 스스로 조물주가 되어 창조하는 즐거움은 소프트웨어 개발자만이 누릴 수 있는 특권이다.

해커의 핵심 능력은 "다르게 생각하기, 자신만의 방식으로 생각하기"다.[21] 해커라는 말은 MIT의 한 동아리에서 유래했다. 해커는 "똑똑한 결과를 만들기 위한 '창조성hack'을 적용하는 사람"으로 정의된다. 정지훈 소장(명지병원 IT융합연구소)은 스튜어트 브랜드를 인용하며, 모든 것을 치밀하게 계획하는 플래너에 대비되는 개념으로 '해커Hacker'를 설명했다. "즐거움에 이끌려 임의로 새로운 혁신을 하거나 발명하는 사람"이 바로 해커다.[22]

"해커야말로 디지털 유목민이자 창조적 파괴자다. 돈을 벌기 위해 혁신하고 서비스를 만드는 게 아니다. 세상을 진일보시키는 더 나은 서비스를 만들기 위해 돈을 번다." 주커버그의 말이다. 공허한 논쟁보다 구체적인 코드 한 줄이 세상을 변화시킨다code wins argument는 일침은 의미심장하다. 사이버 망명과 규제를 위한 규제의 현실 속에서 다시 한 번 해커 정신을 고민해 보게 된다.

창조적 파괴로서 '해커 정신' 필요하다

해커 정신을 일깨우기 위해 소프트웨어 교육을 조기에 실시하는 것은 어떨까? 실제로 중국, 인도, 영국 등에선 코딩 교육을 의무화하려고 한다. 우리나라에서도 이와 비슷한 주장이 한편에서 제기되고 있다. 국내에서 추진 중인 조기 코딩 교육에 대해 박 연구원은 "마크 주커버그는 아주 어려서부터 프로그래밍을 했다."며 "12살 나이에 이미 아버지의 치과 사무실에서 사용하는 메신저 프로그램을 만들었다."고 말한다. 박상민 연구원은 무엇보다 '문제를 발견'하고 '문제를 해결'하는 능력이 중요하다고 말한다. 주변의 문제를 파악하는 감각이 필요하다는 것이다. 이것이 바로 다르게 생각하고, 자신만의 방식으로 생각(해결)하는 것이다. 즉, 해커 정신이다.

과연 어떻게 하는 것이 문제를 해결하는 것일까? 구체적으로 알고 싶어졌다. 이에 대해 박 연구원은 "제품과 서비스 관점에서 소프트웨어가 성공하는 것은 '문제를 해결하는 것'"이라고 강조한다. 예를 들어, "구글은 '알고 싶다', 아마존은 '사고 싶다', 페이스북은 '친해지고 싶다', 트위터는 '말하고 싶다'는 문제를 해결한 것"이다. 요컨대, 이러한 해커 정신이 성공하는 스타트업을 만들 것이다. 하지만 우리의 경우는 어떨까? 한 마디로 그러한 '문제'를 먼저 발견하고 해결한 곳은 거의 없다. 박 연구원은 "네이버는 구글이 발견한 문제를, 삼성은 애플이 발견한 문제를, 다음은 야후가 발견한 문제를 자신들 역시 해결한 것뿐"이라며 "흔히 창의력이 없다고 이야기하는 것, 이는 바로 문제를 발견하는 눈이 없다는 뜻"이라고 언급했다.

'죽은 문제' 붙잡는 연구문화에서 벗어나야

해커 정신을 일깨우기 위해선 문제를 발견하고 해결할 수 있도록 하는 창의적 교육이 매우 중요하다. 하지만 컴퓨터과학 분야는 학계가 산업계를 따라올 수 없을 정도다. "2000년 이후 컴퓨터 분야를 선도하는 것은 학계가 아니라 산업계다." 박 연구원은 대학보다 현장이 훨씬 역동적이라며 이같이 말했다. 그는 "빅 데이터이나 클라우드도 구글, 아마존, 페이스북과 같은 회사들에서 처음 아이디어가 나왔고 이를 구체화했다."라고 말했다.

"현재 미국과 한국의 많은 학교의 연구 내용이나 논문을 보자면, 회사들에서는 이미 해결한 '죽은 문제'에서 아주 작은 부분들만 바꿔 새로움으로 포장하고 있다고 생각한다." 대학의 위상 및 역할에 대한 박 연구원의 설명이다. 미국에서 컴퓨터과학으로 박사학위까지 받은 박 연구원이지만, 직업으로서 '학문(學文)'은 그만뒀다. 그는 현재 스타트업 회사에서 일하며 소프트웨어 개발자로 살아가고 있다.

물론, 컴퓨터가 일상화하기까지 대학의 역할은 컸다. 박상민 연구원에 따르면, 현재의 애플 맥 OS는 카네기 멜론 대학교에서 만든 'Mach'라는 커널(kernel, 컴퓨터 운영체제에서 핵심 기능을 맡는 부분)에서 비롯됐다. 운영체제, 데이터베이스, 암호이론 등 핵심 아이디어는 학교들에서 나왔고, 이를 처음 구현했던 것도 학교였다. 그는 학위 논문을 작성하기 위해 배경 지식을 습득하고 아이디어를 적어나가며 '최고의 지적 훈련'을 받았다고 말했다.

박사학위를 취득하기까지의 6년이라는 시간이 아깝지 않다고 박 연구원은 말했다. 이 기간에 컴퓨터과학의 기본을 다시 배웠고, 연구 프로세스를 경험으로 체득했다. 소프트웨어나 과학 전반에 관련한 다양한 교양서적을 읽었던 것도 가치 있는 투자였다. 그러나 그는 "매일매일 제가 만드는 코드는 전 세계 곳곳에서 사용되고 고쳐진다."면서 "그게 더 보람이 있다."고 강조했다. 오픈소스 소프트웨어의 가능성을 다시 한 번 엿볼 수 있는 대목이다.

산학연 연구가 활성화되고 있는 측면에서, 오히려 현장에서의 경험이 더욱 중요하다. 컴퓨터과학 분야에서 학자의 길과 엔지니어의 커리어 패스는 많이 다른 것일까? 박 연구원은 "학자로서의 길은 그 종착역이 교수, 국가연구소 연구원 등 제한적인데 반해, 개발자의 커리어 패스는 아주 많다."며 "소프트웨어 개발에는 고유한 어려움이 있고, IT 산업은 지속적으로 성장하므로 전문성을 확보한 소프트웨어 인력은 영원히 부족하다."고 답했다.

박상민 연구원 설명에 따르면, 최근 고급 두뇌들이 대학교에서 산업현장으로 유출되고 있다. 하버드 대학교에서 테뉴어(Tenure, 대학에서 정년을 보장하며 연구에 몰두할 수 있도록 하는 제도)를 받은 컴퓨터 관련학과 교수가 구글로 이직했다고 한다. 박 연구원을 지도했던 지도 교수 역시 테뉴어를 보장받았지만 구글로 옮겼다. 그는 "학교가 산업계와 너무 담을 쌓아놓고 자신만의 프리미엄을 유지하려는 태도"를 문제점으로 지적했다. 아울러 "한국에서는 규정상 논문의 정량을 채워야 하는데, 산업계 인재는 논문과 같은 부차적인 일에는 그다지 신경 쓰지 않는다."고 덧붙였다.

한국에서 석사학위를 마치고, 미국에서 컴퓨터과학 분야 박사학위를 취득하기까지 가장 어려웠던 점은 무엇이었을까? 박 연구원은 기초와 응용의 차이라고 설명했다. 그의 말에 따르면, 미국의 '컴퓨터과학'은 학부생들에게 기초 이론에 초점을 맞춰 교육한다. 예를 들어, 계산 이론Computational Theory, 알고리즘Algorithm, 자료 구조Data Structure 등이다. 반면, 한국은 기초 과목을 쉽게 넘어가는 경향이 있다. 대신 게임 프로그래밍, 실시간 시스템, 네트워크 프로그래밍 등 응용 분야를 많이 교육한다. 박 연구원은 이 점이 가장 큰 문제라고 했다.

대학의 역할, 다시 고민할 때다

마지막으로, 박상민 연구원이 생각하는 '소프트웨어로(가) 성공한다는 것'이 무엇인지 물어봤다. 박 연구원은 트위터–블로거–미디움을 잇따라 성공시킨 에반 윌리엄스Evan Williams를 인용하며, "사람들의 공통된 문제 중 하나를 골라서 '기다리기 싫어함', '생각하기 싫어함', 이 두 가지만 소프트웨어로 해결해 주면 스타트업은 반드시 성공한다."고 강조했다. 요컨대, "소프트웨어의 성공은 고통의 정도가 큰 문제를 발견하는 것에서 시작한다."는 것이다.

이미 박 연구원은 트위터[23]를 통해 소프트웨어만으로 성공한 케이스라든지, 1조 원 가치의 코딩 이야기 등을 언급했다. 오픈소스 데이터베이스인 MySQL은 창업자 혼자 90% 이상 코딩을 했는데, 1조 원이 넘는 가격에 회사가 팔렸다. 그는 "스티브 잡스의 간결함에 대한 집착이 여전히 애플을 정의하고 있고, 빌 게이츠가 추구한 생산성 있는 소프트웨어는 마이크로소프트가 비즈니스 영역을 꽉 잡고 있게끔 했다."며 "구글은 창업자 두 사람이 대학원 기숙사에서 시작했기 때문에 여전히 학교 기숙사 같은 매력적인 개발 문화를 유지하고 있다."라고 말했다. 이런 측면에서 보자면, 한국의 기술개발 문화가 참 안타깝다는 게 그의 설명이다.

박 연구원은 "한국에서는 소프트웨어의 매력이 왜곡되어 있어서 큰 꿈을 품는 젊은 사람들이 사라지는 게 정말 안타깝다."라면서 "정부와 언론은 잡스형 인재를 길러내야 한다고 이야기한다. IT 시대의 영웅들은 자유로운 문화 속에서 스스로 자라나는데, 그런 반란자를 길러낸다는 이야기는 애초에 모순"이라고 했다. 해커 정신을 가진 창의력 있는 개발자가 나오기 쉽지 않다는 의미다.

컴퓨터 관련 연구자나 유학하려는 학생들에게 박상민 연구원은 다음을 당부했다. "아직은 한국 출신으로 실리콘 밸리 스타트업에서 일하는 사람들을 많이 만나지 못했다. 몇 년 후에는 더 많은 후배를 만나서 신 나게 이야기하는 날이 오면 좋겠다." 미국의 실리콘 밸리는 거대한 시스템이라서 한 회사가 실패해도 개발자들에게 실패는 없다고 한다. 다음 목표를 추구할 회사들이 존재하기 때문이다. 직업의 안정성이나 주위의 시선보다 즐거운 일, 조금 위험해 보여도 세상을 바꿀만한 일에 도전해 보기를 그는 주문했다.

정리

☑ 클라우드 전문업체 유칼립투스에서 일하는 박상민 연구원. 그는 인간-컴퓨터 공생이란 블로그를 운영하며 필력을 선보였다. 그의 트위터에선 소프트웨어 산업 전반에 대한 미국 소식을 실시간으로 접할 수 있다.

☑ 박 연구원은 긍정적 의미에서의 해커로 남고 싶다. 그래서 미국에서 일한다. 새로운 기술을 만드는 즐거움, 성공했을 때 얻는 보상 등이 동기를 부여하기 때문이다. 그는 새로운 분야를 개척하는 게 가장 보람 있고 즐겁다고 얘기한다. 한 마디로 "직업이 즐거움이 되는 것"이다. 스스로 조물주가 되어 창조하는 건 소프트웨어 개발자만이 누릴 수 있는 특권이다. 이는 모두 해커 정신과 결부된다.

☑ 박 연구원은 국내에서 논의 중인 조기 코딩 교육에 대해 무엇보다 '문제를 발견'하고 '문제를 해결'하는 게 중요하다고 말한다. 매우 중요한 얘기다. 비단 소프트웨어에만 국한되는 이야기는 아닐 것이다. 같은 맥락에서, 컴퓨터과학 분야는 학계보다 산업계가 선도하고 있다. 따라서 대학은 '죽은 문제'를 붙잡는 연구문화에서 벗어날 필요가 있다.

☑ 그는 제품과 서비스 관점에서 소프트웨어가 성공하는 것은 '문제를 해결하는 것'이라고 강조한다. 특히, '기다리기 싫어함'과 '생각하기 싫어함', 이 두 가지를 해결하면 스타트업은 성공한다고 박 연구원은 에반 윌리엄스를 인용하며 얘기해 줬다. 그는 실리콘 밸리에서 일하는 한국 출신 후배를 만나길 기대한다고 밝혔다. 조금 위험해도 세상을 바꿀만한 일에 도전해 보라는 게 그의 주문이다.

 **Interview...**

Q 어렸을 때부터 컴퓨터와 프로그래밍을 좋아했는가?

아니다. 컴퓨터를 처음 갖게 된 것은 1991년이니까 '얼리 유저early user'라고
할 수 있지만, 사실 게임을 하는 게 주목적이었다. 프로그래밍이나 해킹
같은 것은 꿈도 꾸지 않았다. 그저 게임하는 게 좋았다. 고등학교 때 하숙
하며 친한 대학생 형이 밤새 프로그래밍하는 모습을 뒤에서 많이 지켜봤
다. 왠지 모르지만 그 모습이 신 나 보였다. 그곳에 무언가 있는 것처럼 보
였다. 그래서 대학교 때 전공을 컴퓨터로 선택했다. 프로그래밍을 처음 배
울 때는 늦게 시작해서 그랬는지 많이 고생했다. 그래도 어설프게나마 내
가 만든 창조물이 돌아가는 모습을 보는 건 기뻤다. 일종의 중독이라고
생각한다.

Q 미국에서 박사학위 취득까지 가장 어려웠던 점은 무엇이었나? 한국과 미국의 소프트
웨어 교육의 차이점은 무엇인가?

박사과정 초기에 퀄 시험(qualifying test, 박사학위 논문 심사 전 치르는 자격시험)

이 있다. 학위를 할 만한 지식, 자질이 있는가를 테스트하는 건데 정말로 힘들었다. 같이 공부했던 여러 명의 한국 학생들이 있었는데, 한 번에 통과한 사람이 없을 정도였다. 가장 큰 이유는 뛰어나게 공부를 잘하지 못했던 탓이 제일 클 것이다. 하지만 한국과 미국의 커리큘럼 차이도 큰 원인이었다. 미국의 컴퓨터과학computer science은 학부생들에게 기초 이론에 초점을 맞추어 교육한다. 즉, 계산 이론computational theory, 알고리즘algorithm, 자료구조data structure 등의 과목이다. 한국의 커리큘럼은 기초 과목을 쉽게, 쉽게 넘어간다. 대신, 응용 분야를 많이 교육하고 학교들은 이를 자랑한다. 예를 들어, 게임 프로그래밍, 실시간 시스템, 네트워크 프로그래밍 등이다. 이것이 정말 큰 문제라고 생각한다. 응용 분야를 학교에서 강조하는 이유는 사실 기업과 정부의 보이지 않는 입김 때문이다. 사회에 나가서 당장 써먹을 만한 소위 '인재'를 키우려는 것이다. 그 결과로 아는 것은 많아 보이는데 정작 기본기가 없는, 영혼 없는 인재들이 대학에서 배출된다는 게 문제다. 내가 바로 퀄 시험에서 여러 번 탈락할 수밖에 없는, 영혼 없는 인재였기 때문에 잘 안다.

한국에서 학부 4학년 때 수강한 과목의 첫 수업시간에 교수님이 하신 이야기가 잊히지 않는다. 그 과목은 앞에서 이야기한 '고급 응용' 과목이다. 대략 이런 내용이다. "너희는 졸업하고 나서 지금 배우는 과목인 ○○를 써먹을 일은 없을 거야. 이 분야는 이제 한 물 갔고, 회사들은 △△ 방식의 기술을 만들거든. 하지만 나는 ○○ 기술에서 국내 최고였어." 솔직하신 말대로 수업에서 배운 것은 아무 쓸모도 없었다. 3학점을 환불받고 싶은 게 지금 심정이다.

Q 박사까지 공부한 건 직업으로서의 학자를 염두에 둔 게 아니었는가? 소프트웨어를 학문으로 연구하는 것과 현장에서 적용하는 것은 어떤 차이점이 있는가?

박사과정을 하면서 논문을 제법 많이 썼고, 최고 논문상 후보에 오르기도 했다. 졸업하고 스타트업 회사에서 일을 시작하면서는 논문을 쓰지 않았다. 가장 큰 이유는 스타트업 회사에서 일하면서 논문을 쓸 여유도, 이유도 없다는 점이다. 박사과정에서는 논문을 쓰는 게 당연했다. 그 과정도 즐겼고 결과도 좋았다. 특별히 논문을 쓰는 과정에서 얻어지는 훈련, 즉 배경 지식을 습득하고, 아이디어를 생각해 낸 후 그것을 증명해 단 10장의 종이에 적어 내려가는 것, 이것은 세상 어디에서도 배울 수 없는 최고의 지적 훈련이라고 생각한다.

다만, 내가 쓴 논문이 얼마나 내 분야에, 그리고 넓게 봐서는 사회에 공헌하는지를 돌아봤을 때 자신 있게 "네"라고 말할 수 없었다. 2000년 이후 컴퓨터 분야를 선도하는 것은 학계가 아니라 산업계다. 빅 데이터나 클라우드는 구글, 아마존, 페이스북과 같은 회사들에서 처음 아이디어가 나왔고 이를 구체화했다. 예전에는 반대의 경우가 많았다. 운영체제, 데이터베이스, 암호이론 등 핵심 아이디어는 학교들에서 나왔다. 이것들을 처음 구현했던 곳도 학교였다. 예를 들어, 현재의 애플 맥 OS는 카네기 멜론 대학교에서 만든 'Mach'라는 커널에서 비롯됐다. 그래서 예전에는 학교 등에서 연구하고 논문 쓰는 것이 실제 공헌을 많이 했다.

현재 미국과 한국의 많은 학교의 연구 내용이나 논문을 보면, 회사들에서는 이미 해결한 '죽은 문제'에서 아주 작은 부분들만 바꿔 새로움으로 포장하고 있다고 생각한다. 세상의 99%는 신경 쓰지 않는 작은 문제들을 습관처럼 붙들고 해결하고 있는 것이다. 졸업 후 두 가지 길의 갈래에 섰을 때, 주저 없이 좀 더 의미 있는 일을 할 수 있는 회사를 선택했다. 비록 예전과 같이 10페이지 논문을 매년 몇 편씩 생산해 내지는 않지만, 매일 매일 내가 만드는 코드는 전 세계 곳곳에서 사용되고 고쳐진다. 그게 더 보람이 있다.

Q 학자로서의 길과 개발자로서의 커리어 패스는 많이 다른가? 산학연 연구가 활성화되고 있는 측면에서 오히려 현장에서의 경험이 더욱 중요하지 않은가?

학자로서의 길은 그 종착역이 교수, 국가연구소 연구원 등 제한적인데 반해, 개발자의 커리어 패스는 아주 많다. 미국은 회사들도 많고, 연봉 같은 대우도 의사 등의 몇몇 전문직을 제외하고는 가장 좋은 편이다. 종종 직업의 안정성을 이유로 연구직을 선호하는 경우가 있는데, 내 의견은 다르다. 젊어서 두뇌가 획획 돌아가는 사람들이 할 수 있는 영역(스타트업 회사들)이 있고, 수십 년간 닦아온 내공과 지혜를 필요로 하는 영역들(시스템 아키텍트)이 있다. 어떤 회사도 "우리는 개발자가 너무 많다."고 불평하는 곳은 없다. 소프트웨어 개발에는 고유한 어려움이 있고, IT 산업은 지속해서 성장하기 때문에 전문성을 확보한 소프트웨어 인력은 영원히 부족하다.

최근 미국에서 경험하는 한 가지 트렌드는 학교의 고급 두뇌들이 산업계로 유출되는 현상이다. 예를 들어, 하버드 대학교에서 종신 보장 tenure 을 받은 한 컴퓨터학과 교수가 구글로 이직했다. 내 논문을 지도했던 교수도 종신 보장을 받자마자 구글로 이직했다. 그만큼 현장이 매력적이기 때문이다. 학교들은 교수를 확보하지 못해 비상이다. 학교에서 산업계로 계속 유출되고 있는데, 반대의 경우는 거의 없다. 내가 생각하는 한 가지 문제는 학교가 산업계와 너무 담을 쌓아놓고 자신만의 프리미엄을 유지하려는 태도도다. 예를 들어, 산업계에서 뛰어난 인재를 학교에서 교수로 채용하는 것은 현재로서는 거의 불가능하다. 한국에서는 규정상 논문의 정량을 채워야 하는데, 산업계 인재는 논문과 같은 부차적인 일에는 그다지 신경 쓰지 않는다. 이러한 프로세스는 학교라는 우물에 과거형 인재들만 가득한 현상을 낳고 만다.

Q 한국으로 돌아오지 않는 이유를 교육 및 연구의 측면에서 말해 달라.

한국에서는 스타트업을 하기 어렵기 때문이다. 현재 내가 일하는 회사는 클라우드 스타트업이다. 새로운 분야를 개척하는 일을 하고 있다. 연구를 시작할 때도 그랬지만, 새로운 분야를 개척하는 것이 가장 보람 있고 즐겁다. 스타트업은 그 자체가 새로운 이론의 실험이기 때문에 논문을 쓰지 않더라도 연구다. 이전에 잠시 유명 스타트업에서 일한 적이 있는데, 그곳에서는 전략적으로 한국 개발자들만 채용했다. 왜냐하면, 미국 개발자들에 비해 열정과 재능 있는 사람들이 한국에 많이 숨어 있기 때문이다. 그런 분들은 기존의 틀을 깨고 새로운 것을 시작하고 싶어하는 성향이 아주 강하다. 그런 긍정적인 의미의 해커들이 미국에서 스타트업으로 시작해 마이크로소프트, 구글, 페이스북을 만들었다. 하지만 삼성 등의 대기업이 독점해 큰 것을 더 크게 키우려는 한국 현실에서 그런 사람들을 받아줄 곳은 없다. 대기업은 정형화된, 적당히 잘하는 인재를 원하지 판을 깨고 새로운 것을 창조할 수 있는 해커를 원하지 않는다. 나는 대기업 기준의 인재나 논문을 많이 쓰는 연구원보다 긍정적인 의미에서의 해커로 남고 싶다. 이 때문에 미국에서 일한다.

Q 중국, 인도, 영국 등에서 코딩 교육을 의무화한다고 한다. 국내에서 조심스럽게 프로그래밍을 '의무교육-입시화'하자는 얘기가 제기되었다. 비슷한 맥락에서 '10만 소프트웨어 인력양성론'을 주장하기도 한다. 조기에 소프트웨어를 접하는 것이 중요하다든지, 정책적 차원에서 소프트웨어 인력을 길러내는 것이 필요하다는 주장에 대해 어떻게 생각하는가?

기본적으로, 어린 나이에 코딩을 접해야 한다는 것에 동의한다. 페이스북의 마크 주커버그는 아주 어려서부터 프로그래밍을 했다. 12살 나이에 이미 아버지의 치과 사무실에서 사용하는 메신저 프로그램을 만들었다. 주커버그의 관심을 파악한 부모는 코딩 과외를 시켜주기도 했다. 트위터를 만든 잭 도시Jack Dorsey, 텀블러의 데이비드 카프David Karp 등 거의 모든 소프트웨어 창업자들은 초등학교, 늦어도 중/고등학교 시절부터 프로그래밍을 했다.

그런데 어릴 적부터 프로그래밍을 해야 하는 이유가 중요하다. 좀 더 빠르게 접해서 단지 더 많이 배우게 하거나, 코딩을 아주 잘하는 기술자로 만드는 게 목적이 아니다. 어린 시절에 코딩을 시작하면, 주변에서 접하는 사소한 '문제problem'들을 프로그래밍으로 '해결solve'하기 시작한다. 즉, 주커버그가 아버지 치과 사무실과 자신의 집을 연결하는 메신저를 만든 이유는, 아버지와 가족이 일하면서도 대화를 나누는 '문제 해결' 때문이었다. 계속해서 주변에 존재하는 '문제'들을 인식하던 결과물이 훗날 소셜 네트워크라는 대박 '문제'를 해결한 것이 페이스북이다. 어른, 특히 대학교 이후에 직업을 위해 코딩을 배운 사람들도 분명 존재한다. 하지만 그런 사람들이 소위 '문제'들을 발견하기는 어렵다.

한국의 소프트웨어 회사 중 '문제'를 처음 발견하고 그걸 해결한 곳은 거의 없다. 네이버는 구글이 발견한 문제를, 삼성은 애플이 발견한 문제를, 다음은 야후가 발견한 문제를 자신들 역시 해결한 것뿐이다. 흔히 창의력이 없다고 이야기하는 것이, 바로 문제를 발견하는 눈이 없다는 뜻이다.

프로그래밍 조기 교육 주장의 문제는 '10만 소프트웨어 인력양성론'에서 드러나듯, 그 목적이 단지 많은 기술자를 양성하려 하는 데 있다. 기술자를 만들어 내는 것은 대학교 교육으로 충분하다. 프로그래밍은 어려서부터 배워야 할 만큼 절대 어렵지 않다. 우리가 가르치는 목적은 어려서부터 주변의 문제들을 파악하는 감각을 기르기 위함이다. 따라서 커리큘럼 등이 이에 초점을 맞추어서 만들어져야 한다.

Q 소프트웨어 관련 전공으로 미국 유학을 준비하거나 유학 중인 졸업예정자 학생들에게 커리어 패스의 관점에서 조언한다면?

나의 박사학위 후 커리어 패스는 어찌 보면 굳이 박사학위가 필요하지 않는 스타트업 업계다. 그렇지만 박사학위 6년의 세월이 아깝지는 않다. 그 시간 동안 컴퓨터과학의 기본을 다시 배웠고, 연구하는 프로세스를 경험으로 체득했다. 특히, 학생 시절에는 여유가 많아 소프트웨어나 과학 전반에 관련된 다양한 교양서적들을 읽었던 건 풍요로운 시간이었다고 생각한다. 대학원은 충분히 가치 있는 투자다.

위에서 언급했지만, 커리어 패스를 생각할 때 너무 직업의 안정성이나 주변의 시선을 생각하지 않았으면 한다. 그보다는 자신이 가장 즐거운 일, 그리고 조금 위험스럽게 보여도 세상을 바꿀 만한 일에 자신을 던지는 사람들이 많았으면 좋겠다. 미국의 스타트업 업계의 경우, 한 회사가 혹시 실패하더라도 개발자들에겐 실패가 없다. 실리콘 밸리 자체가 스타트업의 거대한 시스템이기 때문에 어디에든 다음 목표를 추구할 회사들이 존재한다. 금전적인 보상도 대기업에 비해 부족하지 않다. 기회가 닿을 때는 자신이 회사를 시작할 수도 있다. 아직은 한국 출신으로 실리콘 밸리 스타트업에서 일하는 사람들을 많이 만나지 못했다. 몇 년 후에는 더 많은 후배를 만나서 신 나게 이야기하는 날이 오면 좋겠다.

about : 한국과 미국의 소프트웨어 정책 및 문화 비교

Q 한국과 미국의 소프트웨어 개발자의 일과를 비교해 달라.

지금 일하는 회사는 특이하게 전 직원의 60% 정도가 집에서 일한다. 회사의 본부는 캘리포니아에 있는데, 몇 달에 한 번씩 회사로 출장(!)을 가서 디자인 회의 등을 하고 개발, 테스트 등의 모든 업무는 집안의 내 오피스에서 한다. 어떤 직원은 심지어 케이블도 없는 산속 깊은 곳에 살면서 위성 인터넷으로 접속해 일한다. 같이 일한 지 3년이 되어 가는데 아직 얼굴을 못 봤다. 그만큼 회사의 분위기가 자유롭다. 나는 낮에는 아이들을 학교에 데려다 주거나 같이 놀아주는 시간이 많다. 대신, 밤에 일을 많이 하는 편이다. 혹 일이 잘 안 되거나 모임이 있을 때는 하루 쉬고 골프 등으로 여가를 즐긴다. 내가 속한 회사에는 정해진 휴가 일수가 없다. 원한다면 언제든 휴가를 갈 수 있다. 즉, 언제 일하는지, 어디서 일하는지에 대해 아무도 간섭하거나 하지 않는다.

자유로운 분위기라서 적은 양의 일을 하는 것은 아니다. 스타트업에서 일하며 공유하는 목표가 있기 때문에 누가 시키지 않아도 스스로 일을 많이 한다. 평균적으로 따지면, 하루에 약 10시간 정도는 일하는 것 같다. 관리와 승진이라는 보상체계가 동기를 부여하지 않고, 새로운 기술을 만드는 즐거움, 그리고 스타트업이 성공했을 때 얻는 큰 금전적 보상 등이 동기를 부여하기 때문에 더 생산적으로 일을 많이 한다.

Q 블로그에 보면 '제큐어웹(XecureWeb)'으로 인한 한국 보안인증 체계의 문제점을 언급했다. 외국에 비해 국내 보안 체계가 매우 복잡하고, 사용자에 책임을 전가한다는 지적이 있다. 한국과 미국 보안 인증 체계의 차이점은 무엇이라고 보는가?

질문과는 반대로, 사실 가장 큰 차이는 미국은 사용자에 책임을 지우지만, 한국은 정부가 사용자를 보호하려는 의도가 아주 강하다. 미국의 경우를 예를 들어보자면, 아마존에서 쇼핑하면 클릭 한 번 하는 것으로 결제가 끝난다. 구매의 전 과정에서 정부가 규제하는 것은 단 하나도 없다. 반대로, 한국은 정부가 사업체에 보안 인증을 강제한다. 그러니까 제품을 한 번 구매할 때마다 ActiveX, 키보드 보안 프로그램 등을 강제로 설치해야 한다.

정부의 의도가 완전히 잘못되었다고 생각하지는 않는다. 컴맹이나 나이가 든 분들께는 보안을 강제하는 것이 효과를 발휘할 수 있다. 그러나 소프트웨어는 보안과 뛰어난 사용자 경험이 꼭 밸런스를 맞추어야 한다. 한국 정부는 지나치게 국민을 신뢰하지 못한 나머지 보안 쪽에 너무 큰 무게를 두고 사용자 경험을 무시했다. 웹 기업들이 창의적으로 만들 수 있는 뛰어난 사용자 경험이 정부에 의해 근본적으로 막힌 것이다. 보안, 인증 체계는 기업들이 만들어야 하고, 자연스럽게 더 나은 보안 체계를 갖춘 회사들이 시장에서 성공해야 한다. 그런데 정부가 모든 보안의 키를 쥐고 있으니까 오히려 기업들에서는 보안에 신경을 쓰지 않게 되고, 결과적으로는 더 위험한 웹이 되었다고 생각한다. 지금의 정부 규제는 보안 측면에서, 사용자 경험 면에서 모두 실패다.

Q 트위터에 소프트웨어만으로 성공한 케이스라든지, 1조 원 가치의 코딩 이야기 등을 언급했다. 전통적 개념의 제품이 아닌, 소프트웨어 제품의 특징 혹은 가능성은 무엇인가?

소프트웨어 제품의 특징은 한 사람이 하나의 산업 전체를 갈아엎어 버릴 정도로 영향력이 있다는 사실이다. 예를 들어, 현재 유칼립투스의 CEO는 마틴 믹코스Marten Mickos다. 그는 헬싱키 공과대학을 나와 MySQL의 CEO를 역임했다. 훗날 1조 원이 넘는 가격에 회사가 팔렸다. 즉, 한 사람이 1조 원 가치의 코딩을 했다는 이야기다. 한 사람이 소프트웨어에 대해 가지고 있는 고정된 마인드가 회사와 산업 방향을 크게 결정한다. 스티브 잡스의 간결함에 대한 집착이 여전히 애플을 정의하고 있다. 빌 게이츠가 추구한 생산성 있는 소프트웨어는 마이크로소프트가 비즈니스 영역을 꽉 잡고 있게끔 했다. 구글은 창업자 두 사람이 대학원 기숙사에서 시작했기 때문에 여전히 학교 기숙사 같은 매력적인 개발 문화를 유지하고 있다.

종종 한국의 기관, 언론에서 그런 인재를 길러내야 한다는 이야기를 하는데, 얼토당토않은 소리다. 그런 소위 IT 시대의 영웅들은 길러내는 것이 아니라 자유로운 문화 속에서 자생하는 것이다. 기존의 IT, 경제, 사회의 틀을 바꾸어 보고 싶은, 일종의 반란을 꿈꾸는 사람 중에서 툭 튀어나오는 것 같은 사람들이 바로 그런 인재다. 반란자를 길러낸다는 이야기는 애초에 모순이다. 미국은 매년 그런 사람들이 툭툭 튀어나온다. 한국은 소프트웨어의 매력이 왜곡돼 애초에 큰 꿈을 품는 젊은 사람들이 사라지는 게 정말 안타깝다.

Q 오픈소스와 관련된 한 벤처 대표는 오픈소스는 공짜라기보다는 '자유'라고 강조했다. 참여와 공유를 강조하는 측면이다. 박상민 연구원은 블로그에서 "오픈소스가 한국 소프트웨어의 근본적 해결"이라고 적었다. 국내에서는 안타깝게도 FTA 이후 오픈소스 관련 분쟁사례가 늘어나고 있다. 이 때문에 오픈소스 거버넌스 체계가 시급하다는 지적이 있다. 오픈소스의 본질(가능성)은 무엇이라고 생각하는가? 아울러, 현실에서 오픈소스에 대한 이해 부족 혹은 오해와 곡해를 통한 저작권 침해 등을 해결하는 방안은 무엇이라고 생각하는가?

그 대표분 말대로 오픈소스는 공짜가 아니다. 제가 다니는 회사의 'Eucalyptus Systems'는 모든 소스 코드를 깃허브GitHub를 통해서 공개하지만, 고객들에게 돈을 받고 소프트웨어를 배포한다. 회사 CEO는 예전의 오픈소스 회사인 MySQL을 1조 원이 넘는 가격에 팔았다. 그래서 흔한 질문이 '소스 코드를 공개했는데, 왜 내가 돈을 지급해야 하는가?' 하는 부분이다. 답은 '소스 코드는 소프트웨어의 단지 한 부분'이라는 사실이다. 코드 이외에 실제 소프트웨어를 운영하기 위해선 다른 기술들(패키징, QA 등)과 고객 서비스(24시간 콜 센터 등)가 필요하다. 그래서 오픈소스 제품을 사는 사람은 소스를 사는 것이 아니라, 오픈소스 회사의 모든 서비스를 구매하는 것이다. 반대로, 이런 서비스를 구매하지 않고 소스 코드만 가지고 스스로 패키징, QA, 서비스 조직을 만들어 운영하는 곳도 있다. 내가 다니는 회사 CEO의 말을 빌리자면, "어떤 사람들은 돈이 많아서 시간을 절약하고, 어떤 사람들은 시간이 많아서 돈을 아낀다."고 한다.

오픈소스는 두 가지 측면이 있다. 첫째는 문화적인 측면이다. 미국에 끊임없이 소프트웨어 회사가 생기고 회사들이 빠른 시간에 성장하는 이유는 저변에 셀 수 없이 많은 오픈소스 해커들이 있기 때문이다. 스티브 워즈니악Steve Wozniak은 PC를 취미로 만들고 공유하던 동호회에서 시작하여 애플을 설립했다. 리누스 토발즈Linus Torvalds는 주말 시간을 이용해 소스 코드 관리툴인 깃Git을 만들었다. 그 툴을 좋아한 젊은이 둘이 웹 버전으로 만든 깃허브는 전 세계에서 가장 잘 나가는 스타트업이 되었다. 주말에 취미로 만들고 코드를 공개한 소프트웨어가 참여, 공유를 통해서 스타트업, 대기업이 되는 것이다. 또한, 회사가 빠른 시간에 성장하기 위해서는 능력 있는 개발자가 많아야 하는데, 오픈소스 문화가 그런 고급 인력을 지속해서 공급해 준다.

두 번째는 기업에 도움이 된다는 측면이다. 최근 몇 년 사이에 미국에서는 스타트업은 오픈소스를 해야 한다는 게 일종의 불문율이다. 이유는 주 구매층인 중견 기업, 대기업들이 이를 원하기 때문이다. 기업들은 몇십 년간 마이크로소프트, 오라클 등에 종속되어서 어쩔 수 없이 많은 지출을 해야 했다. 그런데 이제는 리눅스, MySQL 등 품질은 비슷하지만 적은 비용으로 소프트웨어를 운영하는 대안을 선택한다. 1980년대부터 2000년대까지 소프트웨어의 '품질'이 최고의 요구사항이었다. 품질에 거의 차이가 없는 지금은 '자유', '선택'이 소프트웨어 구매의 최고 요구사항이다. 코드를 직접 볼 수 있고, 필요하다면 구매하지 않고도 소프트웨어를 운영할 수 있는 오픈소스가 이기는 게 당연하다.

개인적으로, 한국에 가장 필요한 것은 성공적인 오픈소스 회사의 등장이라고 생각한다. 프로그래머들에게조차 오픈소스는 괴짜들이 하는 취미 정도로만 인식되는 게 현실이다. 오픈소스는 취미일 뿐 아니라 성공적인 기업 모델이다. 오픈소스의 전도사 역할을 할 만한 회사가 대기업 가운데서 나와야 한다. 스타트업 중에도 성공하는 회사가 있어야 한다. 법적, 제도적 기반이 취약한 상황에서 그런 회사들을 띄워줄 만한 지원이 있어야 한다고 생각한다.

Q 정부 주도의 진흥 혹은 규제보다는 서비스 사용자 중심의 시장에 의해 성공하는 소프트웨어가 나올 것이라는 얘기가 많다. 바람직한 소프트웨어 정책 혹은 방향성은 무엇인가? 더불어 창조적인 아이디어가 인정받고 스타트업이 시장을 이끌어나가기 위해 한국에서 가장 시급한 과제는 무엇이라고 판단하는가?

이미 크게 성공하고 있는 카카오톡, 라인 등에 정부가 한 역할이 조금이라도 있었을까 궁금하다. 스타트업이 성공하는 과정에서 대기업 등에 의해 불이익을 받지 않도록 보호해 주는 역할 정도가 정부가 해야 할 것으로 생각한다. 또한, 창업자들이 빚을 지거나 신용불량이 되는 등 사업 결과로 불이익을 받는 일이 없도록 해야 한다. 실패하면 잃을 것이 너무 많은 환경에서 누가 시작을 하겠는가?

정부보다는 스타트업으로 이미 성공한 사람들이 투자자, 멘토 역할을 해서 다음 세대를 이끌어야 한다. 유명한 벤처기업가 폴 그레이엄Paul Graham은 자신의 스타트업을 성공시킨 후 Y컴비네이터(Y-Combinator, 실리콘 밸리의 **대표적인 스타트업 인큐베이터. 2005년에 시작해 1년에 두 번 소액을 벤처 생태계 활성화에 투자함**)를 만들어 매년 수십 팀의 스타트업에 초기 자금을 지원하고 멘토링을 해왔다. 여기에서 드롭박스, AirBnB(**전 세계 숙박 공유 사이트. 빈집을 여행객에게 투숙하게 하여 상생하게 하는 서비스다. 25만 명 이상의 집 주인을 통해 800만 명 이상이 이용**)와 같은 걸출한 스타트업들이 나왔고, 수십 조 원 가치의 회사들을 탄생시켰다. 아마존의 제프 베조스Jeff Bezos는 구글 창업자 둘의 가능성을 보고 맨 처음 몇 억을 투자했다. 우리 역시 성공한 사람들에 의해 다시 투자되는 벤처 생태계가 필요하다. 최근 모바일 생태계 조성을 위해 100억 투자를 약속한 카카오 김범수 의장이 좋은 예다.

정부가 중점적으로 해야 할 과제는 소프트웨어 문화를 진흥시키는 것이라 생각한다. 소프트웨어 문화의 핵심은 오픈소스다. 취미로 주말에 코딩하는 학생, 직장인들의 수와 국가의 소프트웨어 경쟁력은 정확히 비례할 것이다. 학교, 기업들에서 적극적으로 오픈소스를 도입하고 개발하도록 정부가 지원해야 한다. 앞에서 이야기했듯이, 오픈소스는 문화인 동시에 강력한 경쟁력이다.

Q 과연 소프트웨어의 성공은 어떤 의미라고 생각하는가? (개발자들의 입장에서) 소프트웨어로 성공한다는 것과 (제품 혹은 서비스의 입장에서) 소프트웨어가 성공한다는 것으로 나누어서 생각해 볼 수 있을 것 같다. 이에 대해 사례를 포함해서 답변해 주시면 좋겠다.

개발자의 입장에서 소프트웨어로 성공하는 것은 직업이 즐거움이 되는 것이다. 한국에서 개발 일을 하며 힘들어 하고 불평하는 친구들을 자주 봤다. 이것은 이상한 현상이다. 소프트웨어를 개발하는 과정은 즐거움의 연속이어야 한다. 오픈소스 개발자들은 직업으로 코딩하는 그 시간만큼 저녁이나 주말에 프로그래밍한다. 이유는 단 하나, 그것이 즐겁기 때문이다. 소프트웨어를 만드는 것은 스스로 조물주가 되어 생각하고 행동하는 창조물을 만드는 것이다. 이건 아주 중독성이 강한 즐거움이라서 경제적으로 아주 성공한 사람들, 예를 들어 폴 그레이엄이 나이 들어서도 코딩하는 것이다. 미국의 개발자들은 의사를 제외하고 가장 높은 연봉을 받는 직군이다. 매일 놀이를 하면서 경제적으로 여유롭게 살 수 있는 것은 아마도 소프트웨어 개발자들만 누리는 성공이라고 생각한다.

하지만 위의 설명에서 한 가지 빠진 조건은 '능력 있는' 개발자가 되어야 한다는 것이다. 개발을 즐거워하는 정도와 능력은 정확히 비례한다. 프로그래밍을 싫어하면서 능력 있는 사람은 한 번도 못 보았다. 프로그래밍을 좋아하는데 능력이 없는 사람은 있을 수 있다. 그건 학생이거나 해서 아직 경험이 부족하기 때문이다. 시간이 지날수록 코딩을 좋아하는 사람들은 능력 있는 사람이 되고 경제적으로 여유로워진다. 이것이 개발자의 성공이라 생각한다.

제품·서비스 관점에서 소프트웨어가 성공하는 것은 '문제를 해결'하는 것이다. 성공한 모든 제품은 사람들이 가진 공통된 문제점 한 가지를 해결한 것이다. 구글은 '알고 싶다', 아마존은 '사고 싶다', 페이스북은 '친해지고 싶다', 트위터는 '말하고 싶다'는 문제를 해결한 것이다. 해결하는 고통의 정도가 크면 클수록 서비스는 더 크게 성공한다. 구글이 해결한 '알고 싶다' 문제의 깊이와 현재 구글의 300조 주식 가치는 정확히 비례한다. 아마도 트위터가 절대로 구글보다 커질 수 없는 이유는 '말하고 싶다'는 본능이 '알고 싶다'는 욕구보다 더 작기 때문일 것이다.

앱스토어에 출시된 수십만 개의 앱들 대부분이 가치가 없는 이유는, 아이디어가 기발하지만 사실 아무 문제도 해결하지 않기 때문이다. 그중 아주 소수의 앱만이 사람들의 문제를 해결해 주고 성공한다. 그런데 대부분의 사람들은 주변에 존재하는 문제들을 무시하고 상상 속에서 문제를 만들어 내 소프트웨어로 해결한다. 제프 베조스는 인터뷰에서 "사람들은 새로운 문제를 해결하려고 하지만, 우리는 이미 다 알고 있고 고통이 큰 문제(싼 가격에 물건을 사서 빠르게 받는 것)를 해결합니다."라고 이야기했다.

트위터, 블로거(현재 구글에서 서비스 중인 www.blogger.com. 1999년 개발돼 2003년 인수), 미디움(medium.com. 협업을 통해 글을 쓸고, 독자를 찾을 수 있는 전문 글쓰기 및 편집 플랫폼), 이 세 개의 서비스를 연속해 성공시킨 에반 윌리엄스Evan Williams는 사람들의 공통된 문제 중 하나를 골라서 '기다리기 싫어함', '생각하기 싫어함' 두 가지만 소프트웨어로 해결해 주면 스타트업은 반드시 성공한다고 이야기했다. 그래서 소프트웨어의 성공은 고통의 정도가 큰 문제를 발견하는 것에서 시작한다. 내가 만드는 소프트웨어가 사람들의 고통을 해결해 주는 것은 소프트웨어를 개발하는 과정만큼이나 즐거운 일이다.

about : 소프트웨어와 과학기술의 미래

Q 소프트웨어가 삶을 변화시키고 있다. 웨어러블 컴퓨터 등 새로운 기기들이 등장하고 있다. 과학기술과 소프트웨어가 변화시키는 미래의 모습은 앞으로 어떠한 방향 혹은 모습으로 나타날 것으로 생각하는가? 현업에서 느끼는 클라우드 기술 동향 및 전망과 연관시켜 답변해 달라.

현재 IT의 큰 두 갈래 줄기는 모바일과 클라우드다. 모바일 분야에서는 어떻게 하면 컴퓨터가 사람과 가장 가까운 곳에서 사람을 도울까를 고민한다. 구글 글래스(**안경처럼 착용하는 스마트 컴퓨터**)가 그 방향에서 새로운 실험이다. 이미 사업화를 시작한 스마트워치 역시 사람 몸에 이식하는 모바일로, 한 걸음 더 나아간 결과물이다.

클라우드는 수십억 개의 그런 모바일 디바이스들에게 서비스를 제공하는 보이지 않는 백엔드(**backend, 후위에서 지원하는 서비스**) 기술이다. 과거에는 서버 몇 대에 데이터베이스와 웹 서버를 돌려서 처리했다. 지금은 수십억 개의 디바이스에서 요청하는 정보를, 수백만 대의 서버들이 서로 통신하며 개인에 맞추어 서비스를 제공한다. 미래로 갈수록 기존 개념의 데스크톱, 노트북은 사라지고, 데이터와 서비스가 모두 보이지 않는 클라우드에서 제공될 것이다. 종종 설명은 화려하지만 몇 년 지나고 나면 사라지는, 일종의 패션과 같은 기술들이 있다. 클라우드는 분명히 그런 유행_buzzword_과는 다르다.

앞으로 몇 년간은 이 두 가지 갈래로 소프트웨어와 하드웨어 모두 다 발전할 것으로 생각한다. 모바일 소프트웨어는 점점 더 사람의 인지 기관(구글 글래스=눈) 가까운 곳에서 사람보다 더 뛰어나게 인지할 것이고, 점점 작아지는 모바일 기기에 반비례해서 백엔드 서비스를 제공하는 클라우드는 점점 더 커질 것이다.

인/터/뷰/후/기

박 연구원은 그의 블로그를 통해 알게 됐다. 어느새 나도 모르게 블로그에 올라온 글을 재밌게 보고 있었다. 그래서 그가 누구인지 궁금하여 인터뷰를 요청하게 되었다. 이번 말고도 국내 소프트웨어 산업 생태계 관련해 인터뷰를 한 바 있다. 그는 정말 소프트웨어를 사랑하는 사람이고, 국내 상황에 대해서도 아낌없는 조언을 해주었다.

SNS를 별로 즐기지 않는 필자이지만, 최근엔 박상민 연구원의 트위터를 종종 방문한다. 그의 트위터에는 소프트웨어 관련한 생생한 소식이 담겨 있다. 박 연구원의 해박한 지식과 현지에서의 경험이 우리나라에 더욱 많이 전해지면 좋겠다. 특히, 소프트웨어를 공부하는 학생들에게 좋은 멘토가 되면 딱 좋을 것 같다.

그와는 직접 만나보지 못했다. 미국이라는 거리 차이 때문이다. 언젠가 한 번 만나서 회포를 풀고 싶은 마음이 간절하다.

권기택

레드블럭
대표

김성호

레드블럭
이사

오픈소스로 여는 개방과 혁신

영리를 목적으로 만들어진 소프트웨어보다 개발자의 애정과 자부심이 녹아든 소프트웨어가 훨씬 우수하다.

_Ravi Simhambhatla, 버진 아메리카(Virgin America) 최고정보책임자(CIO)

　　CERN(유럽입자물리연구소)이 랙스페이스(www.rackspace. com)를 통해 클라우드 컴퓨팅 시스템을 구축한다고 밝혀 화제가 되었었다. 1년에 약 25페타바이트(PB)를 처리할 수 있는 하이브리드 클라우드 컴퓨팅 시스템을 만들겠다는 계획이다. 미국 IT 매체 〈올띵스디AllThingsD〉는 이 같은 소식을 보도했다.[24] 알다시피 CERN은 월드와이드웹(WWW)를 개발한 곳이다. 팀 버너스 리Tim Berners Lee가 인터넷에서 문서 공유를 원활히 하기 위해 만든 게 바로 웹이다. 일종의 응용프로그램이자 애플리케이션인 웹은 인터넷의 빅뱅을 야기했다.

웹의 탄생지인 이곳에서 대체 어떤 일이 일어나고 있을 것일까? CERN의 물리학자들은 소립자를 충돌시켜 어떤 일이 발생하는지, 우주의 기원에 대한 비밀을 밝혀내려고 연구하고 있다. 이러한 실험 과정에서 어마어마한 양의 디지털 데이터가 발생한다. 1페타바이트(PB)는 1,000조 바이트로, 100만 기가바이트(GB)다. 25페타바이트의 정보가 발생하는데, 이를 분석하고 처리하려면 막대한 비용이 들어간다. 하이브리드 클라우드 시스템은 이러한 작업량을 처리할 수 있게 도와준다.

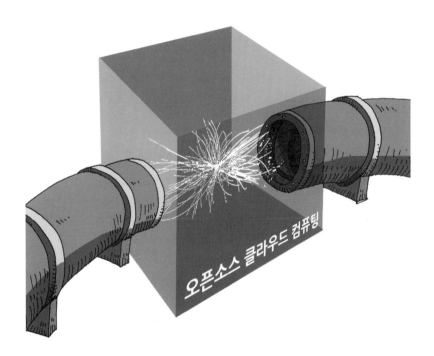

오픈소스 클라우드 컴퓨팅

CERN의 오픈소스 클라우드 구축

여기서 더 주목할 만한 대목은 시스템을 '오픈소스'로 만든다는 점이다. 텍사스에 자리 잡은 랙스페이스는 클라우드 컴퓨팅 관련 기업이다. 2010년 랙스페이스와 NASA는 오픈스택Open Stack 프로젝트를 시작했다. 오픈스택은 일반 서버에서 클라우드 컴퓨팅 서비스를 생성하고 실행하도록 해주는 플랫폼 역할을 한다. 6,000명의 개인과 150개 이상의 유명 회사들이 참여하고 있다. 6개월마다 오픈소스를 릴리즈하여 다 함께 협력하여 설계하고 개발한다.

오픈소스 소프트웨어[25]는 누구나 보고 사용할 수 있게 한다는 의미가 핵심이다. 단순히 사용하는 게 아니라, 그 소프트웨어가 어떻게 구현되었는지 알 수 있게 한 것이다. 리눅스 OS, 오픈오피스Open Office, 워드프레스 등이 대표적이다. 오픈소스 소프트웨어에도 분명 저작권이 존재한다. GPLGeneral Public License, LGPLLesser General Public License, BSDBerkeley Software Distribution, MPLMozilla Public License 등이 있다. 예를 들어, 코드를 수정하면 무엇이 수정되었는지 표시해야 한다.[26]

2012년 3월, 서울시는 워드프레스 기반으로 홈페이지를 바꿨다. 워드프레스는 대표적인 오픈소스 소프트웨어다. 인터넷에서 가장 영향력 있는 인물로 꼽힌 매트 뮬렌웨그Matt Mullenweg는 워드프레스 창립자다. 그는 한 일간지와의 인터뷰에서 오픈소스야말로 최고의 프로그램 개발 방식이라고 밝혔다. 디지털 세상에서 모든 것을 복제할 수 있지만, 생태계는 복제할 수 없다는 것이다. 그 생태계란 자유정신에 입각한 협업이다.

자유정신에 입각한 협업

브라이언 피츠패트릭Brian W. Fitzpatrick과 벤 콜린스 서스먼Ben Collins-Sussman은 "리누스는 유닉스와 커널에 대한 개념을 증명하기 위한 기초를 만들었다."며 "분명 주목할 만한 업적이었지만 단지 빙산의 일각일 뿐"이라고 밝혔다.[27] 즉, 리눅스는 협업의 노력으로 탄생한 오픈소스 소프트웨어라는 뜻이다. 자유 소프트웨어 재단의 스톨만 역시 마찬가지다. 리누스와 스톨만은 오픈소스 소프트웨어를 통한 협업이 이뤄질 수 있도록 단초를 제공한 것뿐이다. 물론, 그건 의미가 큰 일이다.

구글의 모바일 운영체계인 안드로이드는 오픈소스 소프트웨어다. 관련 웹페이지에선 "산업현장의 그 누구도 혁신을 제한하거나 제어할 수 없다."고 밝히고 있다. 그게 바로 안드로이드를 만들어 내고, 소스 코드를 오픈한 이유다. 이제는 누구나 익히 들어서 다 알고 있는 내용이지만, 오픈소스 소프트웨어가 가진 어마어마한 힘은 상상하기 힘들 정도다. 자유와 혁신이야말로 오픈소스 소프트웨어의 정신이다.

국내에도 주목할 만한 오픈소스 소프트웨어 스타트업 기업이 있다. 바로 ㈜레드블럭(이하 레드블럭)이다. 대표를 맡고 있는 이는 권기택 씨다. 그는 "창의성과 혁신성을 바탕으로 경제적 가치(이익)와 사회적 가치를 동시에 추구하는 기업 모델을 가지고 있다."고 설명했다. 스타트업 도전 정신과 사회적 가치를 함께 추구하는 기업이라는 뜻이다. 오픈소스 소프트웨어는 사회적 부를 양산하는 효과도 있다. 권기택 대표는 웹에이전시로 출발해 지금은 대표를 맡고 있다.

레드블럭은 '제5회 공개 소프트웨어 개발자 대회'에서 장관 대상을 받을 정도로 인정을 받았다. 공개 소프트웨어 개발지원 사업에 선정돼 지난해 국가 지원을 받아 우수 평가를 받았으며, 올해도 연구개발을 이어가고 있다. 이를 통해 자금 측면에서 숨통을 틔웠다.

한편, 레드블럭은 아름다운재단 홈페이지와 모바일 페이지를 재능 기부 형식으로 구축하기도 했다. 2012년 9월 28일, 레드블럭은 아름다운재단과 MOU를 맺고 킴스큐[28]를 기반으로 한 개방형 비즈니스 생태계 기반 구축을 약속한 바 있다.

레드블럭은 공부하는 기업이다. 인터뷰를 진행했을 때 권 대표는 바로 다음날 강남역 토즈에서 전국 각지에 흩어진 14명이 모인다고 했다. 스터디를 하기 위해서다. 레드블럭 관련 온라인과 오프라인에서 공식, 비공식적으로 진행되는 모임까지 포함하면 학습의 외연은 더욱 넓어진다. 2013년 가을, 신제품을 앞두고 있어 무척이나 바쁜 권 대표를 만났다. 그는 현재 생사를 걸고 레드블럭을 이끌어가고 있다. 그만큼 절실하면서 동시에 열정적이라는 뜻이다.

레드블럭의 킴스큐 캐릭터인 '큐보'.
레드블럭은 킴스큐 글로벌 앱 스토어 구축을 통해 시장을 확대할 예정이다.

국내 오픈소스 소프트웨어 스타트업 '레드블럭'

프로그래머가 열심히 만들어 낸 결과물이 자유롭게 수정되고 배포된다면 만든 사람의 입장에선 억울할 수 있지 않을까? 이에 대해 권 대표는 "우리는 검증된 기술들을 가장 효율적인 방법으로 유저에게 공급하여 경제적 그리고 사회적 가치들을 만들어 내고자 한다."면서 "특히 효율성, 경제성, 생산성이라는 가치를 중요하게 생각한다."고 말했다. 그는 "이러한 가치를 실현하기 위한 방법론으로 오픈소스 소프트웨어 라이선스, 개방, 협력이라는 콘셉트를 도구로 활용하고 있다."고 덧붙였다.

그는 오픈소스 소프트웨어가 요즘 주목받는 이유에 대해 "현시대의 '공유 경제'라는 사회 현상과 맥락이 통하기 때문이라고 생각한다."고 말했다. 사회적 가치는 워드프레스가 오픈소스 소프트웨어가 된 사연과 맥락이 같다. 매트 뮬렌웨그는 인터넷에서 프로그래밍 방법을 무료로 배웠기 때문에 워드프레스 역시 무료로 돌려주는 게 마땅하다고 생각했다. 지식이 더욱 공유되고 선순환하는 생태계를 만들려는 노력이다.

한편에선 "오픈소스가 한국 소프트웨어의 근본적 해결"이라고 표현하기도 했다. 그런데 국내에서는 안타깝게도 FTA 이후 오픈소스 관련 분쟁사례가 늘어나고 있다. 이 때문에 오픈소스 거버넌스 체계가 시급하다는 지적이 있다. 오픈소스에 대한 이해 부족 혹은 오해와 곡해로 인한 저작권 침해 등을 해결하기 위한 방안은 무엇이라고 생각하는지 물어봤다. 권 대표는 "모든 소프트웨어가 오픈소스 소프트웨어가 돼서는 안 된다."며 "소프트웨어 생태계를 위해서도 건강한 형태는 아니다."라고 분명하게 말했다. 권 대표 설명에 따르면, 기업용 소프트웨어로는 SaaS형이 적당한 게 대부분이다. 그는 "소프트웨어에서 오픈 자체가 목적이 아닐 것"이라며, "오 픈소스 소프트웨어 + 상용 소프트웨어 + SaaS형 소프트웨어가 오픈소스 소프트웨어를 중심으로 융합하는 모습이 적절하지 않을까?"라고 조심스 레 말했다.

레드블럭의 CMS인 킴스큐의 마켓 점유율은 4.6%로, 국내에선 3위이고 글로벌에선 111위다(2013년 7월 3일 현재). 권 대표는 안타까운 얘기를 들려 줬다. 레드블럭은 같은 오픈소스 소프트웨어 기반이자 같은 분야의 워드 프레스보다 앞선 시기인 1999년 즈음에 시작됐다는 것이다. 하지만 국내 에선 생계수단으로 연계되지 못해 꾸준히 개발되지 못하고 번번이 개발이 중단되어야 했다.

국내 산업 생태계에 대해 묻자, 권 대표는 "패키지 소프트웨어 부문이 SI 기반의 국내 소프트웨어 산업구조와 어느 정도 성장을 이루어 균형을 맞 춰야 한다고 생각한다."고 말했다. 패키지 소프트웨어는 내수 시장에 한계 가 있기 때문에 수출에 초점이 맞춰져야 한다는 것이다. 레드블럭 역시 글 로벌 진출을 준비 중이다. 소프트웨어의 성공에 대해 그는 "B2B 패키지 기반으로 해외 수출사례를 가지고 있지만, 변화된 소프트웨어 환경 속에 서 B2C 대상, 플랫폼 기반으로 수출사례는 없는 것으로 알고 있다."며 "소 프트웨어로 성공한다는 것은 결국 저변을 확대한다는 의미인 것 같다."고 답했다. 소프트웨어의 성공에 대한 물음은 그에게나, 필자에게나, 누구에 게나 어려운 문제다.

내가 만든 소프트웨어를 누군가 쓴다는 게 보람

김성호 CTO는 14년 전 킴스보드[29]를 오픈소스 소프트웨어 기반으로 만들어 무료로 배포했다. 당시로선 획기적이었다. 그는 지금 생각해도 잘한 일이라고 대답했다. 어떤 어려운 점이 있었을까? 김 CTO는 "시간적인 부담과 유지 보수에 대한 스트레스, 경제적인 문제 등"이라고 밝혔다. 그럼에도 그는 "내가 만들어 낸 소프트웨어를 누군가 사용한다는 것, 아마도 이 점은 가장 보람이 되는 일"이라고 말했다. 아울러 그는 "오랫동안 대부분의 소스 코드를 직접 작성하다 보니 자체 코드가 비교적 많이 누적되었는데, 이 점은 제품의 경쟁력에 있어서 큰 강점"이라고 강조했다. 소프트웨어 개발자로서 생태계 개선을 위해선 "실패하더라도 재도전할 기회가 주어진다면 지금보다 더 많은 개발자가 의욕을 가질 수 있지 않을까 한다."고 답했다.

레드블럭은 해외 수출을 위해 현지인들을 통해 제품 관련 문서를 번역 중이다. 이 또한 협업을 통해 이뤄지고 있다. 레드블럭은 2014년에 손익 분기점을 넘고자 한다. 권 대표는 소프트웨어가 불러올 변화된 미래 속에서 "소프트웨어를 통해서 세상에 기여하고 세상을 변화시킬 수 있다는 것이 가슴을 뛰게 한다."고 말했다.

창조경제의 원조로 불리는 존 호킨스John Howkins 박사 역시 대표적인 오픈소스 주창자다. 그는 최근 한국을 방문하여 지적재산권이 창조경제에 걸림돌이 될 수 있다고 밝힌 바 있다. 한편, 오픈소스 소프트웨어는 다양하게 이용된다. 벤처비트[30]에 따르면, 캘리포니아에서는 오픈소스 소프트웨어를 이용해 건강관리에서 가장 중요한 세 측면인 비용, 질, 접근 가능성을 향상시키는 노력 중에 있다. 오픈소스 소프트웨어를 건강관리 프로그램에 활용하는 것이다. 오픈소스 소프트웨어를 통해 건강 혁신을 이루기 위해선 정보 공유가 필수다. 과학이라는 것 자체가 이론이 공유되고, 실험과 사례가 오픈돼 정립된다. 과학 공동체의 규범으로서 데이터와 연구결과를 서로 공개하고 공유돼야 한다. 오픈소스 소프트웨어가 이뤄내는 결과들이야말로 소프트웨어가 지향해야 할 바를 보여준다. 자유정신을 통한 협업, 이로 인해 발생하는 혁신이야말로 소프트웨어가 가진 힘이자, 속성이고, 성공의 근원이다.

정리

☑ 오픈소스의 중요성이 갈수록 증가하고 있다. 오픈소스 생태계는 자유정신에 입각한 협업이다. 국내에 주목할 만한 오픈소스 소프트웨어 스타트업 기업 레드블럭. 권기택 대표는 오픈소스 소프트웨어는 사회적 부를 양산하는 효과가 있다고 설명한다. 스타트업의 도전 정신과 더불어 필요한 게 오픈소스를 통한 선순환 생태계 마련이다. 그렇다고 모든 소프트웨어가 오픈소스 형태로 배포되어야 하는 것은 아니다. 또한, 오픈소스가 공짜라는 인식은 버려야 한다.

☑ 레드블럭은 대표적인 오픈소스 소프트웨어인 워드프레스보다 일찍 시작했지만 꾸준히 개발되지 못했다. 따라서 패키지 소프트웨어 부분에서의 개발이 중요하다. 김성호 이사는 14년 전 킴스보드를 오픈소스 소프트웨어 기반으로 무료 배포했다. 그는 소프트웨어 생태계 개선을 위해선 실패에 대한 부담을 줄여야 한다고 강조했다.

Interview...

Q "우리나라에도 글로벌 시장에 어필할 만한 오픈소스 애플리케이션 하나쯤은 있어야 하지 않겠는가라는 목표의식으로 출발"했다고 홈페이지에서 밝히고 있다. 지금까지 어느 정도 성과를 이루었다고 생각하는가? 현재 어느 단계에서 목표를 향해 진행 중이라고 판단하는가?

3년 전 창업 초기에 쓴 문구다. 국내 패키지 소프트웨어, 특히 B2C 영역에서는 성공 사례를 들어 보지 못했다. 우리나라는 그만큼 소프트웨어 산업에서 후발주자이고, 소프트웨어 산업 구조 또한 건강하다고 생각하지 않는다.

패키지 소프트웨어 부문이 SI 기반의 국내 소프트웨어 산업구조와 어느 정도 성장을 이루어 균형을 맞춰야 한다고 생각한다. 그리고 패키지 소프트웨어 산업은 내수 시장에는 한계가 있으므로, 결국 넓은 시장을 타깃으로 소프트웨어 수출을 실현해야 성장할 수 있다. 그래야만 정부가 원하는 국내 고용 창출도 할 수 있다. 우리가 추구하는 비즈니스 모델도 결국 넓은 시장을 대상으로 해야 의미가 있다. 그래서 글로벌 진출을 차근차근 준비하고 있다. 올해 하반기가 실질적인 시작이 될 것이다.

Q 법인 전환 전후로 기업 활동 측면에서 바뀐 점이 있는가?

좀 더 연구개발에 집중하고 사업화를 추진하기 위해서는 외부에서 운전
자금 조달이 필요한 사항이다. 법인 전환은 이러한 자본 조달을 위한 방
안으로 민간 투자유치를 위해 추진되었다.

Q 레드햇은 "라이선스 비용 없이 오픈소스 소프트웨어 최적화 및 설치비용만 받기 때문에
기업들의 부담을 덜어줄 수 있다."고 밝힌 바 있다. 오토매틱은 각종 서비스(인터넷 서버, 데
이터베이스 시스템 구축, 디자인 등)를 통해 수익을 창출한다. 레드블럭은 어떠한가?

우리는 기업(레드블럭)과 제품(킴스큐)의 브랜드를 구분하고 있다. 킴스큐
는 제품이며, 오픈소스 소프트웨어다. 그리고 레드블럭은 기업이며, 전형
적인 스타트업이다.

오픈소스 소프트웨어는 사회적인 가치를 양산해 내는 효과도 있다. 그래
서 레드블럭은 단순한 소프트웨어 개발 회사가 아니다. 창의성과 혁신성
을 바탕으로 경제적 가치(이익)와 사회적 가치를 동시에 추구하는 기업 모
델을 가지고 있다. 즉, 기존 스타트업 기업이 가지고 있는 도전 정신과 사
회적 가치를 함께 추구하는 기업이라고 할 수 있다.

추가로, 오픈소스 소프트웨어를 제작하는 커뮤니티와 이를 사용하는 사
용자와 엔터프라이즈 고객 사이를 잇는 가교 역할을 하기 위해서 B2C 교
육사업 및 B2B 기술 컨설팅도 준비하고 있다.

about : 오픈소스 소프트웨어

Q 오픈소스 소프트웨어는 바람직한가? 개발자들이 만들어 낸 지적재산이 가치를 못 받
는다면 억울하지 않을까? 결국, 사업으로 이뤄져 수익을 창출해야 하는 게 비즈니스
아닌가?

결론부터 말씀드리면, 레드블럭에 오픈소스 소프트웨어 라이선스(LGPL)는 가장 근간이 되는 사업전략의 일환이다. 요즘, 오픈소스 소프트웨어 라이선스를 통한 비즈니스 모델이 주목받는 이유는, 앞서 말씀드린 것처럼 사회경제 환경이 공유 경제로 변화하는 환경 변화에 기인한다고 할 수 있다.

'오픈'의 의미는 사용자에게 오픈이라는 자유(사용/개작/재배포)를 부여하여 접근성을 좋게 하고, 이후 자발적인 참여를 이끌어 내는 수단이며, 결국 확산을 이뤄내기 위한 효과적인 전략이라고 생각한다.

레드블럭의 과거 이야기를 드리는 것이 도움될 것 같다. 오픈소스 소프트웨어 프로젝트의 시작은 보통 개발자의 개발 코드 과시 및 자기만족에서 시작하는 것으로 알고 있다. 킴스큐 메인 개발자인 김성호[31] 이사 역시 1999년에 이렇게 시작했다. 그는 현재까지 14년 동안 자신의 코드를 진화시켜 왔다.

2000년 초반, 국내에서는 오픈소스 소프트웨어 개념이 일반화되지 않았다. 그 당시엔 오픈소스가 공유와 혁신이라는 지향점이 아니라 단순히 프리웨어 혹은 공짜 게시판이라는 형태로 인식돼 국내 웹 사이트에 많이 보급되었다. 의도와 열정이 아무리 좋다고 하더라도 수익이 뒷받침되지 않는 소프트웨어 연구개발 활동에는 한계가 있다. 번번이 R&D 활동은 중단되어야 했다. 따라서 생계활동(SI)을 병행할 수밖에 없었다. 즉, 제품 R&D, 운영 연속성을 가질 수 없었다. 생존을 위한 기본 수익을 창출해야 했고, R&D 및 마케팅 활동에 재투자하기 위한 추가 이익을 창출하는 것을 목적으로 하는 사업 조직이 필요하게 된 것이다.

레드블럭은 오픈소스 소프트웨어인 킴스큐의 지속적인 연구 개발을 지원하기 위해 2009년에 설립되었다. 2013년에 법인으로 전환했다. 우리가 구축하려는 것은 킴스큐 생태계다. 'KIMSQ Rb'라는 제품으로 시작하여 구성원들의 이해관계를 서로가 상생의 가치 사슬을 만들 수 있도록 구조화하는 것들, 그것이 우리가 궁극적으로 구축하려는 것이다. 레드블럭은 그러한 가치 사슬 선순환 흐름에 연결하여 수익이라는 수혈을 받는 것이다. 킴스큐 생태계를 구축하기 위한 전략으로서 오픈소스 소프트웨어 라이선스 전략을 취하는 것이다. 공유 경제가 일반화된 상황에서는 상당히 유용한 사업 전략이다.

패키지 소프트웨어 개발 업체라면, 오픈소스 소프트웨어 라이선스를 통한 사업 전략을 고려해 보셔도 좋을 것 같다.

Q "오픈소스 기반 SaaS형 애플리케이션 통합 플랫폼 마련"을 사업 목표로 세우셨는데, 구체적으로 설명해 달라.

포털에서 제공하는 블로그, 카페 그리고 각종 SNS 등과 같이 온라인에서 나만의 고유의 비즈니스 공간을 확보하는 방법에는 여러 가지가 있다. 대중교통 vs 자가용이 가지는 장·단점을 비유하면 이해하기 쉽다. 자가용을 몰기 위해서는 운전면허(사전학습) 및 주유비, 통행료, 점검 및 각종 유지 비용이 들어가는 단점이 있다. 그러나 내 맘대로 튜닝하고 언제 어디든지 내가 가고 싶은 곳을 갈 수 있다.

킴스큐는 나만의 웹 사이트를 만드는 도구다. 교통수단에 비유하면, 킴스큐와 같은 툴은 자가용에 비유할 수 있다. 킴스큐는 서버(호스팅) 기반에서 구동되는 소프트웨어다. 이를 위해 몇몇 기술 지식을 사전에 알아두어야 한다. 자가용을 몰기 위해서는 운전을 배워야 하는 사전학습이 필요하듯 말이다.

SaaS형 서비스를 병행하는 이유는 사용자들에게 이러한 사전학습(서버/호스팅, 각종 개발환경)이 가지는 부담을 줄여 킴스큐 접근성을 높이기 위함이다.

Q 레드블럭은 오픈소스 기반, 주목받는 기업으로서 수출 경쟁력을 갖췄다고 평가받은 바 있다. 올해 하반기 시작이라고 했는데, 어떤 전략을 갖고 있는가? '킴스큐 마켓' 실적은 어떤가? 거래는 많이 일어나고 있는가?

현재 버전까지는 해외 교포들을 중심으로 사용되고 있다. 순수한 해외 네이티브에게 사용되는 사례는 드물다고 생각한다. 킴스큐 2.0 버전은 소프트웨어와 관련된 문서의 국제화 및 현지화를 고려하고 준비 중이다. 직접 해외에 진출하기보단, 해외 현지 파트너와의 제휴관계 구축에 힘을 쏟을 것이다. (2014년 1월 12일 현재, 킴스큐 글로벌 웹 사이트는 테스트 운영 중이다. 도메인은 co.kr과 더불어 com이 추가됐고, 일본어 번역본이 올라온 상황이다.)

특히, 킴스큐 2.0 버전에서는 콘텐츠 생산과 유통, 판매를 원스톱으로 할 수 있는 기능성을 제공한다. 사용자가 킴스큐와 같은 사설 플랫폼Private Platform을 구축하는 궁극적인 목적은 나의 비즈니스와 적극적인 연계를 통해 수익을 창출하기 위함이다. kimsQ Rb 2.0에서의 모바일 커머스 내재화가 킴스큐 확산에 큰 역할을 할 것으로 기대하고 있다. 모바일 환경에서도 쉽게 나만의 웹 페이지를 생성하고 콘텐츠를 생산하여, SNS를 통해 유통하여 판매할 수 있는 원스톱One-Stop 커머스 기능을 내재화하고 무상으로 배포하여 확산을 도울 것이며, 킴스큐 글로벌 앱 스토어 구축을 통해 보다 광범위한 시장에서 수익을 창출할 것이다.

기술성 관점에서 강력한 성능은 무리인 것 같아서 표준성 확보에 큰 힘을 싣고 있다. 유연성·확장성 확보가 중요한 포인트라고 본다. 킴스큐는 결국 인터넷 상의 자가용과 같다. 킴스큐와 같은 사설 플랫폼을 구축하는 궁극적인 목적은 돈을 벌기 위함이다. 킴스큐 v2.0에서는 콘텐츠 생산과 유통, 판매를 원스톱으로 할 수 있는 기능이 탑재될 것이다. 이것이 차별화한 장점이 될 것이다. 빠른 성능을 기반으로 유연성·확장성·표준성 확보에 올해 연구개발의 초점을 맞췄다.

㈜레드블럭의 킴스큐 마켓의 경우 매출액과 거래량은 3년간 꾸준히 성장하고 있으며, 누적 거래량은 5,000건에 이르고 있다. 올해 R&D 비용에 대한 지속적인 투자로 영업 손익은 감소했지만, 올해의 연구개발 성과를 기반으로 사업화·마케팅을 추진한다면 차기 년도의 매출은 크게 증가할 것으로 기대하고 있다.

Q '플랫폼 비즈니스'라는 것은 정확히 무엇을 말하는가?

킴스큐 주변에는 다양한 이해관계자들이 있다. 이를 정리하면 4가지로 요약된다. 개발자, 사용자, 에반젤리스트(기술전도사), 기업(오퍼레이터)이 있다. 우리는 이들을 KIMSQ 제3자들3rd party이라고 부른다.

플랫폼은 제3자들과의 상생을 의미한다. 제3자들에게 지속해서 혜택을 전달할 수 있어야 한다. 개발 이외에 다각적인 노력이 필요하다. 이러한 이유로 많은 자본과 노력이 필요하다.

기술적인 관점에서는 표준성·문서화 확보가 무엇보다 중요하다. 플랫폼 비즈니스는 아래와 같이 3단계 진화 과정을 가지고 있다고 생각한다.

1단계: 애플리케이션에서 확보해야 할 가치는 소프트웨어의 표준성, 성능, 안정성, 확장성이다.
2단계: 개발자들이 참여해, 수익을 창출하고 상생할 수 있는 비즈니스 모델을 만드는 것이다. 무엇보다 확산이 중요한 시점이다.
3단계: 이러한 가치 사슬들을 하나로 묶어서 가치 흐름을 만들 수 있으며, 지속해서 혜택을 전달할 수 있어야 한다. 이때는 많은 자본이 필요할 것으로 판단한다.

3단계는 '애플리케이션 비즈니스 → 플랫폼 비즈니스 → 생태계 구축'이다.

Q '킴스큐 캠프(KIMSQ Camp)'를 통한 창업 지원은 잘 되었는가? 에피소드가 있으면 소개해 달라. 혹시 어려운 점은 없었나?

소프트웨어 사용 환경이 많이 변한 것으로 생각된다. 올해 초 킴스큐 캠프라는 오프라인 이벤트를 진행한 적이 있다. 예전에는 개발자와 준 개발자가 주된 참가자였다. 그러나 이번에 놀라운 것은 우리가 기존에는 보지 못했던 비 개발자들이 참여했으며, 그들의 수요(니즈)를 확인한 것이다.

실버 계층, 경력단절 여성, 은퇴 후 인생 재설계 사람들 중심으로 소셜 기반 커뮤니티들이 만들어져 가고 있다. 이들이 오픈소스 소프트웨어를 통해 보다 경제적인 관점에서 소프트웨어를 도입하고, 소셜 미디어와 유사한 공유와 학습 방식을 통해 유지관리를 해가고 있다. 이들은 자발적으로 학습하고, 재능을 기부한다. 서로가 서로의 창업을 지원한다. 그리고 여기서 만족해하고, 가능성을 확장해 간다.

Q 오픈소스 소프트웨어를 통해 스타트업 형태의 기업을 이끌어가고 있다. 오픈소스 소프트웨어와 스타트업은 어떤 점에서 긴밀성이 있다고 생각하는가? 기업 대표로서뿐만 아니라 창업을 준비하는 사람들을 위해서도 한 말씀을 해달라.

창업 기업은 초기에 사업 정보 인프라를 구축해야 하는데, 되도록 비용을 줄이는 등 효율적인 구축 방법을 채택해야 하며, 이후 구축된 시스템을 유지 보수하는 관점에서도 경제성, 효율성, 안정성을 추구해야 한다.

이러한 관점에서 오픈소스 소프트웨어의 도입은 효과적인 대안이 될 것이다. 어떤 스타트업이든 마케팅의 일환으로 홍보용 웹 사이트를 구축할 것이다. 오픈소스 소프트웨어는 도입 비용을 절감하고 개발의 효율성을 높이면서 유지 보수를 안정적으로 수행하는 데 유리하다. 이런 의미에서 초기 기업에 오픈소스 소프트웨어 도입은 장려할 사항이다.

Q 워드프레스가 대표적인 오픈소스 소프트웨어라고 할 수 있다. 오토매틱은 웹 운영시스
템의 표준을 꿈꾸고 있다. 오픈소스 소프트웨어의 정의 혹은 바람직한 오픈소스 소프
트웨어의 사례는 무엇인가?

오픈소스 소프트웨어 도입을 고려하는 분들을 위해 드리고 싶은 말씀이
있다. 오픈소스 소프트웨어는 무료나 공짜가 아닌 '자유'라는 단어를 마음
에 새기고 시작했으면 좋겠다. 공짜라는 생각에 수동적인(보기만 하거나 다
운만 받는) 사용자가 되기가 쉬운데, 내 것이라는 생각과 애정을 지닌 적극
적인 사용자가 되기를 바란다. 그리고 나의 경험과 지식, 산출물을 다른 사
용자와 개발자와 함께 나누는 등 다양한 참여와 공유 활동으로 발전시켜
나갔으면 좋겠다.

오픈소스 소프트웨어는 단일 소프트웨어를 기반으로 한 재능 나눔 또는
재능 기부일 수 있다. 이런 온/오프라인 활동을 통해서 얻을 수 있는 것은
경제적 이익 이외에 자기만족과 성취감이라는 감성적 가치가 있다고 생각
한다. 개발자가 아니어서 개발 참여가 불가능하다면, 커뮤니티에 응원 메
시지, 개선 및 오류 이슈 제공, 때로는 유머 글을 퍼 옮기더라도 동참하려
는 노력이 중요하다.

Q http://www.oss.kr을 보면 공개 소프트웨어의 반대는 비공개 소프트웨어이며, "공개
소프트웨어는 저작권이 존재하지만 저작권자가 소스 코드를 공개하여 누구나 자유롭
게 수정, 재배포할 수 있는 자유로운 소프트웨어"라고 했다. 좀 더 쉬운 설명(예를 들어,
'협업'이라는 키워드로 비유하면서 설명)을 부탁한다.

오픈소스 소프트웨어는 과거에도 존재하고 있었다. 요즘 특히 주목받는
이유는 현시대의 '공유 경제'라는 사회 현상과 맥락이 통하기 때문이라고

생각한다. 공유 사무실, 렌터카 등과 같이 소유가 아닌 효율적 사용에 집중하는 것처럼, 오픈소스 소프트웨어 커뮤니티에 참여하는 개발자나 사용자는 내가 작성한 코드라며 애써 내 것에 집착하지 않는다. 내가 원하는 기능성을 보다 효율적으로 구현하는 데 목적이 있기 때문이다.

오픈소스 소프트웨어는 소스 코드와 경험의 공유와 재사용을 의미한다. 이를 위해 전제되어야 할 사항은 해당 소프트웨어의 기술 및 코드의 표준성과 모듈 기반의 구조를 기반으로 확장성과 이식성이 담보되어야 한다는 점이다.

사용자에게는 오픈소스 소프트웨어, 킴스큐 둘 다 목적은 아닐 것이다. 결국, 킴스큐는 웹 사이트를 만드는 도구에 지나지 않는다. 자사의 제품 홍보 웹 사이트를 구축하여 많은 사람에게 노출시키고, 효과적으로 피드백을 수집하고 매출로 연결시키는 것이 목적일 것이다. 그러기 위해서는 커뮤니티의 다수 사용자 및 개발자와 좋은 관계를 만들고 유지해 가야 한다. 그들과 경험과 지식을 주고받으며 커뮤니티를 형성해 가며, 나의 비즈니스에 긍정적인 영향을 만들어 가는 모습이 가장 바람직한 모습이다.

Q 우리나라의 오픈소스 소프트웨어 수준은 어느 정도인가? 최근 우리나라 동향에 대해서 아는 바대로 설명해 달라. 서울시는 워드프레스 기반으로 홈페이지를 리뉴얼했다. 또한, 우리나라에서 오픈소스 소프트웨어로 비즈니스를 하기에 어려운 점이나 문제점은 없었나?

정부가 나서서 오픈소스 소프트웨어를 지원하고 있어 좋은 도입사례가 늘고 있다. 우리와 같은 개발 기업도 많은 도움을 받고 있다. 이 점은 정말 감사드리고 다행이라고 생각한다.

오픈소스 소프트웨어에는 국적이 없다고들 한다. 국내에서 언급되는 공개 소프트웨어들은 대부분 해외에 기반을 둔 오픈소스 소프트웨어들이다. 상황이 이렇다 보니 국내 커머셜 소프트웨어가 역차별당한다는 잡음도 있다. 과도기라고 생각하며, 균형을 맞추는 것이 중요할 것 같다. 국내 및 해외 기반 공개 소프트웨어와 상용 소프트웨어의 균형이 필요하다고 생각한다.

국내에서 공개 소프트웨어 개발을 주도하는 사례는 아직 미약하다. 우리와 같은 국내 기반 개발 기업의 역할과 성공사례가 중요할 것 같다.

서울시 및 기타 기관의 레퍼런스는 국내 오픈소스 소프트웨어 산업을 생각하면 긍정적이지만, 국내 개발사 입장에서는 서운함이 있었던 건 사실이다. 그러나 좀 더 멀리 생각하면 정부와 공공기관의 공개 소프트웨어 도입사례는 킴스큐에도 앞으로 좋은 기회를 만들어 낼 것이라서 긍정적인 상황으로 보고 있다.

Q 한 블로그에서는 "오픈소스가 한국 소프트웨어의 근본적 해결"이라고 표현했다. 국내에서는 안타깝게도 FTA 이후 오픈소스 관련 분쟁사례가 늘어나고 있다. 이 때문에 오픈소스 거버넌스 체계가 시급하다는 지적이 있다. 오픈소스에 대한 이해 부족 혹은 오해와 곡해로 인한 저작권 침해 등을 해결하는 방안은 무엇이라고 생각하는가?

오픈소스 소프트웨어는 소프트웨어의 오픈된 개발방식, 유통방식, 사용방식을 의미한다고 생각한다. 모든 소프트웨어가 오픈소스 소프트웨어가 돼서는 안 된다. 소프트웨어의 생태계를 위해서도 건강한 형태는 아니다. 기업용 소프트웨어로는 SaaS형이 적당한 게 대부분이다. 오픈소스 소프트웨어 + 상용 소프트웨어 + SaaS형 소프트웨어가 오픈소스 소프트웨어를 중심으로 융합하는 모습이 가장 이상적이지 않을까 생각한다.

오픈소스 소프트웨어는 도입 비용이 경제적이고 제3자들의 참여가 유연하다. 이 때문에 애플리케이션이 아닌 플랫폼이나 프레임워크는 오픈 소프트웨어가 좋은 개발, 유통, 사용 방식이라고 생각한다. 기업용 애플리케이션은 SaaS형이 적당하다고 본다.

오픈소스 소프트웨어 라이선스가 좀 복잡한 게 사실이다. 업계에 있는 우리도 이해하기 위해서 별도의 학습과 교육을 받았다. 단순히 라이선스가 아닌 사용, 유통, 관점에서 살펴봐야 한다.

about : 소프트웨어와 제조업의 만남

Q 웹 사이트 혹은 앱 개발이라는 것도 결국은 제품이 있어야 가능할 것으로 보인다. 이런 측면에서 소프트웨어와 제조업의 만남이 필수일 수 있다. 한편, 제조업 위기의 진원이 소프트웨어에 있다는 지적이 있다. 물론, 이는 대기업 위주의 관점에서 판단하는 것일 수 있다. 대·중·소기업의 여부를 떠나서 소프트웨어가 제조업의 혁신을 가져올 수 있다고 생각하는가?

과거의 소프트웨어는 제조업 기반 기업의 업무 생산성 및 효율을 목적으로 개발되고 사용되었다. 그러나 지금은 다르다. 우리는 웹의 힘을 믿는다. 모든 소프트웨어와 정보는 웹으로 통합되었고, 표준으로 자리 잡았다. 또한, 미래의 인터넷은 사물 인터넷으로 진화해 갈 것으로 생각한다. 제조업에서 만든 제품은 자연스럽게 인터넷과 연결되어야 할 것이다. 소프트웨어가 생산과 관리를 위해 생산성과 효율성을 높이는 것은 물론, 제품 자체의 콘셉트에 개입하게 될 것으로 본다. 소프트웨어가 결국 사물(제품)과 네트워크를 연결하는 매개체가 되고, 다른 사물과 소통하게 하는 기반이 될 것이라고 본다. 결국, 제조업의 제품과 인터넷은 융합을 통해 혁신을 가져올 수 있다고 판단한다.

Q 소프트웨어가 제조업과 융합하는 데 필요한 조건은 무엇이라고 생각하는가? 소프트웨어는 단순히 제조업이 융성하기 위한 보완 수단으로 비칠 수도 있는 것 같다.

개방성과 표준성 확보, 오픈소스 소프트웨어의 활용을 통한 제3자들의 참여 유도다. 이를 위해 기업 내부에 오픈소스 소프트웨어 관리 체계가 마련되어야 할 것으로 본다.

about : 소프트웨어의 미래와 성공

Q 소셜 네트워크를 통해 대통령이 당선되기도 하지만, 연예인 자살을 일으키는 등 역기능이 만만치 않다. 관련 비즈니스를 하는 입장에서 SNS의 문제점 및 개선방향은 무엇이라고 생각하는가?

소통이 지나쳐서 생긴 결과가 아닐까? SNS는 여러 가지 사회적 부작용이 있는 듯하다. 개인의 노출증, 관음증 사이를 오가다 결국에는 자기 자랑이다. 현재는 회의감을 가지고 있지만, 한 가지 확실한 것은 잘 활용하면 훌륭한 홍보와 알림 채널이 된다는 것이다. 물론, 관계 구축에 많은 노력과 시간이 들어갈 것이다.

SNS는 사람들 간의 관계이고 네트워크다. SNS가 등장한 지 불과 2~3년밖에 되지 않았다. 시간이 지나면 관습적인 법칙도 생기면서 정착해 가리라 생각한다.

Q 소프트웨어가 삶을 변화시키고 있다. 웨어러블 컴퓨터 등 새로운 기기들이 등장하고 있다. 미래의 과학기술과 소프트웨어가 변화시키는 모습은 앞으로 어떠한 방향 혹은 모습으로 나타날 것이라고 생각하는가?

소프트웨어를 매개체로 사물과 사물이, 인간과 사물이 연결되는 모습을 상상해 본다. 소프트웨어가 기업의 업무 생산성의 목적이 아닌, 인간의 삶에서 가치들을 만들어 내는 모습들 말이다. 소프트웨어를 통해서 세상에 기여하고 세상을 변화시킬 수 있다는 것이 가슴을 뛰게 한다. 생존을 위한 수단이 아닌, 사회 공헌이라는 가치가 가슴을 뛰게 한다. 이러한 차원에서 인생을 걸어볼 만한 것이 아닌가! 개인적으로 경력단절 및 정보 소외 계층들에게 힘이 되어줄 수 있다.

Q 과연 소프트웨어의 성공은 어떤 의미라고 생각하는가? (개발자들의 입장에서) 소프트웨어로 성공한다는 것과 (제품 혹은 서비스의 입장에서) 소프트웨어가 성공한다는 것으로 나누어서 생각해 볼 수 있을 것 같다. 이에 대해 사례를 포함해서 답변해 주시면 좋겠다.

어려운 질문이다. 난 전산학도 출신이 아니다. 난 미술학사(사진학)를 받았다. 1998년에 웹을 공부한 계기도 작품들을 보다 많은 사람에게 보여주기 위해 직접 웹 사이트를 제작해야 했기 때문이다. 소프트웨어의 영향력과 가능성을 믿었다.

소프트웨어는 코드만 하는 개발자의 영역은 아니라고 생각한다. 파트너 김성호 CTO는 훌륭한 개발자다. 그를 10여 년 동안 협업하며 지켜보고 있지만, 코딩에만 능한 사람이 아니다. 오히려 디자이너나 기획자에 더 가깝다고 할 수 있다.

국내 소프트웨어 산업은 용역 서비스 기반이다. B2B 패키지 기반으로 해외 수출사례를 가지고 있지만, 변화된 소프트웨어 환경 속에서 B2C 대상, 플랫폼 기반으로 수출사례는 없는 것으로 알고 있다. 소프트웨어로 성공한다는 것은 결국 저변을 확대한다는 의미 같다.

Q 레드블럭(킴스큐)은 참여와 공유를 기치로 성장하려 한다. 킴스보드-킴스온-킴스큐OSS-킴스큐Rb까지 오픈소스 소프트웨어를 중심으로 한 비즈니스 생태계를 구축하려고 노력해 왔다. 개발자로서 무료 배포한 프리웨어 등 본인의 창작물이 아무 대가 없이 공개되는 것에 대한 후회나 걱정은 없는가? 1999년이면 오픈소스 소프트웨어가 사회적으로 주목받기 전인 것 같은데, 어떤 생각으로 무료 배포를 결정한 것인가?

킴스큐의 모태가 된 킴스보드를 제작하여 배포한 것은 약 14년 전인 1999년의 일이다. 그 당시는 '오픈소스'에 대한 용어 자체도 생소했고 인식도 없었다. 단순히 개인 홈페이지에 사용하기 위해 개발했던 게시판 프로그램을 자료실에 올리게 되었는데, 하나둘 다운로드되면서 피드백도 받고 성원도 받았다. 이때까지는 개인적인 성취감이 조건 없는 개발 및 배포의 주된 이유였던 것 같다.

그렇게 시작된 것이 어느 순간 사용자들이 늘면서 책임을 져야 하는 '일'이 되었다. 그때부터는 사용자의 요구에 부응해야 한다는 부담도 생겼다. 현재는 불혹을 앞둔 개발자로서 생계를 걱정해야 하는 것이 후회라면 후회다. 그러나 프로그램들을 오픈했던 것에 대해서는 지금도 잘한 일이라 생각하고 있다.

Q 소프트웨어 개발자가 된 배경은 무엇이었나? 존경하거나 좋아하는 개발자가 있는가? 최근 관심을 기울이거나 학습하고 있는 프로그램에는 무엇이 있나?

앞서 말씀드린 대로 나의 개인 홈페이지에 사용할 게시판 프로그램을 직접 만들어 보고 싶다는 생각이 나를 소프트웨어 개발자로 만들었다. 역설적이게도 전공은 소프트웨어 개발과 전혀 관련이 없는 천문학이다. 성공한 소프트웨어 개발자분들은 다 존경의 대상이지만, 그중 엔씨소프트의 김택진 대표를 가장 존경한다.

웹 개발 분야에서는 10여 년 전에는 C나 Perl로 작성된 CGI 프로그램을 주로 개발했는데, 현재는 PHP 기반으로 개발하고 있다. 시대에 따라서 개발 환경이나 선호하는 언어들이 변해 왔으나 나는 줄곧 한 분야에만 전념하고 있다.

추세에 따라 새로운 개발환경이나 새로운 언어들을 익히기보다는 현재 내가 가지고 있는, 가장 잘할 수 있는 도구를 활용한다. 단순하지만 문화적인 현상을 불러낼 수 있는 서비스를 만드는 것이 개인적인 마지막 목표다.

Q 14년여 동안 '킴스큐'를 직접 개발했다. 어려운 점이나 보람 있었던 점은 무엇이었나? 또한, 소스 코드가 97% 자체 알고리즘을 갖고 있다고 전해 들었다. 개발자 입장에서 이 부분이 어떤 면에서 강점인지 설명해 달라.

소스 코드를 작성한 지 14년이란 시간이 흘렀다. 그동안 어려운 일도 많았고 보람찬 일도 참 많았다. 어려웠던 점들은 대개의 개발자가 그렇듯이 시간적인 부담과 유지 보수에 대한 스트레스, 경제적인 문제 등이 아닐까 한다. 반면, 내가 만들어 낸 소프트웨어를 누군가 사용한다는 것, 아마도 이 점은 가장 보람이 되는 일이라 생각한다. 그런 보람이 있기에 많은 어려움에도 계속 개발을 할 수 있었지 않았나 싶다.

오랫동안 대부분의 소스 코드를 직접 작성하다 보니 자체 코드가 비교적 많이 누적되었는데, 이 점은 제품의 경쟁력에서 큰 강점이라 생각한다. 처음부터 완벽한 소프트웨어가 만들어지기는 쉽지 않은 일이다. 그런 면에서 킴스큐는 오랜 시간 동안 사용자들의 요구와 경험을 토대로 최적화해 왔기 때문에 검증을 거친 결과물일 것이다.

Q 소프트웨어 개발자로서 생태계 개선을 위해 정책이나 제도적인 측면 혹은 문화적 측면에서 바뀌어야 할 부분은 무엇이라고 생각하는지 한 가지만 말씀해 달라.

실패에 대한 두려움을 갖지 않아도 될 수 있는 환경과 제도적 뒷받침이 필요하다고 생각한다. 쉽게 도전하고 실패를 하더라도 재도전할 기회가 주어진다면 지금보다 더 많은 개발자가 의욕을 가질 수 있지 않을까 한다. 한 번의 실패로 신용불량자가 되어 다시는 재기할 수 없는 개발자들이 너무 많다는 점은 매우 안타깝다.

Q 과연 소프트웨어의 성공은 어떤 의미라고 생각하는가? (개발자들의 입장에서) 소프트웨어로 성공한다는 것과 (제품 혹은 서비스의 입장에서) 소프트웨어가 성공한다는 것으로 나누어서 생각해 볼 수 있을 것 같다. 이에 대해 사례를 포함해서 답변해 주시면 좋겠다.

개발자 입장에서는 자신이 창조해 낸 소프트웨어가 많은 유저에게 사용되고, 다방면으로 파급되며, 궁극적으로는 개발자로서 인정을 받는 것이 아닐까 생각한다. 이와 별개로 성공한 소프트웨어는 수익의 창출과 고용유발이 뒤따라야만 한다고 본다. 천재적인 능력으로 수많은 사람으로부터 존경받는 개발자라 할지라도, 그에게서 창조된 소프트웨어가 단순히 기술적인 면에서만 멈춘다면 개발자 개인의 명예이지 소프트웨어 본연의 성공과는 거리가 있지 않을까 생각한다.

소프트웨어는 굴뚝 없는 고부가가치 산업이 되어야 한다는 것이 개인적인 신념이다. 그런 면에서 페이스북이나 트위터 등과 같은 서비스는 개발자는 물론 소프트웨어 자체로도 가장 성공한 경우의 좋은 본보기가 될 것 같다.

인/터/뷰/후/기

권기택 대표는 일 때문에 처음 만났다. 열정적이면서도 매우 신중한 모습이 눈에 띄었다. 특히, 본인의 생각을 매우 차분하게 설명하는 게 인상적이었다. 아직은 작은 스타트업에 불과하지만, 뭔가 다른 게 있을 것 같다는 생각이 들었다. 그래서 그에게 인터뷰를 요청했다.

그의 사무실에서 이야기를 나눴을 땐 사뭇 진지해 보였다. 늦은 저녁 시간에 만난 터라 권 대표나 필자나 둘 다 피곤했을 것이다. 그럼에도 그는 열심히 그가 살아온 삶의 궤적을 들려주고 비전을 제시했다.

아직 확실한 건 아무것도 없다. 그의 실험정신이 어떤 결과로 나타날지는 아무도 모른다. 하지만 하나 확실한 건 그의 도전이, 그리고 새롭게 열고자 하는 길이 결코 의미 없지 않다는 점이다. 소프트웨어 스타트업의 도전과 성공은 이제 그들의 손에 달렸다.

4

소프트웨어,
진화하는 바이러스에
맞서다

박태환

안랩
ASEC
대응팀
팀장

악성코드
선제 대응과
보안 전문가 되기

나는 컴퓨터 바이러스를 생명체로 간주해야 한다고 생각한다.
컴퓨터 바이러스는 인간의 본성에 대해 뭔가를 이야기하는 것 같다.
우리 인간이 이제까지 창조한 유일한 생명체가 대단히 파괴적이라는 것이다.
인간은 자신의 모습 그대로 생명체를 만들어냈다.

_스티븐 호킹, www.hawking.org.uk/life-in-the-universe.html

"한국은 해커들의 놀이터다." 방송사와 금융기관, 대북 관련 사이트에 대한 사이버 테러 '3.20 전산 대란'이 일어나자 이 같은 탄식이 지속됐다. 2013년 3월 26일엔 지방자치단체 7곳의 인터넷망이 마비되고, 기획재정부와 이미 한 번 공격당했던 YTN 홈페이지가 멈추는 사건이 잇따라 일어났다. 악성코드는 지금도 변종을 거듭하며 진화하고 있다. 이번 해킹의 경로로 소프트웨어 업데이트 서버인 패치 관리 서버PMS, Patch Management Server가 지목됐다. 이는 업데이트 파일을 악성코드로 대체해 감염시키는 '지능형 지속 위협APTA, Advanced Persistent Threat'에 속한다. 한 마디로, 누구나 마시는 상하수도를 오염시키는 셈이다. 일부는 이메일을 통해 유입됐다는 분석도 같은 달 28일 나왔다.

디지털 시대에 진화하는 크래커들. 특히, 이번 사이버 테러는 지난 2009년 디도스DDoS, Distributed Denial of Service 공격과 성격이 다르다. 접속 폭주를 통해 시스템을 마비시키는 디도스와 달리, APT는 지능적이다. 안랩은 3월 27일, 2차 공격에 대비해 후속 조치를 발표했고, 변종 악성코드로 발생할 수 있는 부팅 장애나 데이터 손상을 막기 위한 'MBR 프로텍터Master Boot Record Protector' 프로그램을 고객사에 개별 제공했다.

APT로 인해 일각에선 백신이 무용하다는 주장도 한다. 하지만 전문가들은 지속적인 공격이 지능적으로 발생한다면 더더욱 기본에 충실할 것을 주문한다. 변종되는 공격에 방어할 수 있는 최선의 방법은 결국 가장 기본적인 정보보안이다. 기본에 충실히 한다는 것은 소프트웨어 자체의 보안취약점을 제거하는 방향(시큐어 코딩)과 사용자들의 보안의식 제고와 개별적 보안강화, 망 분리 등 다각도에서 살펴볼 수 있다. 특히, 요새는 금융정보에 대한 해킹과 공격이 이루어져 문제가 더욱 심각해질 수 있다. 오종환에 따르면, 미국 공군 사령부에서 유래한 APT는 "2006년경 미국 국방성 및 정부 기관들과의 원활한 커뮤니케이션을 위해 확인된 특정 보안 위협의 형태를 지칭하는 의미"를 뜻한다. APT는 침투-검색-수집-유출 4단계로 구분된다.[32]

악성코드, 원천 봉쇄와 사전 대응이 가능할까?

악성코드라는 것은 개별 사용자가 주의하지 않는 한 원천적으로 봉쇄할 수 없는 것일까? 안랩 ASEC 대응팀의 박태환 팀장은 현재 악성코드 관련 정보 수집과 조기에 발견하고 빠르게 조치하는 긴급 대응을 수행하는 팀에 속해 있다. 그는 "네트워킹 기술, 즉 통신망 기술이 발달하여 전 세계인은 인터넷을 통하여 정보 검색과 공유를 적극적으로 하게 된 지 오래다."면서 "반면에 전 세계 대부분의 사람이 별다른 제약 없이 이용 가능한 인터넷은 악성코드를 배포하고 확산하는 데 유용한 환경이기도 하다."고 말했다. 개인이 악성코드에 감염되면 이는 고스란히 기업의 기밀정보가 유출되는 결과로 나타난다. 박 팀장은 "인터넷 환경에 대한 전 세계 공동의 제약이 존재하지 않는 한 개별 사용자의 주의는 필수"라고 강조한다.

악성코드는 대규모로 유포되는 경우가 많다. 그러한 시스템을 사전에 탐지하고 차단하는 것을 불가능할까? 선제 대응이 가능하겠느냐는 말이다. 차세대 보안 리더 양성 프로그램(Best Of the Best 2기) 멘티 조근영 씨는 악성코드가 대량으로 유포되기 전에 백신 테스트를 하기 때문에 역부족이라고 설명한다. 그래서 그는 "백신 앞단에서 대규모로 유포되는 악성코드를 1차적으로 걸러줄 '깔때기'가 필요하다."며 "악성코드가 유포되는 길목을 선제적으로 차단한다면 악성코드에 의한 큰 피해를 줄일 수 있다."고 말한다.

그런데 치료된 악성코드는 어떻게 관리될까? 대답은 향후 대응을 위해 별도로 연구하고 관리한다는 것이다. 박태환 팀장은 "발견한 악성코드들은 백신 업데이트 외에도 제작자 파악 및 기능 분석, 향후 제작 진행 방향 예측 등을 위한 별도 연구에 활용한다."고 말한다. 물론, 이러한 작업은 접근이 제한된 환경에서 악성코드 분석 전문가들이 한다. 박 팀장은 "수집 및 치료된 악성코드는 안랩의 클라우드 시스템에서 체계적으로 관리된다."고 밝혔다.

사회 근간 흔드는 악성코드, 인력이 해답이다

2012년의 국내 지식정보보안산업 실태조사(한국인터넷진흥원)에 따르면, 정보보안 관련 종사자 수는 전체 9천244명이다. 2013년 정보보호 전공자는 363명일 것으로 예상하나, 신규 수요는 2천130명이어서 많은 차이가 난다. 갈수록 이 격차는 늘어나 2017년에는 3천660명이 부족할 것으로 전망된다. 사이버 테러에 대한 해답은 결국 정보보안 인력일 것이다. 인력 부족 문제는 어떻게 해결해야 할까? 일각에선 사이버 전문인력 10만 해커 양성을 주장한다. 2013년 봄에 일어난 사이버 테러 사건을 계기로 정부 차원에서 사이버 대응 전문인력을 양성해야 한다는 목소리에 힘이 실리고 있다.

보안 분야로 진출하고자 하는 학생들은 무엇을 공부해야 할까? 안랩 박태환 팀장은 "현재 발생하는 현상이 무엇인지 파악하고, IT에서 여기에 관련된 것이 무엇인지를 아는 것이 중요하다."며, "보안 전문가를 꿈꾼다면 운영체제와 프로그래밍에 대한 기본 지식을 가지고 국내외 보안 이슈 등을 파악해 나가면 충분히 좋은 기회를 잡으리라 생각한다."고 밝혔다. 단순히 취업 때문에 혹은 보기에 화려해 보인다고 판단하지 말고, 정말 정보보안이 어떤 영역인지 고민해 보라는 당부도 이어졌다. 미래의 보안 기술에 대해 박 팀장은 "향후에는 변조하기 어렵거나 변조할 수 없는 유일한 것을 근거로 개인을 식별하려는 노력이 이어질 것"이라며, "보안 기술의 영역은 IT 기술이 미치는 모든 영역으로 확대될 것"이라고 내다봤다.

한편, 조근영 씨는 "보안 전문가가 되기 위해서는 몰입하여 즐기면서 하는 마음이 필요하다."면서 "보안 인력의 부족을 해결하기 위해서는 보안 전문가의 위상이 높아질 필요가 있다."고 말했다.

사람이 끌어올리는 기술 수준에 대한 결과 역시 기대에 미치지 못한다. 지식정보보안 기업들이 자신의 기술 수준을 자체 평가한 결과, 100%를 기준으로 약 75~76% 수준인 것으로 조사됐다. 국가미래연구원은 사이버 보안산업 정책을 위해 ▲통합 컨트롤 타워 구축/강화 ▲평상시 훈련을 통한 해킹 대응능력 제고 ▲사이버보안산업 육성 및 보안 관련 기술개발 여건 조성 ▲사이버 안전기금 설치 ▲사이버 전력화(10만 해커 양성계획 아래 우수인재 확보)를 제언했다.

인터넷 강국이라는 이름에 걸맞지 않게 사이버 테러가 끊이지 않는 이유는 무엇일까? 조근영 씨는 "기업의 CEO 입장에서 보안을 투자가 아닌 비용으로 인식"한다면서 보안 설계가 제대로 돼 있어야 한다고 밝혔다. 그는 "기업들은 경영 효율화 차원에서 IT 보안업무의 상당 부분을 협력업체 직원들에 의존해 왔다."면서 "기업 자체의 정보는 자체 보안 인력을 고용하여 통제해야만 한다."고 답했다.

정부의 사이버 대응 컨트롤 타워가 부재해 문제가 발생한다는 지적이 한편에서 제기되고 있다. 왜냐하면, 사이버 대응 기능이 국가정보원, 국방부, 경찰청 등에 분산돼 있기 때문이다. 이 때문에 사이버 대응 기능을 일원화하기 위한 움직임이 진행되고 있다. 하지만 정보보안 관련 예산은 2010년도 769억 원에서 2012년 527억 원으로 줄었다. 오바마 정부의 2013년 연방 IT 투자 예산 방향성은 투자 대비 효과는 극대화하면서 '기반으로서의 사이버 보안 강화'가 포함돼 있다.[33] 참조할 만한 대목이다.

한편, 개인적 차원에서도 정보보안의 중요성은 갈수록 늘어나고 있다. 김석우 한국정보보호학회장(한세대학교 정보통신공학과 교수)은 IT 전문매체와의 인터뷰에서 "개인이 통제하거나 방어할 방법은 알려주지 않고 정부나 기업 대책 중심으로만 골몰하고 있다."라고 지적한 바 있다.[34]

스마트폰 이용자 3천만 명 시대에 개인적 보안의 중요성 역시 갈수록 증대하고 있다. 그러나 많은 사용자가 있다고 정보혁명이 이뤄진 것은 아닐터다. 프랭크 웹스터Frank Webster는 정보사회의 도래에 의문을 제기한 바 있다.[35] 외형적 변화만을 갖고 질적인 사회변동을 측정하는 방식을 거부한 것이다. 아무리 많은 사람이 활용한다고 해도 그 안에 나타난 문제들을 고려하지 못하면 '악화(惡貨)가 양화(良貨)를 구축'[36]하는 셈이다. 좋은 기술이라는 의미의 소프트웨어 양화가 악성코드와 핵티비즘 등의 악화에 밀릴 수 있다는 뜻이다.

과학기술의 발현이 소프트웨어 기술로 극대화해 생활에 더욱 깊숙이 접목했다. 그럴수록 사이버 테러로 인해 사회 근간이 흔들리고 있다. 소프트웨어가 움직이는 사회 속에서 이에 따른 폐해 역시 딱 그 정도로 나타나고 있다. 시스템이 마비되고 소프트웨어가 제대로 작동하지 못하면, 우리는 공황 상태에 빠진다. 이 때문에 소프트웨어는 진화하는 바이러스에 맞서야 한다. 소프트웨어의 성공을 위해 무엇이 필요한지 더 깊은 고민이 필요한 시점이다.

정 / 리

☑ 국내 웹 사이트들이 악성코드로 인한 지능형 지속 위협(APT)에 끊임없이 노출되고 있다. 이 때문에 개별적 보안 강화 등 기본적인 대응에 더더욱 충실해야 한다. 안랩 박태환 팀장은 전 세계적으로 확장된 네트워크 때문에 개별 사용자가 주의해야 한다고 설명했다. 선제적 대응이 가능한지에 대해선 차세대 보안 리더 양성 프로그램을 이수 중인 조근영 멘티가 답했다. 그는 악성코드라는 것이 대량으로 유포되기 전에 백신 테스트를 받기 때문에 역부족이라고 말했다. 악성코드가 유포되는 길목을 미리 선제적으로 차단하려는 노력이 최선이다.

☑ 정보보안의 중요성이 강조되고 있지만, 국내 인력 양성은 부족한 상황이다. 그래서 사이버 전문인력 10만 해커 양성을 일각에서 주장하기도 한다. 보안 전문가가 되는 방법에 대해 박태환 팀장은 단순히 화려해 보인다고 뛰어들지 말고, 운영체제와 프로그래밍에 대한 기본 지식을 쌓으라고 조언했다. 한편, 조근영 씨는 몰입이 중요하다고 강조했다.

 Interview...

Q 간단한 자기소개와 함께 소프트웨어의 여러 분야 중에서 '보안'에 특별히 관심을 기울이게 된 배경은 무엇인가?

악성코드 관련 정보 수집과 조기에 발견하고 빠르게 조치하는 긴급 대응을 수행하는 ASEC 대응팀의 팀장으로 있다. 원래는 전자공학을 전공했다. 국내 IT가 뜨겁게 달아오르던, 그리고 코드레드Code Red 악성코드로 인하여 전 세계가 어려움을 겪던 시기에 소프트웨어 연구, 개발을 문제없이 지속적으로 수행하도록 보호하는 게 필요하겠다는 생각을 하여 보안 분야를 선택했다.

Q 악성코드라는 것은 개별 사용자가 주의하지 않는 한 원천적으로 봉쇄할 수 없는 것인가? 또한, 치료된 악성코드는 어떻게 관리하나?

IT 기술은 거대 컴퓨터, 대규모 기업 중심에서 개인 컴퓨터, 개별 사용자 중심으로 변화해 왔다. 이후 컴퓨팅과 네트워킹 기술이 발전하면서 주요 정보는 대규모 서버군 및 컴퓨터군에 저장하고, 저장된 정보는 태블릿과 스마트 단말기를 통해 이용하는 시대로 또다시 변화하고 있다. 몇 해 전 등장한 클라우드와 빅 데이터가 바로 이러한 변화를 대변한다. 네트워킹 기술, 즉 통신망 기술이 발달하여 전 세계인은 인터넷을 통하여 정보 검색과 공유를 적극적으로 하게 된 지 오래다. 기업의 업무나 개인의 생활도 많은 부분을 인터넷에서 해결할 수 있다. 반면에, 전 세계 대부분의 사람이 별다른 제약 없이 이용 가능한 인터넷은 악성코드를 배포하고 확산하는 데 유용한 환경이기도 하다. 악성코드에 감염된 개인에 의해 기업의 기밀정보가 유출되는 시대다. 따라서 인터넷 환경에 대한 전 세계 공동의 제약이 존재하지 않는 한 개별 사용자의 주의는 필수다.

안랩은 안랩 제품 사용자의 신고에서부터 자동화 센서에 의한 수집 등 다양한 방법으로 전 세계 악성코드를 수집하고, 분석, 대응한다. 악성코드를 발견하면 곧바로 백신을 업데이트하여 치료(혹은 삭제)할 수 있도록 조치한다. 발견한 악성코드들은 백신 업데이트 외에도 제작자 파악 및 기능 분석, 향후 제작 진행방향 예측 등을 위한 별도 연구에 활용한다. 이 작업들은 접근이 제한된 환경에서 악성코드 분석가들이 진행한다. 수집 및 치료된 악성코드는 안랩의 클라우드 시스템에서 체계적으로 관리된다.

Q 분산 서비스 거부 공격(DDoS)은 지속적으로 반복하여 나타나고 있다. 트래픽의 양이 많아지고 서버가 마비되어야 알아챌 수 있는데, 그 외의 방법은 없는가? 또한, 진원지를 밝혀내기가 불가능한가?

트래픽의 양이 많아지고, 서버가 마비되어야 알아챌 수 있는 것은 아니다. 트래픽 양이 많아지기 전에라도 현재까지 유입되는 트래픽의 특이한 점이나 트래픽의 흐름을 보고 이상 증상을 인지할 수 있다. 몇 해 전부터 서비스 거부DoS, Denial of Service 공격을 막는 보안 솔루션이 속속 등장하고, 이 솔루션들이 공격의 진원지를 파악함에 따라 공격이 실패하자 분산 서비스 거부

DDoS, Distributed Denial of Service 공격이 등장했다. 진원지는 문제의 원인이 되는 것을 뜻하며, 이곳만 차단하면 문제가 해결될 수 있다는 뜻을 내포한다.

분산 서비스 거부 공격은 특정 진원지 한 곳이 아닌 여러 곳에서 공격을 하는 것이다. 또한, 공격을 위한 좀비 PC 확보를 위해 수많은 악성코드를 유포하곤 한다. 따라서 분산 서비스 거부 공격을 하는 몇몇 위치를 파악하여 네트워크 접근을 차단하는 것만으로 방어할 수는 없다. 유해한 트래픽이 유입되는지를 지속적으로 모니터링 및 관리하는 것은 물론, 공격을 위한 좀비 PC 확보를 위해 사용하는 악성코드 유포지를 파악/차단하고, 공격자의 명령을 전달하는 C&C 서버를 파악/차단하는 등의 일을 병행하는 것이 효과적이다.

Q 망 분리를 도입하면 정보 보안에 효과적인가?

정보보안을 위한 절대적인 선택이라고 볼 수는 없겠지만, 현재 시점에 선택할 수 있는 좋은 대안 중 하나다. 망을 분리하는 것은 주요 업무를 수행하는 네트워크와 인터넷에 연결되는 네트워크를 분리하는 것이다. 이로써 인터넷으로부터 유입되는 보안 위협을 차단하는 것이다. 따라서 현재 가장 많은 문제를 일으키는, 인터넷 웹 서핑 과정에서 악성코드가 유입되어 내부 시스템이 감염되고 내부 주요 정보가 외부로 유출되는 위협은 줄일 수 있다.

Q 축적된 데이터가 부족하여 리스크 관리 소홀에 따른 잠재적 손실 비용에 대한 예측이 힘들다는 지적이 있다. 보안 부재에 따른 잠재적 손실 비용을 측정하는 방법은 무엇인가? 보안의 여러 부분 중 특정 부문만을 설명해 주어도 좋다.

각 요소가 가진 위험과 그 위험에 따른 피해가 산업별로 또는 직무별로 제각각이다. 또한, 감염된 PC에서 정보가 유출된 경우 기업의 사회적 이미지 실추 등의 손실 비용을 계산하기 어려운 점을 고려하면, 보안 부재에 따른 잠재적 손실 비용 예측이 어려운 상태라고 본다. 다만, 보안사고 발생을 가정하고 현재까지 확인된 국내외의 다양한 보안사건, 사고를 참고하여 보안 부재에 대한 잠재적 손실 비용을 기업의 모든 정보자산Information Assets의 가치에 대한 손실 비용으로 보고 산정하는 것이 의미 있을 것이다. 악성코드 감염을 예로 든다면, 연간 악성코드 감염 PC 수, PC 한 대의 악성코드 감염을 치료하는 데 드는 비용(시간, 인력, 하드웨어, 소프트웨어, 네트워크 비용 등), 악성코드를 치료하는 동안 정상적인 업무를 할 수 없어 발생한 생산성 저하, 감염된 PC에 의해 유출될 수 있는 정보의 가치 등을 종합하여 각 기업의 환경에 맞게 계산하면, 악성코드 감염 방지 미흡에 따른 잠재적 손실 비용을 계산할 수 있을 것이다.

아울러, 보안 부재로 발생할 수 있는 사건, 사고에 대한 경우의 수를 예측하고, 그 각각에 대한 손실 비용을 산정하여 합산하는 것이 중요하다. 각 기업의 특허, 설계도면, 기밀문서 및 업무문서 등이 유출되었을 때 발생할 수 있는 손실 비용은 기업의 순가치 이상의 비용이 들어갈 수 있다. 모든 직원 인건비 및 수행 업무가 동일한 가중치로 계산되지 않도록 부서별 혹은 직무, 직급별 위험도의 가중치가 달라야 할 것이다.

Q 영세한 중소기업에서는 보안 전문가를 통한 점검 실시 혹은 관련 솔루션 구매 등이 부담되거나 어려울 수 있다. 비용이 발생하기 때문이다. 대안이 있는가?

영세한 중소기업에서 보안 전문가를 통한 점검이나 고가의 보안 솔루션을 도입하는 것이 어려운 것은 사실이다. 그러나 기업의 규모와는 무관하게 각자 자신의 정보자산을 보호하기 위한 보안 조치는 반드시 갖춰야 한다. 기업의 규모와 정보 자산의 규모가 정비례할 수는 있겠으나, 그 가치마저 정비례하지는 않을 것이다. 따라서 영세한 중소기업이라도 중요한 정보 자산을 지키기 위한 최선의 조치를 취하는 것은 충분히 가능하다고 본다.

Q 보안 전문가가 되기 위한 좋은 방법은 무엇이라고 보는가? 관련 자격증을 따거나 교육 프로그램을 활용하는 방법 이외에 주안점을 두는 것은 무엇인가? 보안 인력 확보와 연관 지어서 답변해 주시면 좋겠다.

보안에 대한 관심을 가지고 공부하는 것이 필요하다. 보안을 제대로 알려 주는 곳이 없다는 말을 많이 듣는데, 이는 '취업을 하려는데 보안 분야를 배울 만한 곳이 없다.'는 의미라 생각한다. 보안은 1과 2를 안다고 해서 다 할 수 있는 것은 아니다. 또한, 1과 2를 모른다고 해서 못 하는 것도 아니다. 현재 발생하는 현상이 무엇인지 파악하고, IT에서 여기에 관련된 것이 무엇인지를 아는 것이 중요하다. 또한, 다양한 IT 기술을 활용해 보고자 연구하는 것도 중요하다. 관련 자격증과 교육 프로그램은 현재 내가 어느 정도 알고 있는지, 요즘 동향은 무엇인지를 파악하는 데 활용하면 좋겠다. 보안인을 꿈꾼다면 운영체제와 프로그래밍에 대한 기본 지식을 가지고 국내외 보안 이슈 등을 파악해 나가면 충분히 좋은 기회를 잡으리라 생각한다.

최근 해킹, 해커 등의 주제를 중심으로 보안 전문가를 표현하는 경우가 많다. 보기에 화려하고 남들에게도 쉽게 다가갈 수 있는 용어이기는 하나, 이것이 보안 전문가 전체를 대변하지는 않는다. 정보보안이 무엇인지, 보안 전문가가 담당하는 영역은 어떤 것인지를 인지하고 준비를 해나가는 것이 의미 있다.

Q 아이폰 5S에서 지문인식 기능 '터치 ID'가 도입됐다. 이미 독일의 한 해커에 의해 크래킹되긴 했지만, 앞으로 생체인식을 통한 개인 디바이스 인식 체계가 확산될 전망이라는 분석이 나오고 있다. 이러한 변화 속에서 미래의 보안 기술은 어느 방향으로 전개될 것이라고 보는가?

어떠한 경로를 통해서든 각 개인의 정보가 노출될 가능성은 높아지는 추세다. 이제는 개인용 컴퓨터뿐 아니라 들고 다니는 다양한 IT 기기에도 다수의 개인정보가 들어 있다. 이들 정보가 유출되고 악용되어 발생하는 피해도 점점 증가한다. 키보드로 입력하는 사용자 ID와 암호를 별도 저장하여 빼돌리는 기술은 이미 10년 전에 등장하여 악용되고 있다. 그에 따라서 개인을 식별할 고유 정보가 필요해졌고, 각종 생체 관련 정보가 많이 활용되는 상황이다. 이에 따라 향후에는 변조하기 어렵거나 변조할 수 없는 유일한 것을 근거로 개인을 식별하려는 노력이 이어질 것이다. 개인과 기업의 주요 정보를 체계적으로 관리하고, 이용의 편리함을 제공하되 보안성을 극대화하는 기술을 지속적으로 연구할 것이다.

또한, 보안 기술은 IT의 흐름과 그 맥을 같이 한다. IT의 흐름이 보안 기술의 흐름을 대변한다고 해도 과언이 아니다. 거대 컴퓨터에서 개인용 컴퓨터로, 개인용 컴퓨터에서 정보 저장과 정보 이용이 분리되는 기술 흐름에 따라 각 요소에 필요한 새로운 보안 기술이 제공되어야 할 것이다. 따라서 보안 기술의 영역은 IT 기술이 미치는 모든 영역으로 확대될 것이다.

with : 차세대 보안 리더 양성 프로그램 조근영 멘티 미니 인터뷰

Q 간단한 자기소개와 함께 보안에 관심을 두신 배경에 대해서 말씀을 해달라.

차세대 보안 리더 양성 프로그램(Best Of the Best 2기) 멘티 조근영이다. 실무에서 악성코드 분석 업무를 약 2년 정도 하다 공부를 더 하고 싶어

BOB에 지원했다. 보안에 관심을 두게 된 건 온라인 게임을 즐기다 어느 순간 계정 탈취를 당하여 모든 아이템이 없어졌을 때였다. 게임사에서 받은 답장은, 안타깝지만 복구해 줄 수 없다는 내용이었다. 하도 답답하여 게임 커뮤니티에 질문하였으나 그 어느 곳도 내가 어떻게 해킹을 당했는지 알려주지 않았다. 그 당시 잠도 줄여가며 모은 아이템들이 순식간에 없어지게 되니 미치겠더라. 그때 '내가 어떻게 해킹을 당했는가?' 그 원인을 분석해 보자는 생각을 가지고 처음 보안의 세계에 입문하였다.

Q 악성코드가 대규모로 유포되는 시스템을 사전에 탐지하고 차단하는 것이 가능한가? 선제적 대응이 가능한가?

현재 악성코드는 대규모로 유포되기 전 백신 테스트를 한다. 백신에 검출되지 않는 악성코드만 유포하기 때문에 백신만으로 악성코드를 막기에는 역부족이다. 그래서 백신 앞단에서 대규모로 유포되는 악성코드를 1차적으로 걸러 줄 '깔때기'가 필요하다.

취약한 사이트를 지속적으로 방문하여 악성코드 유포 여부를 탐지할 수도 있다. 악성코드가 유포되는 길목을 선제적으로 차단한다면 악성코드에 의한 큰 피해를 줄일 수 있다.

Q 요즘 파밍이나 스미싱, 메모리 해킹이 이슈인데 원인은 무엇이고, 왜 급증하게 되었는가? 또한, 이것을 어떻게 대처해야 하나? 어떻게 하면 원인을 줄일 수 있나?

• **파밍(Pharming, 진짜 사이트로 착각하게 한 뒤 개인정보를 훔치는 기법)**

원인 : 현재 대규모 악성코드를 유포하는 통로는 지난해 5월까지만 해도 게임 계정 탈취 악성코드가 약 87% 이상이었고, 파밍 악성코드가 약 13% 정도였다. 하지만 지난해 하반기부터 파밍 악성코드가 급속히 증가하였고, 올해 들어 파밍 악성코드가 전체 악성코드 중 약 82% 이상을 차

지하게 되었다. 즉, 현재 파밍 사이트가 활개를 치는 것은 대규모로 유포된 악성코드 때문이라고 볼 수 있다.

지난해 하반기부터 공격자들의 전략이 변경되었다. 게임 계정을 통한 공격에서 금융, 즉 파밍 공격으로 변화되었다. 왜 해커들은 금융권을 공격함으로써 은밀한 전략에서 벗어나 대한민국 뉴스의 일면을 차지하게 되었을까? 그 이면에는 지난해 9월 16일에 시행된 게임산업진흥에 관한 법률 시행령이 있다. 이 시행령의 골자는 반기당(6개월) 1,200만 원까지만 판매할 수 있도록 제한한 것으로, 사업 목적의 게임 아이템 거래를 금지하기 위해서다. 이 시행령 때문에 해커들의 자금줄이 막혔을 가능성이 높다.

급증한 이유 : 과거 수년간 해커들은 게임 계정 정보를 탈취하여 현금화하는 범죄가 일상화되어 있었다. 게임 아이템 거래 시장이 연간 1조 5천억 원 정도로 규모가 크며, 게임은 어린아이들이나 하는 것이라는 사회의 부정적인 시각도 일부 존재한다. 그렇기에 게임 계정을 탈취당하더라도 개인이 어떻게 취할 방도가 없는 상황이며, 게임사에 해킹을 당했다고 신고하여도 도와줄 수 없다는 답변만이 돌아올 뿐이다. 이렇듯 해커에게는 게임 계정 해킹을 통해 손쉽게, 그리고 조용히 현금을 벌어들일 수 있는 최적의 먹잇감이었다.

악성코드를 대규모로 유포하는 데 가장 효과적인 것은, 웹 사이트를 해킹한 후에 악성 링크를 추가하여 모든 방문자를 대상으로 감염시키는 것이다. 이를 공격자들도 알고 있고 적극적으로 활용하고 있어서, 특단의 대책이 없다면 앞으로 더 심각한 상황을 수시로 마주하게 될 수밖에 없을 것이다.

대책 : 웹 사이트는 수시로 수정하고 개편이 발생할 수밖에 없는 구조인데도 웹 보안 검사는 1년에 한두 번밖에 할 수 없는 게 현실이다. 또한, 모든 사이트를 대상으로 할 수 없기에 대표적인 사이트만 시행하는 상황이

다. 만약 상시로 웹 해킹에 사용되는 인자값 검사가 가능하다면, 악성코드가 대규모로 유포되는 근본적인 원인을 제거할 수 있을 것이다.

현재 사용자들이 할 수 있는 가장 나은 방법은 각종 애플리케이션(자바, 플래시, IE, PDF, MS 등) 업데이트를 지속해서 하는 것이다. 귀찮다고 업데이트를 하지 않는다면 공격자의 좋은 먹잇감이 된다.

또한, 백신 프로그램 하나 정도는 반드시 설치하기를 추천한다. 해커는 악성코드를 유포하기 전 백신에 탐지되는지 미리 테스트한다. 물론, 유포된 모든 악성코드를 치료할 수는 없고, 수집되고 분석된 악성코드 중 일부만 치료할 수 있다. 그렇더라도 일반인들 입장에서 백신은 자신의 PC를 지킬 수 있는 최후의 보루다.

- **스미싱(Smishing, SMS 피싱이라고 하여 문자 메시지를 통해 침입하는 기법)**

원인 : 스미싱은 신뢰할 수 있는 사람 또는 기업이 보낸 것처럼 가장하여 개인 비밀정보를 요구하거나 휴대폰 소액결제를 유도한다. 최근 들어 스마트폰 이용자들이 늘어남에 따라 돌잔치, 결혼 청첩장 등이 도착하였다고 하면서 링크를 걸어 안드로이드 애플리케이션 설치파일인 APK$_{Android Package}$ 파일을 설치하도록 유도하여 휴대폰 내의 정보를 빼가는 수법이 늘고 있다.

대책 : ❶ URL이 포함된 문자를 받은 경우 지인이 보낸 문자라도 함부로 클릭하지 않는다.

❷ 스미싱 감지 애플리케이션을 항상 실행시켜 스미싱 공격으로부터 방어한다.

❸ 알 수 없는 소스 설치 체크를 해제한다.

❹ 피해를 봤을 때의 악성코드 삭제 방법은 설정-보안-기기관리자로 들어가 해당 앱의 표시를 제거하고 삭제한다.

❺ 악성코드가 설치된 경우에는 즉시 휴대폰 내에 저장된 인증서를 파기하고 은행에 방문하여 새 인증서를 발급받아 사용한다.

❻ 실제 금전적인 피해가 발생한 경우에는 지역경찰서 민원실에 방문하여 사건사고 확인원을 발급받아 해당 통신사에 팩스를 넣으면 구제받을 수 있다.

❼ 소액결제 서비스를 차단하거나 한도를 줄인다. 본인이 이용하고 있는 통신사 사이트에 들어가 소액결제를 차단해 둔다면, 실수로 URL을 눌러 접속한다 하더라도 결제 자체가 이루어지지 않기 때문에 확실하게 피해를 막을 수 있다.

· 메모리 해킹

원인 : 기존의 파밍 사기는 은행의 정상 사이트가 아닌 위조 사이트에서 보안카드 번호 전부를 입력하는 기법이었다면, 최근에 문제가 된 메모리 해킹 기법은 위조 사이트가 아닌 정상 사이트에서 발생했다. 피해자가 보안카드 번호 전부가 아닌 단 두 개만 입력한 것이다. 파밍 기법보다 한 단계 더 진화한 기법이다.

이러한 신종 인터넷 사기가 가능한 것은 해커가 메모리 해킹 기법을 사용하고 있기 때문이다. 메모리 해킹 기법이란 과거 게임 사이트 등에서 많이 활용되던 해킹 기법으로서, 금융회사 서버에 전송하기 위해 메모리 주기억장치의 특정 주소에 저장된 금융 데이터를 해커가 악성프로그램을 통해 위변조하는 기법을 말한다.

대책 : ❶ 보안카드 번호 두 개를 입력한 이후 확인 버튼을 눌렀음에도 비정상적으로 종료됐다면, 파밍 사기로 의심하고 바로 은행에 전화를 걸어 지급정지를 시켜야 한다.

❷ 평상시 공인인증서 비밀번호나 보안카드 번호를 별도의 팝업창에 입력하지 않았음에도 별도의 팝업창에 입력하는 방식으로 바뀌었다면, 일단 파밍 사기로 의심을 해보아야 한다.

Q 우리나라에서 유독 많은 해킹이 이루어지고 있는 이유는 무엇인가?

특히, 우리나라에서 해킹이 많이 발생하는 것은 보안환경이 그만큼 취약하기 때문이다. 기업의 CEO 입장에서 보안을 투자가 아닌 비용으로 인식하고 있다. 사실, 기업들은 경영효율화 차원에서 IT 보안업무의 상당 부분을 협력업체 직원들에 의존해 왔다. 2차, 3차 하도급으로 처리하기 때문에 날림 설계가 매우 많다. 날림 설계이기 때문에 공격에 매우 취약하다. 따라서 먼저 기업 CEO의 인식 변화가 선행되어야 한다. 또한, 기업 자체의 정보는 자체 보안 인력을 고용하여 통제해야만 한다.

Q 보안 전문가가 되기 위한 길은 무엇이라고 생각하는가? 아울러, 우리나라 보안 인력 부족 및 열악한 작업 환경을 개선하는 데 필요한 것은 무엇이라고 생각하는가?

보안 전문가에게는 '몰입'이라는 단어가 잘 어울린다고 생각한다. 몰입이란 어떤 행위에 깊게 파고들어 시간의 흐름이나 공간, 더 나아가서는 자신에 대한 생각까지도 잊어버리게 될 때를 일컫는 심리적 상태다. 보안 전문가가 되기 위해서는 몰입하여 즐기면서 하는 마음이 필요하다. 즐기지 않고서는 보안이라는 넓은 분야를 헤쳐나가기 어렵다.

보안 인력의 부족을 해결하기 위해서는 보안 전문가의 위상이 높아질 필요가 있다. 현재 우리나라에서 의사 정도의 위상만 된다면야 고급 인력들이 보안 시장으로 자발적으로 들어오게 될 것이다. 그러기 위해서 보안 전문가가 얼마나 중요한 일을 하는지, 왜 필요한지 알리려는 노력이 필요하다.

인/터/뷰/후/기

안랩 인터뷰를 추진하면서 많은 것을 배웠다. 처음에 보안 관련 인터뷰를 추진하려고 했을 때 질문의 범위를 너무 넓게 잡아 애를 먹었다. 다행히 안랩 커뮤니케이션팀의 황미경 부장님을 통해 여러 조언을 들었다. 한편으론 인터뷰 성사와 관련해 조바심도 느꼈다. 소프트웨어 성공보다 인터뷰 성공이 내겐 우선이었다.

조근영 씨는 보안 관련 글을 여러 편 쓴 것을 보고 섭외를 시도했다. 직설적이고 맛깔 나는 설명이 좋았다. 또한, 명쾌한 내용은 더욱 마음에 들었다.

유신

영국 런던
유니버시티
칼리지
교수

완벽한 백신과 백신의 숙명

마크 주커버그라는 인물의 모든 것은 그가 순수한 해커라는 사실뿐이다. 해커들은 세상의 현실을 당연하게 받아들이지 않는다. 해커들은 그들이 반대하는 것들을 깨부수려 하고 재정립하려 한다. 그들은 세상보다 한 발짝 앞서 나가고자 한다.

_과학기술 전문 저널리스트 사라 레이시(www.sarahlacy.com). 허핑턴 포스트[37]에 올린 기사 중에서

'해커hacker'라는 말은 1950년대 중반 MIT에서 정보가 공개돼야 한다는 진보적 의미에서 유래했다. 어원 사전에 따르면, 'hack'은 1960년대엔 '창의적 장난creatvie prank'을 뜻했고, 훨씬 더 이전에는 '평범하게 만들다', '날마다 사용하여 흔하게 만들다'를 뜻했다. 유추해보면, 철옹성 같은 시스템에 침투해 평범하게끔 한다는 맥락이 내포돼 있다. 안랩 보안 용어 사전에서는 해커를 "원래는 하드웨어와 소프트웨어에 능숙하고, 순수한 의

도로 이를 실험하길 좋아하는 사람을 지칭"한다며, 하지만 "지금은 컴퓨터 시스템에 대한 인증되지 않은 권한을 얻거나 얻으려 노력하는 사람들을 의미"한다고 정의했다. '크래커'는 그중에서도 악의적인 해커들을 일컫는다.

사이버 테러에 대한 선제 대응은 가능할까? 매번 당하고만 있는 느낌이다. 그리고 '완벽한 백신'이라는 것이 있을까? 영국의 런던 유니버시티 칼리지의 유신 교수는 "실제로는 알려진 바이러스의 '지문'에 해당하는 정보를 취합한 다음, 사용자의 컴퓨터에서 해당 지문이 채취되는지 확인하는 방식의 검출이 기본적으로 많이 사용된다."면서 "이 경우 알려지지 않은 새로운 바이러스는 검출할 수 없고, 바이러스가 만들어지는 속도가 백신이 업데이트되는 속도를 능가할 경우는 속수무책이 될 수 있다."고 말했다. 유신 교수에 따르면, 튜링이 결정 불가능성을 증명한 것은 완벽한 백신이라는 게 없다는 증명에 매우 가깝다는 뜻이다. 원리상 백신의 숙명은 완벽할 수 없다는 것이다. 이와 더불어, "여태 알려지지 않은 바이러스도 모두 진단할 수 있는 백신은 만들 수 없다."는 게 유 교수의 설명이다.

보안은 기술 차원을 넘어선 사회적 문제

갈수록 심화되는 바이러스의 진화 등에 대해 유 교수는 보안이 기술적인 부분을 넘어서는 문제라고 강조한다. 그는 "작게는 개개인이 보안과 관련된 정보를 어떻게 다루느냐 하는 행동 양식의 문제이고, 넓게는 사회적인 합의의 문제라고 볼 수 있다."고 답했다. 그가 영국에서 사용하는 은행은 "SSL(Secure Socket Layer: PC와 서버 사이의 통신을 암호화하는 연결 방식)과

OTP(One Time Password, 일회용 비밀번호) 단말기만을 사용"한다고 전했다. 대신, 비밀번호를 보낼 때는 특수 인쇄를 이용한 우편물을 통해 보낸다고 한다. 유 교수는 "기술만 가지고 100% 이루어지는 보안은 없다는 것을 모두가 인지하는 게 중요"하다고 덧붙였다.

근래에는 정치, 사회적 목적의 해킹을 뜻하는 핵티비즘hacktivism이라는 용어가 등장했다. 핵티비즘은 해커hacker와 행동주의activisom의 합성어다. 정보 시스템에 침투해 정치적이고 사회적인 목적을 위한 행동에 나서는 것을 핵티비즘이라고 부른다. 핵티비즘은 대부분 전문적 기술을 가진 집단에 의해서 이뤄지며, 대상은 국가나 주요 산업시설 등 광범위하게 걸쳐 있어 심각한 문제가 발생하는 측면이 있다.

테코노피디아(www.techopedia.com)에 따르면, 핵티비스트hacktivist들은 사회적 메시지를 전달하고자 한다. 정보를 훔치거나 악의적으로 해를 입히려는 해커들과 다르다. 핵티비스트들에게 핵티비즘은 일종의 인터넷을 이용한 시민 불복종이다. 핵티비즘의 유형들에는 웹 페이지 변조 및 가상의 사보타주와 시위, 웹 사이트 패러디, 웹 주소 자동 변경, 서비스 거부 공격, 정보 탈취 등이 있다. 핵티비즘은 웹 상에서의 정부 지배와 검열에 대해

저항의 성격을 띤다. 핵티비즘은 저작권을 통한 규제와 정보 접근 제한 등에 대한 거부다. 핵티비스트들은 끊임없이 법적 소송을 통해 인터넷의 언론 자유를 옹호하고 디지털 미디어 규제를 철폐하고자 한다. 핵티비즘은 원래 프로그램 전문 지식과 비판적 사고의 결합으로 사회 변화를 이끌어내기 위한 행동을 뜻했다. 하지만 최근 핵티비즘은 바람직하지 않은 정치적 목적을 실현하기 위한 인터넷에서의 행동을 모두 포괄하는 의미로 쓰이고 있다.

정보보호최고책임자(CISO)이자 보안 관련 전문가인 피에르루이지 파가니니Pierluigi Paganini는 2013년 10월 2일에 쓴 한 칼럼[38]에서 "핵티비스트들에 대한 두 가지 관점이 존재한다."면서 "그들의 행동은 고발당해야 한다는 입장과 핵티비즘의 행동이 위협적이긴 하지만, 그들의 목소리에 귀 기울일 필요가 있다는 입장"이라고 밝혔다. 칼럼에 따르면, 핵티비즘은 1996년 유명한 해커 집단 cDc(Cult of the Dead Cow, 죽은 소를 추앙하는 집단. 원년 멤버들의 첫 모임 장소가 도살장이었다는 데서 이름이 유래했다)의 한 멤버인 오메가Omega에 의해서 만들어졌다. 온라인에서 펼쳐지는 핵티비즘은 점점 거대한 규모로 진행될 수 있다. 파가니니는 누구나 핵티비스트가 될 가능성이 있다고 지적한다. 현실과 실체에 대한 지각을 통해 누구나 시민 불복종에 나설 수 있다는 것이다. 장기 경제 불황으로 인해 이러한 핵티비즘에 동참할 가능성은 높아진다. 핵티비스트들을 단순 범죄자로 인식해선 안 된다는 게 그의 지론이다.

사이버 테러에 대한 해답은 결국 사람을 통해 찾을 수밖에 없다. 지능적인 크래커를 뛰어넘는 실력 있는 프로그래머가 필요하다는 뜻이다. 하지만 현실은 그렇지 못하다. 국가미래연구원의 '소프트웨어 인력양성 전략'을 보면, 주요 5개 대학의 2011년 소프트웨어 전공 재학생 수는 2009년에 비해 24.7% 감소한 것으로 나타났다.

한때 국내에서 인기를 누렸던 컴퓨터과학과 소프트웨어 전공은 바닥을 쳤다. 실제 관련 전공자들이 대학을 졸업하고 현장에 나오면 열악한 환경 속에서 고갈되어 간다는 보고서가 끊이지 않고 있다. 유 교수는 "정상적으로 운영되는 자본주의 경제라면 필요한 노동에 적절한 대가가 지급되어야 하고, 노동에 관련된 법규가 제대로 지켜져야 한다."면서 "법으로 규정된 만큼의 권리도 보장받지 못하는 직군이 인기를 잃는 것은 당연한 일이 아닐까?"라고 반문했다. 그래도 창의성을 갖고 소프트웨어를 꿈꾸는 학생들이 있다. 유신 교수는 "지금 유행하는 첨단 기술을 익히는 것을 넘어서서, 세상을 보는 큰 틀로서 '계산'이란 어떤 의미인지 고민해 보라고 권하고 싶다."고 말했다.

주요 기관이나 업체들은 정보 보안 부분을 외부 업체나 해외 기업에 맡기는 것에 특히 민감하다. 왜냐하면, 기업 내부의 데이터와 국가의 주요 자산인 공공 데이터 등 기업과 기관의 핵심 내용이 드러날 수 있기 때문이다. 전반적인 소프트웨어 인력의 부재가 문제이고, 그 안에서도 보안 인력에 대한 공급 부족은 앞으로 정보 보안의 종속으로 이뤄질 수 있는 위험이 존재한다.

정 / 리

☑ 갈수록 진화하는 부정적 의미의 해커들. 특히, 사회 근간을 흔드는 사이버 테러가 끊이지 않고 있다. 런던 유니버시티 칼리지의 유신 교수는 완벽한 백신이란 이론상 불가능하다고 말한다. 특히, 그는 바이러스의 진화 등에 대해 보안 문제라는 것이 기술적인 차원을 넘어 사회적인 합의의 문제라고 지적했다. 보안은 개인이 정보를 다루는 행동 양식의 문제이자 사회적 합의의 문제라는 것이다.

☑ 근래에는 정치적 목적을 가지고 행동에 나서는 핵티비즘이 등장했다. 핵티비즘은 인터넷을 이용한 일종의 시민 불복종이다. 장기 경제불황으로 인해 누구나 핵티비즘에 나설 수 있다. 핵티비스트들은 소프트웨어에 대한 전문 지식과 비판적 사고를 가지고 사회적 메시지를 전달하려고 한다.

☑ 국내에서 한때 인기를 누렸던 컴퓨터 관련 학과. 하지만 현실은 열악하다. 소프트웨어 인력 고갈에 대해 유 교수는 정당한 대가를 주어야 한다고 대답했다. 소프트웨어 인력 부재 속에서 보안 인력 문제는 추후 정보의 종속이라는 큰 문제를 야기할 수 있다.

'내일의 소프트웨어'가 밝히는 세상

유신 교수는 90년대 중반 학번으로 서울대학교 컴퓨터공학과를 졸업했다. 국내 중소기업과 외국계 기업 등에서 회사 생활을 하다 좀 더 배우기 위해 영국 유학 길에 올랐다. 그런데 금방 8년이라는 시간이 흘렀다. 그는 우연히 지도교수의 권유에 따라 박사학위를 시작했다. 유신 교수는 킹스 칼리지King's College London에서 박사학위를 받았다. 2012년 가을부터는 유니버시티 칼리지University College London에서 시스템/소프트웨어공학Systems and Software Engineering 그룹 조교수로 활동 중이다. 유신 교수의 연구분야는 "넓은 의미에서 인공지능 기술에 속하는 문제 해결 기법을 소프트웨어공학, 특히 테스팅과 관련된 문제에 접목하는 것"이다. 이를 위해 진화 연산, 정보 이론 등을 접목한다.

유신 교수는 현재 한 과학 웹진에서 '내일의 소프트웨어'를 연재 중이다.39유신 교수는 소프트웨어의 근본 원리에 대해 파헤친다. 그는 소프트웨어공학 연구자로서 소프트웨어 테스팅 연구로 박사학위를 받았다. 영국의 소프트웨어 연구는 어떨까? 유신 교수는 아직 경험이 부족하고 개인적인 부분에 국한된 것이라는 전제로 다음과 같이 답변했다. "영국의 소프트웨어공학은 덜 산업적인 면이 있다." 즉, 당장 성과를 기대하기보다는 좀 더 멀리 미래를 내다본다는 뜻이다. 그는 "근본적으로 궁금증을 불러일으키는(흥미 있는) 질문 던지기를 주저하지 않는다."며 "다양한 기술을 폭넓게 포트폴리오 형식으로 지원하고 관리함으로써 위험부담을 줄인다는 느낌을 받는다."고 밝혔다. 물론, 영국 대학의 컴퓨터공학과에 연구비를 대는 공학/물리과학 연구위원회(EPSRC)도 연구가 산업에 끼칠 영향을 완전히 배제하지는 않는다. 중요한 건 무게 중심일 것이다. 유신 교수에 따르면, 영국은 학교와 기업 각각의 장점과 역할이 다르다는 것을 확실히 인지하고 있다. 기업이 일방적으로 프로젝트를 제시하며 연구비를 대는 형태는 적다는 것이다. 그는 "연구자와의 상의 아래 새로운 기술을 시험해 볼 수 있는 데이터를 제공한다든가 하는 것이 산학 교류의 큰 부분을 차지"한다고 설명한다.

연구자들은 기초과학 후에 응용과학이 연결된다는 단선적인 모델에 의구심을 품는다. 근래 소프트웨어공학 학회들에 큰 반향을 불러일으킨 관심사는 "소프트웨어 오류를 자동으로 수정하는 기법"이다. 이를 구현하려면 다방면의 협력이 요구된다. 프로그래밍 언어 이론, 계산 이론, 유전 프로그래밍, 속도를 높이는 소프트웨어공학 기법, 대규모 시스템에 적용 가능한지 확인하기 위해 오픈소스 진영 혹은 기업 참여 등이다. 유신 교수는 "누가 먼저 기초를 다지면 다른 사람이 가져다쓰는 개념보다는 동시에 서로 의견을 교환하면서 나아가야 한다."고 설명했다. 참고로, 유 교수에 따르면 유전 프로그래밍이란 "진화론의 구조를 빌려 자동으로 프로그램을 생성하는 기법"이다.

유신 교수는 주위의 동료 학자로부터 들은 이야기를 들려줬다. 컴퓨터과학과 상관없는 배경의 사람들한테 프로그래밍 개론을 강의한 후 질문을 받았다. "전기로 어떻게 1 더하기 1을 계산해요?" 이러한 궁금증에 대해 호기심이 많아 연재 글을 통해 원리를 알려주고 싶다는 게 그의 생각이다. 유 교수는 "소프트웨어에 크게 의존하는 만큼 기계가 어떻게 계산을 하는지에 대한 기본적인 이해가 앞으로는 필수적인 지식의 일부가 되지 않을까 조심스럽게 전망"한다고 밝혔다. 참고로, 최신 컴퓨터는 1비트의 데이터를 저장하기 위해 약 100만 개의 원자와 전자가 필요한 것으로 알려져 있다.

 **Interview...**

Q 간단한 자기소개와 함께 소프트웨어에 관심을 두신 배경에 대해서 말씀을 해달라.

90년대 중반 학번으로 컴퓨터공학과를 졸업했다. 작지만 탄탄한 국내 중소기업과 커다란 외국계 기업 모두에서 직장 근무를 했다. 그 후에 뭔가 조금 더 배우면 좋겠다는 생각에 석사 학업을 위해 영국으로 향했다. 원래는 석사 과정을 마치고 다시 직장으로 돌아갈 생각이었다. 그런데 학위를 마칠 때쯤 지도교수가 굉장히 규모가 큰 프로젝트를 시작하면서 박사학위 학생을 지원해 줄 기회가 생겼다며 나를 꼬드겼다. 그 프로젝트가 취한 방향도 재미있어 보였고, 또 지도교수와도 여러 성향이 잘 맞는 것 같아서 원래 계획에 없던 박사학위를 시작했다. 그랬더니 어느새 런던에서 만 8년이 머무르게 되었다. 킹스 칼리지에서 박사 후 연구원으로 있던 중 해당 연구 그룹을 유니버시티 칼리지가 통째로 스카우트하는 바람에 자리를 옮겼다. 그 뒤 2012년 가을에 시스템/소프트웨어공학 그룹에 조교수로 임용됐다.

대학에 입학할 즈음까지는 전자공학과나 컴퓨터공학과가 아직 학생들에게 큰 인기를 끌던 시절이었던 것 같다. 막상 돌이켜 보면, 왜 꼭 컴퓨터공학을 해야겠다고 생각했는지는 잘 모르겠다. 컴퓨터를 좋아했던 것 같지만, 사실 대학 입학 시점에 저보다 훨씬 소프트웨어 개발 경험이 많은 친구들이 얼마든지 있었다. 막연히 앞으로는 중요할 것 같다는 생각, 그리고 어려서 컴퓨터 게임을 즐기면서 기른 친숙함, 뭐 이런 것 때문에 선택하지 않았나 싶다.

Q 국내(서울대학교 컴퓨터공학과)에서 공부하고, 영국에서 박사학위(King's College London)를 취득하신 걸로 알고 있다. 최근 연구하시는 분야는 무엇인가?

연구 분야는 넓은 의미에서 인공지능 기술에 속하는 문제 해결 기법을 소프트웨어공학, 특히 테스팅과 관련된 문제에 접목하는 것이다. 소프트웨어를 테스트하는 입력값을 생성한다든지, 오류를 가장 빨리 찾을 수 있는 테스트 실행 순서를 찾는다든지, 오류가 인식되면 그 위치를 자동으로 추적하여 해결하는 것과 같은 예가 연구 목표다. 이를 위해서 진화 연산(evolutionary computation: 적절한 답이 다윈의 진화론과 비슷한 과정을 거쳐 자동으로 생성되도록 유도하는 방법), 정보 이론information theory 등의 다양한 기술을 접목한다.

about : 소프트웨어 칼럼 연재

Q <사이언스온>에 유신의 '내일의 소프트웨어'를 연재하고 계신데, 제목이 독특하다.

'내일의 소프트웨어'는 《이상한 나라의 앨리스》에 나오는 여왕이 한 말에서 따온 제목이었는데, 아직 눈치를 채신 독자는 없는 것 같다. 여왕이 앨리스에게 자기를 위해 일하라면서, 급료로 '이틀에 한 번씩' 잼을 줄 건데 잼을 주는 날은 늘 어제랑 내일이라고 한다. 다시 말해서, 오늘은 언제나 잼을 받는 날이 아니므로 영영 주지 않겠다는 못된 심보인 것이다. 같은 의미로 '내일의 소프트웨어'는 영영 가질 수 없는 어떤 소프트웨어라는 뜻이었다. 완벽한 소프트웨어는 가지기 힘들다는 뜻이기도 하고, 또 언제나 더 나아질 수 있는 여지가 남아 있다는 뜻이기도 하다. 그런데 뒷이야기를 생각하지 않고 읽으면, 정반대로 매우 미래지향적이고 희망적인 메시지가 되는 것 같다. 다양한 해석이 있다는 게 오히려 좋다.

Q 주위 혹은 독자들 반응은 어떤가?

한국에서 소프트웨어라고 하면 너무 IT '산업'과 맞물려서 생각하는 경향이 있다. 물론, 소프트웨어공학이 응용 학문이고, 또 21세기 경제를 지배하는 것 중 하나가 소프트웨어니까 어느 정도 어쩔 수 없는 면이 있다. 그리고 비단 한국에 국한하지 않더라도, 워낙 학문으로서 역사가 짧고 시작부터 학자들뿐 아니라 기업들이 동시에 참여해 일궈낸 분야이기에 피할 수 없는 면도 있다. 하지만 첨단 물리학을 다 이해하지 못하는 나와 같은 문외한에게 힉스 보손 입자가 놀라운 존재이듯이, 소프트웨어도 어떤 원초적인 궁금증과 경외감의 대상으로 볼 수 있을 텐데 하는 개인적인 욕심이 있다. 얼마 전에 동료에게 들은 이야기인데, 컴퓨터과학과 전혀 관계없는 배경을 가진 사람들에게 프로그래밍 개론을 가르친 다음에 마지막 시간에 "뭐든지 궁금한 거 한 가지를 물어보면 답해 주겠다."고 하자 이런 질문이 들어왔다고 한다. "전기로 어떻게 1 더하기 1을 계산해요?" 정말 궁금하지 않은가?

아무튼, 그런 면을 조명해 보고 싶어서 연재를 시작했다. 그런데 과연 욕심만큼 이루었는지 뒤돌아보면 부끄러울 뿐이다. 그나마 강의 준비며 연구 일정에 치여서 많이 쓰지도 못했으니 유구무언이다. 해외에 있다 보니 주변 반응이랄 만한 건 별로 들어 보지 못했다. 온라인 공간을 보면 생명과학이나 물리학 같은 분야에 비해 상대적으로 관심은 덜한 것 같다. 다양한 주제의 다른 연재 시리즈가 어떤 반응을 불러일으키는지 보면서, 속으로 내심 역시 21세기는 생명과학의 시대인가보다 하는 생각도 해봤다. 하지만 과학의 여러 분야가 이제는 '계산', 다시 말해 소프트웨어에 크게 의존하는 만큼 기계가 어떻게 계산을 하는지에 대한 기본적인 이해가 앞으로는 필수적인 지식의 일부가 되지 않을까 조심스럽게 전망해 본다.

about : 영국 동향

Q 한국에서는 산학연이 점차 강조되는 추세(인력양성 MOU, R&D 연구 지원, 소프트웨어 기부 등)다. 소프트웨어와 관련하여 영국에서는 산학 협력이 활발히 이루어지고 있는가? 아울러, 소프트웨어 관련 교육(혹은 연구) 문화에서 다른 부분이 있는가?

솔직히 말씀드리면, 국내에서 학부만 졸업했기 때문에 한국과 영국의 연구 문화의 차이점을 열거하기에는 경험이 너무 부족하다. 영국의 연구문화에 대한 인상 또한 어디까지나 개인적인 경험에 국한된 것임을 전제하고 말씀드리겠다. 역설적으로, 영국의 소프트웨어공학은 덜 산업적인 면이 있다는 점이 재미있었던 것 같다. 바꿔 말하면, '당장 쓸모 있는 기술'뿐 아니라 당장 쓸모는 없더라도 '근본적으로 궁금증을 불러일으키는(흥미 있는)' 질문 던지기를 주저하지 않는다. 물론, 영국 대학의 컴퓨터공학과에 연구비를 대는 공학/물리과학 연구위원회도 연구가 산업에 미치는 영향을 중요하게 생각해서, 제안서 검토 혹은 연구집단 평가에 있어 업계 영향력 예상 및 계획에 점차 더 비중을 두고 있다. 하지만 올해 한 연구가 내년에 돈을 벌기를 기대한다기보다는 10년이나 20년쯤 후에 실용적으로 사용될 수 있지 않을까 하는 전망을 하도록 허용하는 것 같다. 미래를 내다보는 깊이를 20년쯤으로 늘리면 당연히 상대적으로 위험부담이 커지는데, 다양한 기술을 폭넓게 포트폴리오 형식으로 지원하고 관리함으로써 위험부담을 줄인다는 느낌을 받는다.

비슷한 맥락에서 산학협력의 형태도 다른 것 같다. 일단 기업이 직접적인 과제를 제시하면서 연구비를 대는 형태의 프로젝트는, 적어도 내가 아는 한에서는 매우 드물다. 대신 박사 과정 학생을 학교와 기업이 절반씩 비용을 대서 뽑는다거나 연구자와의 상의 아래 새로운 기술을 시험해 볼 수 있는 데이터를 제공한다든가 하는 것이 산학 교류의 큰 부분을 차지한다. 학교와 기업이 각자가 더 잘할 수 있는 일이 다르다는 것을 잘 이해하고 있기 때문이다. 현존하는 기술을 응용해서 빠르게 상품화/서비스화하는 데 있어서 학교가 기업을 따라갈 수 없다. 반대로, 당장은 쓸모가 없거나 너무 위험해 보이지만 시간이 감에 따라 업계에 도입될지도 모르는 기술을 장기간 배양하는 데 있어서는 학교가 더 적합한 환경인 것 같다. 이런 역할 분담이 생산적으로 작동하려면, 당연히 서로가 상대방의 활동에 지속적인 관심을 가지고 모니터링을 해야 할 것이다. 예전처럼 기초과학이 선행한 다음 응용과학으로 연결된다는 단선적인 모델에 의구심을 표하는 연구자들도 늘어 가는 것 같다.

한 가지만 예를 들어 보자. 최근 몇 년간 소프트웨어공학 학회들에 큰 반향을 불러일으킨 연구 주제는 소프트웨어 오류를 자동으로 수정하는 기법이다. 이런 아이디어를 효과적으로 구현하려면 순수이론에 속하는 프로그래밍 언어 이론과 계산 이론, 인공지능 분야에 속하는 유전 프로그래밍(Genetic Programming: 진화론의 구조를 빌려 자동으로 프로그램을 생성하는 기법), 속도를 높이기 위한 소프트웨어공학 기법, 마지막으로 대규모 시스템에 적용 가능한지를 알아보기 위해 오픈소스 진영 또는 기업의 참여까지가 두루 요구된다. 누가 먼저 기초를 다지면 다른 사람이 가져다 쓴다는 개념보다는 동시에 서로 의견을 교환하면서 나아가야 한다고 할까.

Q 우리나라 소프트웨어 노동자들의 현실은 여전히 안타깝다.[40] 점진적으로 나아지곤 있지만, 산업구조의 측면 혹은 개발문화 등에서 열악한 게 사실이다. 영국은 어떠한가? 갈수록 이공계 인력이 줄어드는 현실 속에서 조언을 해달라.

영국에서 IT 산업의 중추라면 아무래도 금융권의 인프라를 관리하는 인력이다. 간단히 이야기해서, 가르쳐 내보낸 학생들이 나보다 훨씬 더 잘 번다. 개발 문화같이 소프트웨어에 국한된 특수성을 논하기 전에 먼저 해결해야 할 문제가 있지 않을까? 정상적으로 운영되는 자본주의 경제라면 필요한 노동에 적절한 대가가 지급되어야 한다. 또한, 노동 관련 법규도 제대로 지켜져야 한다. 법으로 규정된 만큼의 권리도 보장받지 못하는 직군이 인기를 잃는 것은 당연한 일 아닐까! 현장에 계신 분들로부터 인력 수급이 힘들다는 이야기가 간혹 들려온다. 이미 늦은 것은 아닌지 걱정이 된다.

about : 보안과 백신

Q 소프트웨어공학을 설명하면서 "보안 문제를 해결하기 위해 면역체계를 참조합니다." 는 표현을 썼다. 좀 더 설명을 해달라.

이른바 자연 착안 알고리즘Nature Inspired Algorithm이라는 게 있다. 이는 다양한 자연 현상에 존재하는 지능적인 문제 해결 방법을 컴퓨터 알고리즘으로 빌려오는 인공지능 연구의 한 갈래다. 예를 들자면, 개미가 페로몬을 이용해 먹이가 있는 곳까지 가는 길을 동료에게 알리는 법을 따온 알고리즘 (Ant Colony Optimization, 개미 군집 최적화 알고리즘), 철새나 물고기 떼가 집단으로 움직이는 패턴을 빌려온 알고리즘(Particle Swarm Optimization, 입자 스웜 최적화 알고리즘) 등이 있고, 앞서 이야기한 진화 연산 또한 여기에 포함된다. 최근에는 공학자들이 복잡한 문제를 해결하는 방법으로 이런 자연에서 착안한 알고리즘들을 빌려오기 시작하고 있다.

인공 면역 체계AIS, Artificial Immune System는 면역 체계의 작동방식을 관찰한 다음에 이를 보안 문제에 적용했다는 점에서 넓은 의미의 자연 착안 알고리즘이라고 할 수 있다. 면역 체계 작동에서 가장 중요한 첫걸음은 몸속의 세포들이 내 몸과 내 몸이 아닌 것을 구분할 줄 아는 능력이다. 마찬가지로, 컴퓨터 보안의 첫 단계는 지금 시스템에서 벌어지고 있는 일이 정상적인 업무(내 몸)인지 아니면 누군가의 공격(내 몸이 아닌 것)인지 구분하는 것이고, 기술적 용어로는 이를 침입 검출Intrusion Detection이라고 한다. 24시간 작동하는 복잡한 시스템을 사람이 일일이 감독하면서 침입 검출을 할 수 없으니, 소프트웨어가 자동으로 이를 수행할 수 있도록 하는 것이 AIS의 직접적인 응용 형태다. 이런 시스템들은 대체로 정상적인 업무가 무엇인지를 학습하는 기간을 거친 다음, 정상 범위를 벗어난다고 생각되는 연산이 검출되면 자동으로 사람에게 경보를 보내거나 나아가서는 침입자를 시스템에서 격리/분리하는 역할을 수행한다.

Q "튜링의 결정 불가능성 증명은 바로 완벽한 백신의 존재가 불가능하다는 증명에 매우 가깝습니다."라고 적었다. 매우 흥미롭게 잘 읽었다. 그런데 백신이라는 것이 선제적이라기보다는 방어적이기 때문에 더더욱 '완벽한 백신'이라는 것이 불가능할 것 같다. 백신의 숙명이 아닐까?

핵심을 잘 꿰뚫어봤다. 이론적으로 완벽한 백신, 다시 말해서 여태 알려지지 않은 바이러스도 모두 진단할 수 있는 백신은 만들 수 없다. 따라서 실제로는 알려진 바이러스의 '지문'에 해당하는 정보를 취합한 다음, 사용자의 컴퓨터에서 해당 지문이 채취되는지 확인하는 방식의 검출이 기본적으로 많이 사용된다. 이 경우 알려지지 않은 새로운 바이러스는 검출할 수 없고, 바이러스가 만들어지는 속도가 백신이 업데이트되는 속도를 능가할 경우 속수무책이 될 수 있다.

Q 사이버 공격이 55억 건을 넘었다고 한다. 그 가운데, 컴퓨터 바이러스가 계속 진화하고 있다. 특히, 공격이 점점 지능화되고(APT), 또한 핵티비즘 등 정보보안이 사회적 문제(국가기관, 언론사 등 공격)가 되고 있다. 소프트웨어가 점차 일상화되지만, 딱 그만큼의 위험도 '동전의 양면'처럼 존재하는 것 같다. 갈수록 사회근간을 흔드는 크래킹 등 정보보안의 향후 방향은 어떨 것이라고 보는가?

컴퓨터를 통한 보안 문제가 자주 대두되자 마치 보안이 기술적인 문제인 것처럼 보일 수 있겠다. 하지만 사실 보안은 기술을 넘어서는 문제다. 예를 들어, 액티브엑스를 쓰느냐 안 쓰느냐 하는 기술적인 문제는 보안의 핵심이 아니라고 생각한다. 작게는 개개인이 보안과 관련된 정보를 어떻게 다루느냐 하는 행동 양식의 문제이고, 넓게는 사회적인 합의의 문제라고 볼 수 있다. 기술은 가장 낮은 차원의 안전장치일 뿐이다. 영국에서 내가 사용하는 은행은 기술적인 보안 장치로 SSL(Secure Socket Layer: PC와 서버 사이의 통신을 암호화하는 연결 방식)과 OTP One Time Password 단말기만을 사용한다. 대신에 사용자에게 새로운 신용카드 비밀번호를 보낼 때는 이메일이나 전화 대신 꼭 우편물을 사용한다. 그나마 내용을 빛에 비쳐 볼 수 없도록 특수 인쇄를 한다. 은행에서 큰돈을 인출하려고 하면 사진이 첨부된 신분증을 요구한다. 물론, 금융 보안 사고가 여기서도 일어나지만, 한국보다 더 많다고 생각하진 않는다.

사회적인 합의라는 측면도 재미있는 문제다. 어떤 이들은 프라이버시라는 개념 자체가 '19세기에나 형성된 관념이고 인류가 늘 누렸던 권리가 아니다.'

라는 주장을 한다. 예를 들어, 스탠퍼드 대학교의 로렌스 프리드먼Lawrence M. Friedman 교수가 있다. 그렇다고 지킬 필요가 없다는 극단적인 해설을 할 필요는 없다. 하지만 SNS의 등장으로 전혀 달라진 사회 여건 아래서 기존에 가졌던 보안 개념이 사회적으로 재정립되는 것도 언젠가는 피할 수 없는 문제가 아닌가 생각한다.

보안 기술 자체가 앞으로 계속 발전하리라는 것에는 의문의 여지가 없다. 그러나 기술만 가지고 100% 이루어지는 보안은 없다는 것을 모두가 인지하는 게 중요하다. 일례로, 지금 국제문제로 등장한 미국 NSA의 도/감청 사건의 경우, 안전하다고 생각했던 기존의 여러 암호화 기법을 엄청난 계산장비를 동원해 일부 무력화했다는 증거들이 나오고 있다. 암호화 알고리즘보다는 보안 사안을 다루는 데 있어서 행정부의 투명성이라는 사회적 합의가 더 중요하다는 좋은 예다.

about : 소프트웨어 커리어

Q 테스팅의 한계, 계산복잡도, 증명 불가능 등 소프트웨어공학이 가진 한계가 있음에도 과연 어떤 매력(효용성)이 있는 것일까? 소프트웨어로 커리어를 쌓고자 하는 사람들에게 한 말씀을 해달라.

이미 컴퓨터, 즉 소프트웨어 없는 세상을 상상하기 힘들 만큼 우리 삶의 많은 부분이 소프트웨어에 의존하고 있다. 그만큼 그 효용은 굳이 따질 필요가 없는 것 같다. 분명 여러 가지 이론적인 한계가 있다. 하지만 공학으로서 매력은 어떻게 보면 이론적인 한계를 극복하고 실제 응용 분야에서 쓸모 있는 결과를 내놓는 타협안을 고민하는 데에 있다. 소프트웨어를 업으로 삼으려는 분들께는 단지 지금 유행하는 첨단 기술을 익히는 것을 넘어서서, 세상을 보는 큰 틀로서 '계산'이란 어떤 의미인지 고민해 보시라고 권하고 싶다. 뜬구름 잡는 이야기 같을지 모르겠지만, 물리학이 물질에 관련된 자질구레한 일상을 설명하는 과학이라면, 계산은 정보에 관련된 모든 것을 보는 틀이다. 한국의 기업들이 소프트웨어의 시대에 발맞춰서 시장을 선도하는 모습과 함께, 소프트웨어공학 연구에서도 지금보다 더 많은 인재를 양성할 수 있게 되기를 희망해 본다.

인/터/뷰/후/기

유신 교수의 글은 예전부터 눈여겨 보아왔다. 어려운 소프트웨어에 대해 알기 쉽게 풀어놓은 부분이 마음에 들어 인터뷰를 요청했다. 유 교수는 연구로 바쁜 와중에도 흔쾌히 인터뷰를 허락했다. 또한, 튜링과 관련된 조언도 아끼지 않았다.

유신 교수는 국내 상황에 대해 애정 어린 답변을 해줬다. 한편으로는 이미 늦은 게 아니냐는 얘기를 주위로부터 들었다고 알려줬다. 솔직한 답변이다. 소프트웨어의 근본 원리에 대해 쉽게 풀어서 설명하는 유신 교수의 다음 글들이 계속 기다려진다.

5

소프트웨어,
세상을 바꾸다

김인성

한양대학교
교수

디지털
포렌식으로
밝히는
진실

최근엔 93% 이상의 정보가 디지털 포맷으로 만들어진다. 또한, 모든
범죄, 인권 침해, 기업 부정의 85% 이상은 디지털 증거(발자국)를 남긴다.

_버클리 캘리포니아대 연구 중에서[41]

김인성 한양대학교 교수(ERICA 공대 컴퓨터공학과)는 요새
'잘 나가는' IT 칼럼니스트이자 필진이다. 그는 〈시사IN〉 IT Insight 코너
에서 '이미 와버린 빅 브러더 세상'부터 '신뢰 잃고 상생 팽개친 포털의 위
기'까지 약 40여 편의 칼럼을 썼다(2014년 1월 12일 현재) 또한, 각종 매체를
통해 소프트웨어로 바꾸어 나가는 세상을 피력하고 있다. 김 교수는 시스
템 엔지니어로서 왕성한 글쓰기를 하고 있다. 그는 블로그 '미닉스의 작은
이야기들(http://minix.tistory.com)'을 통해 IT 이야기와 전망에 대해 전문가
적 식견을 보여주고 있다. 기술과 인간, 글쓰기에 대한 이야기도 재미있다.

그는 최근《도난 당한 패스워드: 한국 인터넷에서 살아 남는 법》(홀로깨달음, 2013)을 썼다. 책은 우리나라 정보보안 체계의 문제점을 신랄하게 꼬집었다. 웹 사이트는 안전한 보안시스템을 구축하고, 사용자는 스스로 보안을 유념하자는 게 골자다. 세 명의 만화작가가 참여했으며, 소셜 펀딩으로 작업비를 모았다. 김 교수는 IT 강국의 허와 실을 담은《한국 IT 산업의 멸망》(북하우스, 2011)과 대형 포털 사이트의 문제점을 낱낱이 지적한《두 얼굴의 네이버: 네이버는 어떻게 우리를 지배해 왔는가》(에코포인트, 2012)를 만화로 지은 바 있다. 이 책에 대해 한 네티즌은 "항상 메인화면으로 네이버를 사용하고 있었는데, 내가 모르는 포털 사이트의 문제점들을 일깨워주는 책이었다."고 감상평을 적었다.

김 교수는 일명 컴퓨터 법의학이라고 불리는 '디지털 포렌식' 전문가다. 디지털 포렌식이란 진실을 찾기 위해 각종 디지털 관련 증거를 과학적 방법으로 수집하고 분석하는 기법을 말한다. 디지털 포렌식에서 가장 중요한 것은 증거를 확보하는 것이다.[42] 최근 그가 더욱 주목받고 있는 것은 통합진보당 부정사건과 서울시 공무원 간첩사건 때문이다.

컴퓨터 법의학 '디지털 포렌식'의 전문가

2012년 11월 15일, 검찰은 통합진보당 비례대표 경선에 대한 조사결과를 발표했다. 콜센터와 대포폰 등을 통해 부정투표를 한 정황이 드러난 것이다. 이에 따라 비례대표 후보자를 포함한 20명이 구속 기소되는 초유의 사태가 벌어졌다. 부정투표에 대한 진실을 밝혀낸 건 김 교수의 '온라인 기술검증보고서'다. 김 교수팀은 디지털 정보를 분석해 문제점을 낱낱이 분석했다. 김 교수는 인터뷰에서 "로그 조사를 통해 일부 세력의 공모에 의한 대규모 선거부정 사례가 확인됐다."고 말했다. 이 사건과 관련해 전국 법원에서 관계자 500여 명이 기소돼 재판을 받고 있다. 그중 11명이 유죄 확정을 받았다. 그런데 2013년 10월 7일, 서울중앙지방법원은 선거 당시 경선에서 대리투표로 기소된 최 모 씨 등 45명 모두에게 무죄를 선고했다. 당내 경선의 자율성을 인정한 것이다. 이에 대해 검찰은 항소할 것이라고 밝혔다.

한편, 인터넷 강국 대한민국에서 온라인 선거는 가능할까? 김 교수는 "전화 부스 형태의 비밀투표가 보장되는 온라인 투표소를 곳곳에 설치하는 것이 최선"이라며, "안전하고, 편리하며, 신뢰성 있는 온라인 선거가 충분히 실현 가능하다고 믿는다."라고 말했다. 김 교수에 따르면, "학계에서 인정하는 온라인 선거는 유권자가 현장에서 비밀투표를 하고 집계만 온라인으로 하는 것"을 의미한다. 그는 한 칼럼에서 온라인 선거에는 선관위에 의한 부정과 투표자에 의한 부정이 있다며, "현장에서 투표하는 국제 방식의 온라인 선거는 아무런 문제가 없지만, 현장 투표 방식이 아닌 한국식 온라인 선거는 투표 부정을 해결할 수 없다."고 밝혔다.[43]

서울시 공무원 유 씨에 대한 간첩사건 조작은 1심에서 무죄 판결이 났다. 이에 대한 내용은 KBS 추적 60분 '서울시 공무원 간첩사건 무죄판결의 전말'로 방송됐다. 김 교수는 이 방송 인터뷰에서 디지털 조작 증거를 밝혀냈다. 국정원 디지털 포렌식 팀에서 제출한 사진이 어디에서 언제 찍혔는지를 조목조목 드러낸 것이다. 북한에서 찍혔다고 한 사진이 알고 보니 중국에서 찍은 것이었다. 소프트웨어를 통해 감출 수 없는 진실을 알린 셈이다. 김 교수는 한 라디오 방송과 인터뷰에서 조작된 증거를 제출해도 처벌할 방법이 없다고 밝혔다.[44] 특히, 공안사건이나 국가보안법 관련 사건에서는 디지털 포렌식이 조작돼도 함구하는 편이라는 것이다.

시스템 엔지니어가 밝히는 세상의 진실

엔지니어로서 3·20 사이버 테러를 바라보는 관점은 어떨까? 그는 줄곧 한국식 공인인증 체계가 국제 표준을 따라야 한다고 강조했다. 김 교수는 비공인 사설 인증방식인 '제큐어웹XecureWeb'으로 인해 3·20 사이버 테러가 발생할 빌미를 제공했다는 글을 쓰기도 했다. 그는 "한국식 공인인증 체계는 방식 자체에 근본적인 문제가 있다."며 "이는 운영 과정에서 아무리 추가적인 보안 강화조치를 하더라도 해결할 수 없다."고 대답했다.

아울러, 액티브엑스ActiveX를 사용한 보안 체계의 문제점도 지적했다. 김 교수는 "현재도 은행권은 국제 표준 공인인증 방식으로 전환하고 싶어 하지만, 금융감독원과 인터넷진흥원에서 이를 막고 있는 중"이라고 역설했다. 사회시스템 구축 시 공정한 논의가 필요하고, 규제 권한을 가진 기관을 견제해야 한다는 게 그가 제시하는 해답이다. 그는 한 기고문에서 정보 공개와 한국식 보안 인증 체계를 꼬집었다. 그는 "추가의 해킹 피해를 막을 수 있는 최선의 대책은 사실을 있는 그대로 알리는 것"이라며, "한국식 공인인증 체계를 폐지하고 국제 표준 보안 방식을 채택해야 한다."라고 강조했다.[45]

한국식 공인인증 체계의 근본적 결함

또한, 김 교수는 대형 포털의 문제점도 지적했다. 그는 《두 얼굴의 네이버》에서 검색 방식 및 뉴스 편집에 대해 비판한 바 있다. 얼마나 나아졌을까? 김 교수는 "네이버 검색이 원본을 존중하지 않는 점은 크게 달라지지 않았다고 생각한다."면서 "원본 우선법과 광고 제한법을 만들기 위해 노력 중"이라고 밝혔다. 원본 우선법은 검색 결과에서 원본 사이트가 우선 배치돼야 한다는 것이다. 예를 들면, '된장'을 검색했을 때 된장에 대한 복제 글이 원본 글보다 먼저 나오면 안 된다. 또한, 광고 제한법은 광고를 검색 결과보다 나중에 배치해야 한다는 것이다. 된장 광고가 원본 사이트 검색 결과보다 먼저 나오면 구매 의사에 영향을 끼치게 된다는 의미다.

네이버가 시도한 뉴스스탠드에 대해서 김 교수는 "뉴스스탠드는 기사 내용보다는 언론사 인지도에 의존하게 하는 면이 있다."고 말했다. 또한, "뉴스 내용에 따라 배치하는 기존의 뉴스캐스트 방식을 사용하고 편집은 신뢰성 있는 외부 편집자가 자신의 이름을 걸고 책임 편집을 하는 것이 최선"이라고 보았다.

한편, IT 전문가로서 국내 현황에 대해서 어떻게 바라볼까? 특히, 우리나라는 창의성이 핵심인 소프트웨어 분야에서 대기업과 중소기업 간 문제가 심각하다. 이에 대한 해법으로 김 교수는 "정부가 기업을 끌고 가는 시대는 지났다고 생각한다."면서 "현재 대기업 위주의 하청 구조, 불공정 거래, 포털 등 독점 기업의 횡포는 공정거래위원회가 제 기능을 못 하기 때문"이라는 의견을 제시했다. 다시 말해, "경기 부양책에 앞서 정부의 모든 부서가 공정성 확립에 주력할 때 중소기업의 문제가 해결될 수 있을 것"이라는 주장이다.

기계는 인간의 오감을 확장시킨다

그의 블로그에는 "사람 이야기를 하기 위해 기계 이야기를 한다."는 표현이 나온다. 김 교수가 생각하는 사람과 기술(기계)의 바람직한 관계는 무엇일까? 그는 "기계란 각 개인의 오감을 확장시키는 것으로, 21세기 인간에게 기본으로 장착된 부품에 불과하다고 생각한다."고 답했다. TV, 인터넷, 스마트폰, 소셜 네트워크 등 각종 제품의 브랜드가 개인의 가치를 표현하는 상징이 된 세상이라는 게 그의 설명이다.

구글 글래스는 일종의 웨어러블 컴퓨터wearable computer다. "오케이, 글래스OK, Glass" 혹은 "사진 찍어Take a picture"라고 말하면 자동으로 촬영된다. 김 교수는 웨어러블 컴퓨터의 미래 전망에 대해 "정보 처리와 저장을 클라우드에서 한다고 했을 때 클라이언트는 점차 최소화될 것으로 생각한다."면서 "입는 컴퓨터, 시계, 안경, 증강현실 등을 활용해 매트릭스 영화에서 보여주는 것과 같이 일반인이 차를 수리하고 비행기를 조종할 수 있게 될 것"
이라고 내다봤다. 그는 "결국, 컴퓨터는 인간의 육감으로 동작해 전문가
와 일반인의 구별이 힘들게 만들 것"이라고 강조했다.

구글 글래스의 국내 시판은 아직 요원하다. 국내 상용화를 위해 해결해
야 할 점은 무엇일까? 김인성 교수는 "구글 글래스가 상용화되기 위해서
는 프라이버시 보호 등 법적인 부분이 보완돼야 한다."라며, "국내 환경을
생각해 볼 때 지도의 국외 유출 등 폐쇄적인 IT 정책도 재고돼야 한다."고
말했다. 한국에서 서비스하기 위해선 현지화 전략 역시 필요하다. 김 교수
는 "구글은 대량의 데이터 처리에 최적화된 기업으로, 개개 사용자와의 대
화 창구가 없어 서비스 업체로서는 매우 좋지 않은 기업"이라고 설명했다.

효율성의 극대화가 이뤄지며 세상이 바뀐다는 의미에서 '진보는 IT'에 있
다. 그는 "기계는 주어진 요구에 대해 최상의 결과를 얻는 것을 최우선으
로 하는 존재, 즉 의지를 가진 존재가 될 것"이라며, "의지를 가진 기계로
인해 존재의 본질에 대한 새로운 이론들이 나타날 것"이라고 전망했다. 이
것들은 다시 철학의 영역에도 영향을 미치게 된다.

서울대 컴퓨터공학과를 졸업한 김인성 교수는 박사학위가 없지만 교수로
임용됐다. 그 이유는 IT에 대해 설명할 수 있는 능력을 기르고 글로 표현
할 수 있었기 때문이다. 김 교수는 "자신의 업무에 매몰되지 않고 이를 일
반인들에게 통찰력 있는 언어로 이해시킬 수 있다면 쓰임이 많은 지식인
이 될 수 있을 것"이라고 굳게 믿었다.

정 / 리

☑ 김인성 교수는 컴퓨터 법의학이라고 불리는 '디지털 포렌식' 전문가로서 디지털 증거를 통해 주요 사건을 분석하고 정황을 파헤친다. 그는 소프트웨어를 통해 감출 수 없는 진실을 알리고 있다.

☑ 또한, 그는 IT 칼럼니스트로서 우리나라 정보보안 체계, 대형 포털사이트의 검색과 광고의 문제점 등에 대해 비판한다. 그가 펴낸《도난 당한 패스워드》에선 웹사이트는 안전한 보안 시스템을 구축하고, 사용자는 스스로 보안을 유념하자고 주장한다. 우리나라 소프트웨어 산업에 대해선 공정거래위원회의 역할을 강조한다.

☑ 김인성 교수는 구글 글래스 등 새로운 기술의 출현에 대해 기계는 인간의 오감을 확장시키는 역할을 한다고 설명한다. 기계로 인해 효율성의 극대화가 이뤄지고 세상이 바뀔 수 있다. 이러한 신념으로 김 교수는 '진보는 IT에 있다.'고 강조한다.

소프트웨어 엔지니어에서
칼럼니스트로 먹고 살기

김인성 교수는 교양 수준의 IT 기술을 일반인에게 전파하려고 한다. 10여 권 정도의 만화시리즈를 기획 중이다. IT를 설명해낼 수 있는 능력이 생기고부터 여러 영역에 대해 일반적 지식을 알릴 수 있게 된 것이다. 쉽게 설명하는 게 더 어렵기도 하다.

김 교수는 엔지니어로서 꾸준한 글쓰기를 통해 본인의 커리어를 확장시켰다. 소프트웨어를 열심히 하다가 또 다른 영역을 개척한 셈이다. 글쓰기 공부는 혼자 많이 했다. 처음에는 자기 혼자 만족하는 글을 쓰다가 차츰 독자들과 함께 공유하기 시작했다. 그러다가 출판하는 사람들의 평가를 받게 됐다. 김 교수는 외부의 비판을 걱정하지 않는다. 오히려 자신의 글을 읽고 생각을 바꾸는 이들이 생길 땐 자신의 역할이 대단하다고 느꼈다.

김 교수는 글을 잘 쓰기 위해 읽는 사람의 의견에 귀 기울여야 한다고 말했다. 지적을 당하면 받아들여야 한다. 좋은 글을 쓰려면 쓴 글을 보고 또 봐야 한다. 깊이 들어가 고치고 또 고쳐야 한다. 끊임없는 퇴고가 필요한 것이다.

그는 처음에 프로그램을 짜다 보니 프로그래밍 언어language와 우리가 쓰는 언어language가 같다는 것을 알게 되었다. 우리가 쓰는 언어는 파급력이 있다. 일상 언어에 속하는 말과 글은 아주 훌륭한 무기다. 이는 프로그래밍 언어와 달리 다른 사람의 인식을 바꾸고 행동을 이끌어 낸다. 또한, 프로그램은 조금만 잘못돼도 오작동하지만, 우리가 쓰는 언어는 약간의 실수가 있어도 괜찮다.

그의 블로그에는 '다시 필, 담배' 시리즈 글이 있다. 본인이 담배를 끊을 수 있었던 건 자기가 골초라는 것을 알아차린 후라고 한다. "원하는 만큼 담배를 피움으로써 그 욕구에서 잠시 벗어나자 제가 중독자임을 깨달을 수 있었습니다." 그래서 깨달음이란 자기 객관화라고 한다. 자기가 부족하다는 것을 알아차리는 게 필요하다는 뜻이다.

미래를 위한 성공은 없다. 매일 눈앞에서 부딪치는 게 재밌다. 그는 현재의 문제점을 비판한 다음에는 그 문제에 대해 더 이상 신경 쓰지 않는다. 그냥 사는 거다. 이게 그의 철학이다.

 **interview...**

Q 소프트웨어 개발자로 출발해 교수가 되기까지 어려운 점은 무엇이었나? 정상적인 교수 커리어(박사학위 취득, 박사 후 연구원)와는 어떤 다른 점이 있는가?

사실, 나는 아카데미와는 상관없는 삶을 살았다. 우연히 교수 제의를 받아 임용된 사례이기 때문에 일반적인 교수 커리어를 거친 분들과의 차이점은 잘 알지 못한다. 다만, 기술 개발이나 현장 경험을 넘어 IT에 대해 설명해 낼 수 있는 능력을 기르고 이를 글로 표현할 수 있었기 때문에 교수가 될 기회가 생긴 것으로 생각한다. 이것은 다른 모든 분야도 마찬가지일 것이다. 자신의 업무에 매몰되지 않고 이를 일반인들에게 통찰력 있는 언어로 이해시킬 수 있다면 쓰임이 많은 지식인이 될 수 있다고 믿는다.

Q 2017년에는 정보보안 인력이 3천660명이 부족할 것으로 전망되었다. 한편에서는 10만 해커 양성계획 아래 인재 확보를 제언하기도 했다. 해외에서는 소프트웨어 개발자가 직업 선호도에서 1등인데, 우리나라는 반대다. 개발자들은 조로 현상을 보인다. 보안 인력 확보를 위해 가장 시급한 것은 무엇이라고 보는가?

전반적으로 컴퓨터학과가 비인기다. 보안을 열심히 해서 성공한 사례가 나와야 하는데, 창의성을 죽이는 일들이 많다. 미국의 페이팔(Paypal, 해외 인터넷 사이트에서 결제할 때 서비스를 제공하는 회사)은 보안 회사다. 과외로 만들어 낸 것이 보안 결제시스템이다.

about : 보안 체계 문제점

Q 한국식 공인인증 체계가 국제 표준을 따라야 한다고 했다. 비공인 사설 인증방식인 '제큐어웹(XecureWeb)'으로 인해 3·20 사이버 테러가 발생할 빌미를 제공했다는 글을 쓰기도 했다. 우리나라가 이러한 방식을 채택한 배경 혹은 사유는 무엇인가? 문제점 해결을 위해 앞으로 취해야 할 사항은 무엇이라고 보는가? "금융감독원 등 규제 권한을 놓지 않으려는 국가 기관, 공인인증서 매출을 올리는 인증 업체, 전용 보안 프로그램으로 수익을 독점하려는 몇몇 보안 업체의 이해가 일치하기 때문이다." 이러한 언급을 했는데, 애초에 왜 이 방향으로 흘러가게 되었다고 판단하는가?

한국식 공인인증 체계는 방식 자체에 근본적인 문제가 있다. 이는 운영 과정에서 아무리 추가적인 보안 강화 조치를 하더라도 해결할 수 없다. 하지만 전문가들은 입을 다물고 있다. 이를 개선하려면 사회 시스템을 구축할 때 전문가들끼리 공정한 논의를 거쳐 문제를 해결할 수 있는 여건이 필요하다고 생각한다. 지금도 전문가들은 자신의 입장과 이해관계에 얽매여 이런 문제에 대해 발언하지 않는다. 제큐어웹이 해킹당한 것은 공인인증 체계가 완전히 무력화되었음을 뜻하는 것인데도, 이를 지적하는 보안 전문가가 나타나지 않는 것이 좋은 예다.

마찬가지로, 액티브엑스를 사용한 보안 체계의 문제점은 초기부터 제기되어 왔으나 보안 전문가와 보안 업계 종사자들이 정부 관계자의 눈치를 보느라 개선책을 제시하지 못한 채 현재까지 끌고 왔다. 현재도 은행권은 국제 표준 공인인증 방식으로 전환하고 싶어 하지만, 금융감독원과 인터넷 진흥원에서 이를 막고 있다.

결국, 한국식 보안 체계를 개선하기 위해서는 정부 기관이 변해야 한다. 공인인증서를 최대 실적으로 여기고 있고 규제 권한을 놓지 않으려는 이들 기관을 견제하지 못한다면, 주요 기관까지 수시로 해킹당하는 한국의 보안 상황은 개선되지 않을 것이다.

Q 《도난 당한 패스워드》에서 보안의 문제점을 지적하면서 비용 편익주의를 비판했다. 원론적으로 기업 입장에서는 비용 편익주의를 고려할 수밖에 없는 것 아닌가?

은행에서 보안 사고를 막는 비용이 보안 사고 시 물어줄 비용보다 훨씬 크다는 점을 강조한 것이다. 다시 말해, 식당에서 카드를 쓸 때마다 정상적인 거래인지 확인하는 비용보다 가짜일 때 물어야 하는 벌금이 적다. 식당에서 카드를 긁을 때 본인 여부나 정상 카드인지 즉시 확인하려고 하면 엄청난 비용이 든다. 은행이나 카드사는 위험 관리를 한다. 특정 지역에서 적정 금액이 결제되었는지 확인하는 것이다. 사회 전체적으로 봤을 때 카드사에서 위험 관리하는 게 비용이 훨씬 싸게 든다. 사용자에게 비용을 부담하게 만들면 자기들에겐 이익이다. 컴퓨터로 거래할 때는 사용자에게 비용이 다 전가된다. 사회 전체적으로 들어가는 비용이 훨씬 큰 것이다. 즉, 이용자들에게 책임과 비용을 전가하는 것이다.

Q '온라인 기술검증보고서'로 부정 대리투표를 기술적으로 검증했다. 통합진보당 사태를 통해 얻을 수 있는 교훈은 무엇이라고 보는가? 또한, 재발 방지를 위한 기술적 장치 등은 무엇이라고 보는가?

나는 디지털 포렌식 조사자 입장에서 통합진보당 선거 시스템의 로그 조사를 했을 뿐이다. 한국식 당내 온라인 선거는 본인 확인이 불가능하므로 실질적으로 여론조사에 불과하다. 이는 온라인 선거에 관한 논문을 한 편이라도 읽어 보면 누구라도 알 수 있는 내용이다. 온라인 선거에서는 선관위에 의한 부정, 개인의 부정 대리 투표, 일부 세력의 조직적인 부정행위라는 세 가지 부정 가능성이 있다.

통합진보당 선거에서 개인들의 대리 투표행위가 있었던 것은 사실이다. 하지만 한국식 온라인 선거는 본인 확인이 불가능하므로 개개인의 소규모 대리투표 행위를 기술적으로 밝혀내는 것은 어렵다. 그래서 대대적인 압수 수색과 통신사 협조 등 제한 없는 수사를 한 검찰도 이를 제대로 밝혀내지 못했다. 타 당은 정파 간 합의에 따라 결정되는 비례대표 후보자를 통합진보당은 민주적인 투표로 결정했다. 그 방식은 선거 요건을 갖추지 못한 당내 여론조사이기 때문에 가족 간의 대리 투표 등을 법적으로 저벌하기 어렵다.

앞으로 당내 선거의 부정 가능성을 막기 위해서는 6개월 이상 당비를 낸 당원에게만 투표권을 부여하고 선거 기간 중에 휴대폰 번호를 변경할 수 없게 하는 등 조직적 대리투표가 어렵게 시스템을 개선하는 방법을 쓸 수 있을 것이다. 하지만 이것도 근본적인 해결책은 아니다. 현장 투표가 빠진 현재의 온라인 선거 방식은 단순한 여론 조사에 불과함을 인정하지 않는다면, 당내 선거는 언제라도 문제가 될 수 있음을 명심해야 한다.

Q 블로그에 "공인된 온라인 투표 방식과 같은 본인 확인 시스템이 없으므로 대리투표 자체를 막을 수는 없습니다. 이것은 한국식 온라인 여론 조사의 근본적인 한계입니다."라고 적었다. 인터넷 강국(?) 대한민국에서 온라인 선거의 가능성은 매우 낮다고 보는 것인가?

학계에서 인정하는 온라인 선거는 "유권자가 현장에서 비밀투표를 하고 집계만 온라인으로 하는 것"을 의미한다. 현재 해외에서 시행되는 온라인 투표는 모두 이 방식이다. 따라서 선거 시스템에 관한 연구도 선관위에 의한 부정행위 방지에 집중되어 있다. 우리나라의 선거관리위원회도 이런 부분을 발전시키기 위해 노력하고 있다.

인터넷 강국인 한국에서 온라인 선거를 활성화하려면 전화 부스 형태의 비밀투표가 보장되는 온라인 투표소를 곳곳에 설치하는 것이 최선이다. 나는 온라인 투표소 운영비용을 줄이면서도 안전을 확보할 방법에 관해 몇 가지 아이디어를 가지고 있다. 이를 통해 한국에서 안전하고, 편리하며, 신뢰성 있는 온라인 선거가 충분히 실현 가능하다고 믿는다.

about : 산업 생태계

Q 네이버 검색 방식 및 뉴스편집 등에 대해서 비판을 하면서 《두 얼굴의 네이버》라는 책을 썼다. 최근 검색 방식은 많이 나아졌다고 보는가? 새롭게 시도한 뉴스스탠드 등 뉴스편집 방향은 바람직하다고 보는가?

네이버 검색이 원본을 존중하지 않는 점은 크게 달라지지 않았다고 생각한다. 사용자를 네이버에 묶어두어야 점유율이 높아지므로 네이버는 원본 사이트에 사용자를 보내주지 않는다. 좋은 사이트를 만들어도 포털들이 사용자를 보내주지 않아 사이트 운영비조차 벌 수 없으므로 청년들이 더는 아이디어를 사업화하는 인터넷 비즈니스를 하지 않는다.

나는 원본 우선법과 광고 제한법을 만들기 위해 노력 중이다. 원본 우선법은 검색 결과에서 원본 사이트가 우선 배치되어야 한다는 것이고, 광고 제한법은 검색 결과보다 나중에 광고를 배치해야 한다는 것이다.

'된장'을 검색했을 때 된장에 관한 복제 글이 원본 글보다 먼저 나와서는 안 된다. 또, 된장 광고가 검색 결과보다 먼저 나오면 된장 구매 의사가 있는 사람들이 원본 사이트로 가기 전에 광고를 보게 되므로 원본 사이트에서 광고를 클릭할 가능성이 줄어든다. 원본 우선법으로 원본 사이트가 먼저 나오고, 광고 제한법으로 사람들이 원본 사이트의 광고를 보게 됨으로써 원본 사이트가 이익을 얻을 가능성이 높아진다. 포털들은 이런 중소 사이트의 광고면을 관리해 줌으로써 서로 상생하면서도 오히려 수익을 늘릴 수 있을 것이다.

뉴스스탠드는 기사 내용보다는 언론사 브랜드에 의존하게 하는 측면이 있다. 낚시 기사도 여전할 것으로 생각된다. 뉴스스탠드로 인해 네이버가 운영하는 뉴스 사이트로 사용자가 몰리고 있어 군소 언론들이 이중의 피해를 보고 있다. 뉴스스탠드는 결국 실패할 것으로 본다. 네이버의 뉴스 사이트 사용자가 늘어날수록 포털인 네이버의 뉴스 편집에 대한 비판이 거세질 것이다. 나는 뉴스 내용에 따라 배치하는 기존의 뉴스캐스트 방식을 사용하고, 편집은 신뢰성 있는 외부 편집자가 자신의 이름을 걸고 책임 편집을 하는 것이 최선이라고 생각한다.

Q 포털 사이트의 바람직한 사례는 무엇이라고 보는가? 생멸한 포털 사이트들은 결과적으로 경쟁에서 도태한 듯하다. 물론, 공정한 경쟁이었느냐는 의문이다. 최근 구글의 행보를 보면 무서울 정도로 앞서 간다는 인상이 든다.

절대 악과 절대 선은 없다. 다만, 포털 사이트가 다른 인터넷 업체들이 먹고 살 수 있도록 최소한의 공정성을 지키길 원한다. 지속적인 비판과 감시가 필요하다.

Q 정부 차원에서는 공생발전형 소프트웨어 생태계 구축 전략 발표, 대기업 입찰참여 강화 등 중소기업 살리기에 안간힘을 쓰고 있는 것 같다. 창의성이 핵심인 소프트웨어 분야에서 대기업과 중소기업 간 문제는 여전히 심각하다. 이를 해결하는 방법은 무엇이라고 생각하는가?

정부가 기업을 끌고 가는 시대는 지났다고 생각한다. 다양한 부양책을 시도하고 있지만, 난 그보다는 공정거래위원회의 역할 강화가 가장 중요하다고 믿는다. 현재 대기업 위주의 하청 구조, 불공정 거래, 포털 등 독점기업의 횡포는 공정거래위원회가 제 기능을 못 하기 때문이라고 생각한다. 경기 부양책에 앞서 정부의 모든 부서가 공정성 확립에 주력할 때 중소기업의 문제가 해결될 수 있을 것이다.

about : 소프트웨어 기술의 미래

Q 블로그에 "사람 이야기를 하기 위해 기계 이야기를 한다."는 표현이 있다. 어떤 의미에서 적은 것인가? 사람과 기술(기계)은 어떤 관계가 바람직하다고 보는가?

TV, 인터넷, 스마트폰, 소셜 네트워크 등 번잡한 세상 속에서 각종 제품의 브랜드가 개인의 가치를 표현하는 상징이 되었다. 기계가 인간을 소외시킨다는 지적들이 많다. 하지만 나는 기계란 각 개인의 오감을 확장시키는 것으로, 21세기 인간에게 기본으로 장착된 부품에 불과하다고 생각한다. 매미가 7년 동안 땅속에 있다가 날개를 달고 날아다니는 것처럼, 외계인의 눈으로 보면 인간이란 종족은 20년 동안 성장하면 고속으로 달릴 수 있는 딱딱한 껍질을 가지는 것처럼 보일지도 모른다. 즉, 자동차는 인간의 확장된 표현형이라고 말할 수 있다.

나는 깨달음이란 이런 번잡한 생활 속에서 중심을 잡을 수 있는 어떤 생각이라고 믿는다. 기계와 함께한 오랜 세월 속에서 나는 이런 깨달음을 약간 들여다보았다고 생각한다. 이를 '디지털 도(道)'라고 명명하기도 했다. 여러분들도 지름신을 최대의 숭배 대상으로 생각하는 삶 속에서 이를 통하지 않고도 스스로 평안을 얻는 방법을 깨달을 수 있기를 바란다.

Q 시스템 엔지니어로서, IT 칼럼니스트로서 왕성한 글쓰기(인터뷰 등 포함)를 하고 있다. 소프트웨어 기술의 미래상은 무엇인가? 《한국 IT 산업의 멸망》에서는 "세상을 바꾸는 것은 진보주의자들의 목소리가 아니라 잘 만든 한 개의 스마트폰, 사람들의 관심을 끌어모을 수 있는 새로운 인터넷 서비스라고 말할 수 있습니다."라고 했던 적이 있다.

소프트웨어 기술의 궁극은 '똑똑한 개인비서'를 구현하는 것이다. 기계가 "LA로 가는 가장 빠른 비행기 편 싸게 구해봐."라는 말을 알아듣고 예약까지 끝내는 것이다. 아마 공상과학 소설에 나오는 생각하는 로봇과 비슷할 것이다. IT 기술이 발달할수록 기계들은 작업을 수행하는 가장 효율적인 방법을 스스로 고민하게 될 것이다. 무인 자동차는 최적의 경로를 찾기 위해 애쓸 것이고, 스마트폰은 주인의 의도를 정확히 파악하기 위해 노력할 것이다. 결국, 기계는 주어진 요구에 대해 최상의 결과를 얻는 것을 최우선으로 하는 존재, 즉 의지를 갖춘 존재가 될 것이다. 사실, 이런 수준이 되면 생식 본능에 충실하려고 강을 거슬러 올라가는 연어의 행동과 기계의 행동을 구별하기는 힘들 것이다.

더구나 최근 상용화되고 있는 3D 프린터는 3차원 인쇄로 뭐든지 만들 수 있으므로 기계가 자신을 스스로 복제할 길이 열렸다. 그래서 이제는 자기복제가 생명의 특성이라고 말하기도 어려워졌다. 최근에 진화론이 재조명되면서 사회과학과 인문학에도 영향을 미치고 있다. 마찬가지로, 의지를 갖춘 기계로 인해 존재의 본질에 대한 새로운 이론들이 나타날 것이고, 이것들이 다시 철학의 영역에도 영향을 미치게 될 것이다. 이런 면을 살펴볼 때, 이제 세상을 바꾸는 것은 IT이므로 "진보는 IT에 있다."고 감히 말할 수 있다고 생각한다.

인/터/뷰/후/기

김인성 교수 인터뷰는 두 차례에 걸쳐 진행했다. 취재차 만남은 세 번 있었다. 마지막 인터뷰는 한양대학교 ERICA 캠퍼스 근처에서 식사하며 진행했다. 허심탄회한 많은 얘기를 나눴다. 그가 어떤 사람인지, 무슨 생각을 하는지 조금이나마 엿볼 수 있었다.

이번 장은 그에 대한 소스가 많아 그나마 집필하기가 수월했다. 김 교수가 매체에 쓴 글, 방송 등에 인터뷰한 내용, 블로그에 올라온 글, 출간된 책 등. 하지만 고민은 끊임없이 많이 했다. 그 역시 글 쓰는 사람이기 때문에 그를 글로써 풀어낸다는 건 큰 부담이다.

김 교수는 늘 강한 확신에 차 있었다. 그가 말하고자 하는 것들, 글로 쓰고자 하는 것들이 분명했다. 전투적인 이미지가 강하지만, 한편으론 편안함도 느껴졌다. 이번 책이 나오면 그를 다시 만나게 될 것 같다.

6

소프트웨어,
제조업과 만나다

고산

타이드
인스티튜트
대표

3D 프린터가 만드는 신세계

우리와 일생 동안 함께 해온 제품들이 모바일 컴퓨팅 기술 때문에
소프트웨어로 대체될 것이다.

_마이클 세일러, 《모바일 웨이브》 중에서

소프트웨어는 하드웨어 없이 구현될 수 없다. 육체가 없는
정신을 상상하기 힘든 것과 마찬가지다. 지금 소프트웨어의 중요성을 계
속 얘기하고 있지만, 하드웨어, 즉 제조업 측면을 절대 간과할 수 없다. 아
니 오히려 혹자는 하드웨어에 더욱 무게 중심을 둘지 모르겠다. 중요한 건
최근 트렌드가 하드웨어의 소프트웨어화로 바뀌어 간다는 사실이다.

한 자동차 회사의 사장은 '기름으로 움직이는 자동차'에서 '소프트웨어로
굴러가는 자동차'를 강조했다.[46] 자동차에 쓰이는 전자제어장치가 100개
가 넘고, 2030년에는 자동차의 절반이 소프트웨어로 움직일 것으로 전망

된다. 특히, 의료시장은 환자에 좀 더 다가가는 맞춤형 서비스를 제공하고 있다. 건축 분야는 소프트웨어를 이용해 금방 내진 설계가 가능하다. 전통시장은 ICT와의 융합을 통해 소프트웨어 혁신으로 성공 스토리를 만들 수 있다. 주차빌딩 환경을 바꾸고 건물관리를 좀 더 효율적으로 할 수 있다. 소프트웨어와 제조업의 만남은 이제 필수다.

하지만 국내 현실은 녹록지 않다. 산업분야별로 보았을 때, 하드웨어에 내장된 고부가가치 소프트웨어의 국산화율은 자동차 5%, 로봇 5%, 조선 4%, 국방 1%에 불과하다고 한다. 특히나 대형 규모인 중공업 등 제조공정에서 요구되는 설계·3D 시뮬레이션 프로그램은 거의 외산에 의존한다. 우리나라가 조선 1위라고 하지만, 쇳덩어리를 용접하고 조합하는 일에서 1등이라는 탄식이 나오고 있다.[47]

하드웨어의 소프트웨어화 트렌드

이런 측면에서 고산 타이드인스티튜트(www.tideinstitute.org, 이하 TIDE) 대표의 도전은 의미심장하다. 고 대표는 미래글로벌창업지원센터 글로벌 창업 지원사업에서 '보급형 3D 프린터' 아이템으로 선발됐다. 팀명은 'ATEAM Ventures'로, '수지제 필라멘트를 소재로 활용하여 컴퓨터상의 입체형상을 실물로 제작하는 보급형 3D 프린터를 개발'하는 것이다. 이 프로젝트엔 고 대표 및 실리콘 밸리에 있는 소프트웨어 개발자 11명이 참여한다. 현재는 시제품을 개발하는 단계다. 미국 현지창업을 위해 그는 최근 미국을 다녀왔다.

고 대표는 3D 프린팅 사업을 시작했다. 회사명은 크리에이터블 랩스Creatable Labs다. 최근엔 신제품 '크리에이터블 원Creatable One'을 선보였다. 시중 판매가는 100만 원대 후반으로, 외산 3D 프린터보다 저렴하다. 회사 관계자의 말을 종합하면, 입체형상을 자유롭게 만들 수 있고, 크기가 작아 편리하다. 또한, 관련 소프트웨어는 전문가가 아니더라도 그래픽을 쉽게 이용할 수 있다.

고 대표는 "인문학자도 웹 페이지를 만들 줄 알아야 한다."고 필자와 인터뷰에서 강조했다. 과학기술, 특히 소프트웨어의 중요성에 대해 강조한 것이다. 그는 최근《3D 프린터의 모든 것》(고산 기획, 허제 지음, 동아시아, 2013)을 기획했다. 이 책에서 고 대표는 "3D 프린터로 대변되는 디지털 제조와 피지컬 컴퓨팅 분야가 결합하면서 제품의 외형과 기능을 개인이 쉽게 구현해 볼 수 있는 개인 제조의 시대가 열리고 있다."고 밝혔다. 책을 집필한 허제 씨(그는 현재 TIDE에서 고산 대표와 함께 새로운 기술 트렌드와 사회 변화를 소개하는 전문가 세미나 타이드 인사이트를 운영하고 있다.)는 "하드웨어의 기술적 수준은 언젠가 비슷해질 것이다. 결국, 소프트웨어의 싸움이 될 수밖에 없다."고 밝혔다.[48] 이것은 애플의 아이튠즈를 벤치마킹해 3D 프린터를 계속 사용하게 만드는 플랫폼이 조성되어야 한다는 뜻이다. 하드웨어의 소프트웨어화 트렌드를 정확히 짚었다.

3D 프린터가 만드는 신세계

책에 따르면, 미국의 조사업체 홀러스는 3D 프린터가 2015년까지 1만 5,000대 정도 팔릴 것으로 전망한다. 책의 핵심은 3D 프린터가 가져올 신세계가 어떤 것이냐에 맞춰져 있다. 구상만 하면, 내 옆에 시제품을 떡 하니 만들어낼 수 있는 세상이 된 것. 중요한 건 인터넷 기반 소프트웨어가 급격히 성장하고, 3D 프린터에 대한 접근성이 수월해 새로운 제조업의 시대가 열렸다는 점이다. 한 마디로, "SNS Social Network Service의 발달로 제조업이 기업의 전유물이 아닌 시대가 왔다,"[49]는 것이다.

예를 들어, 스미스소니언 박물관은 전시될 진품에 대해 특수 소프트웨어로 스캔하여 3D 프린터로 복제품을 출력해 전시하고 있다. 원본이 망가질 수 있는 위험을 줄이는 것이다. 또한, 약물 제조 등에서도 3D 프린터는 유용하게 활용될 수 있다. 하지만 모든 것에는 동전의 양면처럼 부작용이 있다. 3D 프린터로 총도 제작할 수 있다. 미국에서는 실제로 3D 프린터로 총기를 만들어 내 문제가 되었다.

3D 프린터로 만들어 낼 수 있는 영역은 계속 확장하고 있다. 저자는 "초기에 단순했던 원재료의 폭이 플라스틱은 물론 콘크리트와 티타늄, 스테인리스강 등의 금속까지 넓어지고 있다."[50]고 밝혔다. 입력 및 출력에 따라 결과물이 달라지니 3D 프린터가 불러올 신세계는 무궁무진하다. 책에서는 이를 전자레인지의 보급과 비유했다. 전자레인지는 이제 생활필수품으로 자리 잡았다. 3D 프린터가 교육용, 업무용, 생활용으로 삶 속으로 파고들어 오게 될지 주목된다.

3D 프린터가 불러올 창조경제를 위해서는 소셜 펀딩, 크라우드 소싱, 오픈소스가 키워드다. 협업과 공유(오픈소스)를 통해 외부 전문가를 적극 활용(크라우드 소싱)하고, SNS를 기반으로 다 함께 아이디어를 공유할 뿐만 아니라 지원금까지 십시일반(소셜 펀딩)한다. 실례로, 서울시는 개미스폰서를 개설하여 수많은 사람의 후원금으로 아이디어를 실현한다. 그렇다고 모든 생각이 다 구체화되는 것은 아니다. 아이디어에 대한 평가와 공정한 경쟁이 온라인 상에서 열리는 것이다.

창조경제의 시대에 3D 프린터가 제조업 활성화에 작은 씨앗이 될지는 두고 볼 일이다. 새로운 기술과 혁신이란, 결국 소비자가 선택하기 마련이다. 그 진입 장벽을 뛰어넘는 건 3D 프린터 자체의 운명과 더불어 이에 대한 제도적 환경이 맞물려 있다. 렙랩 프로젝트에서 시작한 메이커봇(www.makerbot.com)은 오픈소스 하드웨어를 통해 성공했다. 메이커봇은 3D 프린터의 대중화에 기여하며 성장하고 있지만, 오픈소스를 포기했다. 그만큼 쉬운 길은 아니라는 뜻이기도 하다. 3D 프린터가 걸어가야 할 길은 아직 멀고 험하다. 특허 문제라든지 악용의 소지를 어떻게 해결할 수 있을지가 관건이다. 과학기술이 야누스인 것처럼, 3D 프린터의 미래 역시 명암이 함께 존재한다. 3D 프린터의 걸림돌은 공개와 협업이 해결책이 되지 않을까 싶다. 강한 특허권이 제도화되기 전에 문제점을 공유하고 해결하려는 노력이 함께 이뤄질 필요가 있다.

기술 스타트업의 성패는 무엇인가

그간 러시아에서 받은 우주인 훈련 프로그램과 과학기술 정책 전공, 과학기술 기반 창업 활동까지, 비록 우주에 가지는 못했지만 고산 대표와 과학은 떼려야 뗄 수 없다. 과학의 역할에 대해 그는 특히 "과학기술을 시장까지 들고 나오는 기술 기반 창업이 중요하다."며 "혁신에서 국가 경쟁력을 찾기 위해서는 당연히 다른 나라보다 앞서는 과학기술의 발전이 필수적"이라고 말한다. 그 이유는 우리나라 경제구조가 요소 주도형에서 효율 주도형을 거쳐 혁신 주도형으로 한 단계 도약해야 하기 때문이다.

고산 대표는 2013년 1학기부터 건양대학교에서 기업가정신 관련 릴레이 특강에 나섰다. 수업은 전체 신입생을 대상으로 하는 필수강좌로서 1학점이다. 과학기술이 시장에서 구체화될 수 있도록 고산 대표는 현재 청년들의 도전정신 함양을 위해 분주히 활동 중이다. 그가 생각하는 기업가정신은 "세상에 없는 제품이나 서비스를 만들어 내는 것이고, 이를 통해 세상에 가치를 더하는 일"이다. 그가 몸담고 있는 TIDE는 2011년 설립돼 청년 창업을 지원해 왔다. TIDE는 기술Technology과 상상력Imagination, 디자인Design과 기업가정신 혹은 창업 도전정신Entrepreneurship의 앞글자를 딴 비영리 단체다. TIDE는 거대한 물결을 형성하는 조류를 뜻한다.

그는 고려대학교 이공계 대학생 대상 강연에서, 전공을 뛰어넘어 현실 생활 속에서 지식이 어떻게 현실화되는지 파악해야 한다고 강조한 바 있다. 요컨대, 이공계 기피현상을 창업을 통해 완화시켜 주어야 한다는 것이다. 실제로 그는 연세대학교에서 '신사업 모델 포럼'을 한 학기 동안 운영했다. 경일대학교와 서울대학교에서는 한국의 실리콘 밸리를 꿈꾸는 예비 창업가들의 1박 2일 창업 캠프인 '스타트업 스프링보드 2012'를 진행했다. 실리콘 밸리 내에 있는 싱귤래러티 대학교에선 한인들을 위한 창업행사 '스타트업 스프링보드'를 개최하기도 했다. 2013년 11월 1일부터 24일까지는 해외 4개국인 미국 실리콘 밸리, 일본 도쿄, 인도네시아 자카르타, 중국 상하이를 무대로 '2013 K-Move Startup Springboard'를 개최했다.

기술 기반 스타트업은 세계의 관심사다. 기술 스타트업을 고려했을 때 성공하는 길에는 여러 방법이 있다. 몇몇 성공적인 스타트업들은 수십억 달러에 팔린다. 지난해 야후는 마이크로 블로깅 사이트인 '텀블러Tumblr'를 11억 달러에 인수했다. 텀블러의 강점은 블로그와 SNS가 융합한 서비스라고 생각하면 쉽다. 2013년 12월 4일 현재, 1억 5천3백8십만 개의 블로그와 690억 개의 포스팅이 있다. 어마어마한 숫자다. 텀블러의 대척점엔 오픈소스 콘텐츠관리시스템(CMS)인 워드프레스가 있다. 아무튼, 이러한 횡재는 스타트업 설립자나 투자자, 종사자들 모두에게 행운이다.[51]

〈뉴욕타임즈〉는 주목할 만한 기술 기반 스타트업을 소개했다. 창업은 하드웨어와 소프트웨어를 구분하지 않는다. 왓츠앱WhatsApp은 2009년에 야후의 전직 엔지니어들이 만들었다. 이용자가 3억 명이나 될 정도로 인기가 있다. 국내 유명 메시징 어플과 비슷한 왓츠앱은 1년에 1달러를 내면 광고 없이 메시지와 관련된 혁신적인 아카이브를 제공받을 수 있다. 지난 6월 초, 왓츠앱에 따르면 하루에 270억 건의 메시지가 처리됐다. 또한, 가상현실 헤드셋 스타트업 오큘러스Oculus VR도 주목된다. 비디오 게임의 가상현실로 사용자를 빠져들게 하는 오큘러스는 최근 1천6백만 달러 벤처 자금을 조달했다.[52]

세상에 가치 더하는 게 기업가정신

고산 대표가 창업에 관심을 두게 된 계기는 무엇일까? 고 대표는 "사실 창업이라는 것 자체가 내게는 전혀 새로운 분야였다."면서 "한국사회에 있을 땐 창업을 피상적으로 바라보았는데, 그런 이미지 너머의 가능성을 싱귤레리티 대학에서 엿볼 수 있었다."고 말했다. 싱귤레리티 대학은 10주 동안 첨단과학기술 트렌드를 접하고 이를 비즈니스 모델에 접목하는 프로그램이다. 이를 통해 투자를 받아 회사가 설립되기도 한다.

TIDE만의 차별성에 대해 고산 대표는 "비영리 사단법인인 동시에 지정기부금 단체로서, 이왕 창업 분야에 활용될 정부의 자금을 제대로 활용해보자는 것"이라고 답했다. 다시 말해, 정부의 사업을 수행하거나 정부의 사업을 받은 기관이 TIDE를 아웃소싱하게 한다. 아울러, 지정기부금 단체이기 때문에 기업의 후원을 받기도 한다. TIDE는 현재 삼성 SDS와 함께 서울, 대전, 부산 등지에서 창업 캠프를 진행하고 있다.

또한, TIDE는 제조업과 소프트웨어가 만나는 창업을 지원하고 있는 점에서 차별성을 가진다. 고산 대표는 "작년에는 일반인도 스스로 시제품 제작을 가능케 하는 TIDE Workshop을 경기지방중기청과 함께 운영해 왔다."면서 "올해에는 사무실이 있는 세운상가에 3D 프린터·레이저 커터 등의 디지털 제작 장비를 갖춘 공공 제작소 '팹랩 서울Fab Lab Seoul'을 설치했다."라고 말했다. 팹랩은 장비를 통해 자신의 아이디어를 실현하고 시제품으로 만들 수 있도록 하는 것으로, MIT 수업에서 시작했다. 팹랩과 관련해 TIDE는 서울시 주최, 희망제작소 등 비영리단체가 주관한 '2012 서울

사회적 경제 아이디어 대회'에서 '서울의 시민 공공 제작소 Fab Lab Seoul'로 최종 선정되었다. 관련 웹 페이지에선 "기존의 DIY_{Do-It-Yourself}에서 벗어나 DIWO_{Do-It-With-Others}를 지향하며, 누구나 와서 좋은 아이디어들을 실물로 제작할 수 있는 공간이 될 것"[53]이라고 포부를 밝히고 있다.

차별화된 기술을 기반으로 파급력 있는 창업은 연구자나 교수들로부터 이뤄질 수 있다는 게 고 대표의 생각이다. 그는 "사실, 강력한 창업은 차별화된 기술을 갖고 있는 연구자나 교수들이 할 수 있는 일"이라며, "스탠퍼드 대학교에서 창업하는 교수들처럼 우리도 글로벌 시장을 대상으로 빅히트를 치는 교수 창업이 여럿 나오길 기대해 본다."고 말했다.

정 / 리

☑ 점점 하드웨어가 소프트웨어화하고 있다. 소프트웨어와 제조업의 만남은 필수이지만 국내 상황은 녹록지 않다.

☑ 이런 상황에서 고산 타이드인스티튜트 대표의 행보는 주목할 만하다. TIDE는 기술+상상력+디자인+기업가정신을 기치로 창업 플랫폼 역할을 하고 있다. 특히, 고 대표는 스스로 보급형 3D 프린터 아이템을 통해 현장에 뛰어들었다. 《3D 프린터의 모든 것》 기획을 통해선 디지털 개인 제조 시대의 서막을 알렸다. 또한, 디지털 제작 장비를 갖춘 공공 제작소 '팹랩 서울'을 설치해 아이디어를 실현할 수 있도록 도움을 주고 있다.

☑ 고 대표는 인문학자도 웹 페이지를 만들 줄 알아야 한다고 강조한다. 더 나아가 과학기술을 시장으로 끌고 나가는 기술 기반 창업이 중요하다고 피력한다. 세상에 없는 제품이나 서비스를 만들어 새로운 가치를 더하는 게 바로 그가 생각하는 기업가정신이다.

한국 최초 우주인 후보에서
창업 멘토까지

한국 최초 우주인 후보였던 고산 대표는 외국어고를 졸업하고 이공계로 진학해서 수학·인지과학·인공지능까지 배우고 일했다. 삶 자체가 통섭의 총체다. 그는 "내가 선택한 것이지만 워낙 커다란 변화를 겪다 보니 사실 급류에 휩쓸린 듯한 느낌"이라며, "하지만 그것 역시 나의 선택이었고 피곤하다기보다는 새로움에 대한 설렘이 더 크다."고 말했다.

고산 대표는 '세상을 바꾸는 15분 강연'에서 우리가 생각하는 우주인은 꽃이라고 비유했다. 수많은 엔지니어가 쌓아놓은 과학기술의 업적 위에 탑승하는 게 우주인이라는 것이다. 그 꽃은 아름답지만 생명을 갖고 살아 있으려면 줄기가 닿아 있어야 하고, 그 뿌리가 땅속 깊이 박혀 있어야 한다. 그가 하고 싶은 일은 줄기를 세우고 뿌리를 내리는 일이다. 과학기술의 기반을 다지고 싶다는 뜻이다. 이를 위해 그가 지금 분주히 움직이고 있다. 그는 "과학이 우리의 일부가 된 것을 자연스럽게 받아들이고 없어서는 안 될 과학기술에 대한 교육이 제공되어야 한다."면서 "이를 인간이 세상에 태어나서 겪는 발달과 성장 과정의 일부로 받아들여야 한다."고 필자와 인터뷰에서 말했다.

그는 우주에 가지 못한 것을 후회하지 않는다. 왜냐하면, "스스로 생각했던 우주인 상에 충실하기 위해 노력했던 결과이기 때문"이다. 고 대표는 "우리는 이미 우주 속에 살고 있다."고 강조한다. 우주에 나가서 지구를 바라보는 것도 경이로운 경험이겠지만, 우리는 모두 이미 지구라는 우주선에 탑승하고 있다는 게 그의 소회다.

수학·인지과학·인공지능·우주·과학기술 창업까지 그의 행보에는 우주와 같은 무한한 가능성이 느껴진다. 그 가운데, 한평생 근면하게 살아온 어머니가 계신다. 근면이야말로 삶을 대하는 태도뿐만 아니라 기업가정신을 위한 토대다. 그래서 창업 멘토 고산 대표에겐 어머니가 삶의 멘토다.

 **Interview...**

about : 창업과 도전

Q 수학, 인지과학, 인공지능, 우주, 과학기술 정책, 창업 멘토까지 커리어 패스를 보면 그 자체로 통섭의 총체다. 연구자들 사이에서도 언젠가부터 학문의 융/복합이 유행이다. 여러 분야에 대한 도전이 힘들진(피곤하진) 않았는가?

외국어 고등학교를 졸업하고 이공계로 진학하여 수학, 인지과학, 인공지능까지 가는 길도 지그재그였지만, 내가 선택한 길이었다. 우주인 도전 이후의 삶도 역시 내가 선택한 것이지만, 워낙 커다란 변화를 겪다 보니 사실 급류에 휩쓸린 듯한 느낌이 들기도 한다. 그러나 그 역시 나의 선택이었고 피곤하다기보다는 새로움에 대한 설렘이 더 크다.

Q 창업에 관심을 두게 된 계기는 무엇인가? 언론 보도에 따르면, 싱귤레러티 대학에서의 경험이 많은 영감을 준 것 같다. 무엇이 그렇게 '특이'했는가?

사실, 창업이라는 것 자체가 내게는 전혀 새로운 분야였다. 주위에 창업으로 성공한 친구들이 여럿 있었음에도 창업에 전혀 관심이 없었는데, 싱귤레러티 대학에서 내가 한국 사회에서 피상적으로 바라보던 창업의 이미지를 넘어서는 가능성을 보게 되었다.

Q 최근 창업 열기가 가속화하면서 창업 프로그램도 인기다. TIDE만의 차별화 전략은 무엇인가? 또한, 재정적 운영은 어떻게 되나? 대기업 등의 후원도 받고 있는가? 이럴 경우, 창업 혹은 기업가정신이 퇴색할 수 있지 않은가?

TIDE Institute는 비영리 사단법인인 동시에 지정기부금 단체이기도 하다. 따라서 정부의 사업을 수행하거나 정부의 사업을 받은 기관이 우리를 아웃소싱하게 한다. 이왕 창업 분야에 활용될 정부의 자금을 제대로 활용해 보자는 것이 TIDE의 포지셔닝이다. 또한, 지정기부금 단체이기 때문에 기업의 후원을 받기도 한다. 이번에는 삼성 SDS와 함께 서울, 대전, 부산 등지에서 창업 캠프를 진행하기도 했다.

대기업의 지원을 받는다고 창업가 정신이 퇴색된다는 것은 별로 논리적 연관성이 없어 보인다. 오히려 대기업이 스타트업들을 잘 지원하는 선순환 구조를 만들어 나가는 것이 바람직하다고 생각한다. TIDE는 기존의 다른 인큐베이터 등과는 다르게 IT뿐 아니라 제조업 창업도 함께 지원하고 있다는 점에서 차별성을 가진다. 작년에는 일반인도 스스로 시제품 제작을 가능케 하는 TIDE Workshop을 경기지방중기청과 함께 운영해 왔고, 올해에는 사무실에 위치한 세운상가에 3D 프린터/레이저 커터 등의 디지털 제작 장비를 갖춘 공공 제작소인 '팹랩 서울Fab Lab Seoul'을 설치했다.

Q 본인이 생각하는 기업가정신은 무엇인가?

기업가정신은 'Entrepreneurship'의 번역인데, 일본인지 중국인지에서 '창업력'으로 번역된 것을 본 적이 있다. 기업가정신은 세상에 없는 제품이나 서비스를 만들어 내는 것이고, 이를 통해 세상에 가치를 더하는 일이라고 생각한다.

Q 과학이 교육과 융합했고(교육과학기술부), 이제는 미래와 창조를 통해 산업기술의 측면에서 경제 활성화에 기여하는 방향으로 흘러가고 있다. 과학의 역할은 무엇이라고 생각하나?

우리의 경제 구조는 경제 성장을 이루어 내며 요소 주도형에서 효율 주도형으로 변화해 왔다. 그리고 이제는 혁신 주도형으로 한 단계 도약을 준비하고 있다. 이제 높아진 임금 수준으로 인해 더 이상 효율 주도형의 산업 전략이 통용되지 않는 시기가 도래했다. 이미 이는 중국이나 인도 등의 신흥 국가들이 택해야 할 전략이 되어버렸기 때문이다. 혁신에서 국가 경쟁력을 찾기 위해서는 당연히 다른 나라보다 앞서는 과학기술의 발전이 필수적이라고 생각하고, 이와 같은 과학기술을 시장까지 들고 나오는 기술 기반 창업이 중요하다.

Q 갈수록 '과학 격차'가 벌어지는 경향을 띤다. 첨단과학이라는 것이 실생활에 녹아들어 좀 더 많은 사람에게 유용하게 쓰일 방법은 무엇이라고 생각하는가?

우리 인류는 과거 어느 때보다 발전된 과학기술의 한가운데에서 살아가고 있다. 이미 과학기술이 삶의 한 형식으로 자리 잡았기 때문에 어떤 분야의 사람이건 과학기술을 도외시할 수 없다. 예를 들면, 인문학자도 자신의 웹 페이지를 만들 줄 알아야 하는 식이다. 우선, 이렇게 과학이 우리의 일부가 된 것을 자연스럽게 받아들이고 없어서는 안 될 과학기술에 대한 교육이 제공되어야 한다. 이를 인간이 세상에 태어나서 겪는 발달과 성장 과정의 일부로 받아들여야 한다.

Q 지구의 중력과 다른 중력 상태에 발을 내디뎌 본(달에 상륙해 본) 사람이 지구 상에 12명이라고 한다. 본인에게 우주로 나간다는 것은 과연 어떤 의미인가? 과학기술을 통한 경제성장이라는 당위적 차원 이외에 인문학적 관점에서 답변해 달라. 아울러, 우주에 가지 못한 것을 후회한 적은 없나?

우리는 이미 우주 속에 살고 있다. 거대하게 회전하고 있는 나선형 은하의 외곽에 위치한 태양, 그리고 그 태양의 주위를 매년 한 바퀴라는 빠른 속도로 공전하고 있는 지구라는 우주선에 타고 있는 것이다. 그 자체로도 이미 경이로운 일이지만, 우주에 나가서 내가 살고 있는 지구를 돌아보는 것 또한 매우 경이로운 개인적인 경험이 아닐까 한다. 우주에 나가서 다시 우주 밖을 바라보는 게 지구에서 보는 것과 별반 다를 바가 없다. 우주에 인류가 나가는 것은 우리가 살고 있는 지구를 내려다보거나 달과 같은 다른 천체에 가기 위해서다. 내가 두 발을 딛고 있는 장소를 낯설게 하거나 전혀 새로운 환경에 내 두 발을 내딛는 행위다. 그래서 우주는 도전이고 탐험의 의미와 맞물려 있다.

우주에 가지 못한 것은 후회하지 않는다. 스스로 생각했던 우주인 상에 충실하기 위해 노력했던 결과이기 때문이다. 그리고 살아있는 동안 우주에 가는 것 자체는 큰 문제가 아니라고 생각한다. 이미 미국에서는 민간에서 우주선을 만들었고, 2억 원이라는 가격에 우주관광객을 모집하고 있다. 다만, 우주인 개인이 아니라 대한민국이라는 한 국가가 배출하는 우주인은 어떤 모습이어야 하는가 하는 고민을 그때도 지금도 여전히 갖고 있다.

Q 본인에게 (삶 혹은 기업가정신의 측면에서) 멘토는 누구인가?

한평생 근면하게 살아오신 어머니다.

Q 지금도 복싱과 산악을 하고 있나?

시간이 없어서 못하고 있지만, 올해부터는 암벽등반을 다시 시작해 보고 싶다.

Q 개인적 연구 등 최근 관심사는 무엇인가?

현재는 진행하고 있는 창업 분야에 집중하고 있다.

Q 앞으로 계획과 당부하고 싶은 말은?

현재 TIDE는 청년들의 창업을 지원하고 그들의 도전정신을 키워주는 데 비전을 갖고 열심히 활동하고 있지만, 사실 강력한 창업은 차별화된 기술을 가진 연구자나 교수들이 가능하게 할 수 있는 일이다. 스탠퍼드에서 창업하는 교수들처럼 우리도 글로벌 시장을 대상으로 빅 히트를 치는 교수 창업이 여럿 나오길 기대해 본다.

인/터/뷰/후/기

종로 세운상가에 위치한 TIDE 인스티튜트는 전통적 제조업 가게들이 많은 곳이다. TIDE가 추구하는 가치와 참 잘 어울린다. TIDE에서 진행하는 세미나에 한 번 참가했는데, 그곳에 모인 사람들의 열정이 느껴졌다. 자유롭게 생각하고 토론하며, 진지하게 성찰하는 듯한 모습이 보였다.

인터뷰 등으로 연락을 주고받던 중 출근길에 고산 대표를 우연히 마주쳤다. 필자가 거주하는 집 근처의 건널목에서 그를 보았다. 그는 자동차를 고치러 간다고 했다. 나중에 들어 보니 그는 한 아기의 아버지가 되었다고 한다. 그의 얼굴에도 세월의 흔적이 보였다.

고 대표의 도전은 끝이 없다. 그는 애초에 우주인이라기보다는 탐험가에 가까운 인상이었다. 고 대표의 모험이 어떤 방향으로 흘러갈지 매우 궁금하다.

7

소프트웨어,
성공을 꿈꾸다

소프트웨어 성공을 위한 필요조건

나는 소프트웨어를 사랑한다. 나는 기술을 사랑한다.

_마크 베니오프, 세일즈포스닷컴 CEO

소프트웨어란 컴퓨터를 동작시키는 지시, 명령어의 집합과 이를 서술한 기술서(記述書)를 의미한다. 소프트웨어는 정보기술과는 뉘앙스가 조금 다르다. IT라는 것이 디지털 콘텐츠라 부를 수 있는 정보 관련된 기술을 의미한다면, 소프트웨어는 그 기저에 있는 논리와 구조에 더 가깝다. 소프트웨어는 프로그래밍이고, 프로그래밍을 기술한 문서들의 합이다. 인간의 몸을 하드웨어에, 인간의 정신을 소프트웨어로 구분해서 생각하면 이해하기 쉽다. 정보(기술)는 인간의 입과 손을 통해 발화되고 쓰이는 말과 글에 가깝다.

우리 사회는 점점 소프트웨어의 지배를 받고 있다. 마이클 세일러는 창조성이 폭발하며 모바일 기술은 소프트웨어를 '고체'에서 '기체'로 변화시킨다고 설명했다.[54] 모바일 소프트웨어는 우리가 마치 숨을 쉬는 것처럼 끊임없이 기체화된다는 의미다. 데스크톱은 고체였고 노트북이 액체였다면, 모바일은 기체다. 삶을 지배하고 있는 기술을 의식하지 못할 정도로 우리와 점점 더 가까워진다는 것이다. 정보의 폭발로 인해 우리는 이제 정보중개인 없이 바로 소스에 접근 가능할 것이다. 신을 직접 만나는 셈이다.

인터페이스 없는 세상의 도래

구글 글래스가 적절한 예다. 모바일과 클라우드를 통해 새로운 실험 중인 구글 글래스는 가히 혁신이라 부를 만하다. 2013년 5월 15일, 미국 샌프란시스코 모스콘 센터에서 구글 개발자 콘퍼런스(구글 I/O_{Google Input/Output})가 열렸다. 이 행사 기조연설에선 구글 글래스가 언급조차 안 됐지만, 행사장 여기저기선 구글 글래스가 오히려 얘깃거리였다. 개별 세션에선 구글 글래스의 활용방안과 개인정보 문제 등에 대해 논의했다.

구글 글래스는 오랜 기간 준비한 비밀 프로젝트였고, 지금도 테스트 중이다. 구글은 기술 선도를 위한 메가톤급 프로젝트인 구글 글래스를 시연하며 문제점을 개선하고 있다. 구글의 한 소프트웨어 엔지니어는 구글 글래스를 가리켜 "새로운 인터페이스의 탄생 혹은 인터페이스 없음"이라고 표현했다. 지금은 스마트폰을 스크롤링하고, 앱을 다운받으며 인터페이싱한다. 구글 글래스의 탄생으로 이런 번거로움을 더는 하지 않아도 된다. 모바일 기술이 좀 더 기체화하는 순간이다.

소프트웨어는 가치 중립적이지만, 그 기술을 사용하는 사람에 따라서 악용될 여지가 있다. 구글 글래스나 3D 프린터 등 모두 마찬가지다. 시애틀의 한 술집은 구글 글래스처럼 인터넷에 접속해 사진 찍고 동영상 촬영하는 기기의 반입을 금지했다.[55] 라스베이거스 대부분 지역 역시 웨어러블 컴퓨터를 불허했다. 로스앤젤레스의 한 변호사는 구글 글래스를 착용하면 "우리 모두 파파라치이자 파파라치의 타깃이 될 것"이라고 경고했다. 보이지 않는 기술에 우리 모두 연관되고 있다.

데이터의 빅뱅 '빅 데이터' 분석

모바일 기술이 극대화되고 소프트웨어로 가능한 영역이 확장되면, 딱 그 정도로 많은 데이터가 발생할 것이다. 실제로 매일 500년 분량의 유튜브 동영상이 시청되고, 데이터의 단위가 킬로바이트(10의 3승)에서 요타바이트(10의 24승)를 향하고 있다. 이 모든 중심에 스마트 기술이 자리하고 있다. 테크리퍼블릭[56]은 최고정보책임자CIO, Chief Information Officer를 위한 미래 IT 기술을 전망했다. 첫째, 모바일 기술에 따른 증강현실의 실감 나는 경험이다. 모바일 증강 현실 관련 산업에서 15억 달러의 수익이 발생할 것으로 예상한다. 둘째, 모바일 기술의 극대화다. 아마존이나 이베이 같은 닷컴 회사가 10년에 걸쳐 세계적 기업이 되었듯이, 모바일 산업 역시 시간이 필요하다. 셋째, 넷째는 빅 데이터를 최대한 활용하는 것이다. 마지막으로, 생명공학 연구다. 경기침체에도 불구하고 2011년에 관련 R&D 투자가 전 세계적으로 9% 상승했다. IT 기술은 게놈연구 등의 정보 집적화에 기여한다.

IT 분야의 리서치 및 자문 회사인 가트너는 '2013년 10대 IT 전략기술'을 발표했는데, 역시 그 핵심은 모바일이다. 그 안에서 주목할 것은 기술변화에 따른 '빅 데이터'의 등장이다. 빅 데이터 분석은 테라바이트(TB, 10의 12승) 이상의 방대한Big 데이터 분석을 통해 유의미한 정보를 추출하는 것을 의미한다. 한 마디로, 데이터의 '빅뱅'이다. 빅 데이터 시장은 앞으로 연간 40%씩 성장해 2017년에는 530억 달러에 이를 것이라는 예측이다. 데이터 관리자와 데이터 과학자의 수요 역시 늘어날 전망이다.

오바마 대통령의 재선을 가능하게 한 것은 빅 데이터 분석을 통한 유권자 표심 파악이었다. 또한, 구글은 특정 지역에서 두드러지게 나타나는 독감 관련 검색자와 실제 독감에 걸린 사람과의 상관관계를 밝혀냈다. 이 소식은 〈네이처〉에 실렸다. 구글이 빅 데이터 분석을 통해 독감예보 서비스를 실시하고 있는 것이다. 미래학자 다니엘 부루스Daniel Burrus는 2013년을 이끌 20가지 기술 트렌드를 웹 사이트(www.burrus.com)에 올렸다. 1위는 역시 빅 데이터다. 빅 데이터는 주요한 의사결정을 신속하게 진행하기 위한 통찰력 얻기에 활용된다.

서울시와 부산시는 빅 데이터를 활용하여 정보화를 활용한 지방 3.0을 구현했다. 서울시는 '민·관 융합 빅 데이터를 활용한 시정 수립방안 연구'를 통해 성공적인 빅 데이터 적용을 보여줬다. 심야버스 노선 수립에 빅 데이터가 활용된 것이다. 서울시는 이동통신 통화량에 기초해 가장 많이 이용될 것 같은 지역을 선정했다. 서울시 '올빼미 버스'는 9개 노선으로 확장됐다. 부산시는 '빅 데이터를 활용한 부산 범죄예방시스템 구축에 관한 연구'를 했다. 공공오픈데이터센터 구축으로 대시민 범죄예방 방안을 연구한 것이다. 각각의 사례는 2013년 9월 1일부터 이틀간 안전행정부가 주최한 '지방행정정보화 연찬회'에서 대통령상과 국무총리상을 받았다.

서울시가 꿈꾸는 소프트웨어 성공 전략

특히, 서울시가 소프트웨어를 통해 변모하는 양상은 예사롭지 않다. 2011년 10월 26일, 박원순 시장 취임식부터 온라인으로 진행했다. 인터넷과 스마트 매체 생중계 접속자가 약 74,400명이었고, 소셜 댓글은 5,100여 건에 이르렀다고 한다.[57] 또한, 2012년 서울시 전자정부 추진 성과를 보면, 세계 대도시 전자정부 평가에서 5회 연속 1위를 차지했다. IT를 활용한 대민 전자서비스가 계속해서 강점을 드러내고 있는 것이다.[58]

2013년 서울시의 정보화예산 비율은 총예산(약 23조 5천70억 원)의 0.63%인 약 1천4백9십억 원이다. 서울시는 2012년 12월 말 기준으로 총 157개의 홈페이지 서비스를 운영 중이다. 한국어 117개, 외국어는 40개다. 정보시스템은 총 490종으로, 서울시가 자체 개발하여 보급한 시스템은 385개다. 전자정부 자원(데이터센터) 중 정보보호시스템 현황을 살펴보면, 총 83대로 VPN(36), 침입차단(22), 침입방지(10), DDOS/QOS(4), 접근통제(2), 기타(9) 순이다. 정보통신 자원 중 정보보호시스템 현황을 보면 총 104대로, 침입차단Fire Wall 14대, 좀비 PC 17대를 보유하고 있다. 특히, 통합보안관리시스템(ESM) 15대와 침입방지(IPS) 12대를 보유하고 있다. 개인정보보호시스템은 개인정보필터링시스템 11대, 개인정보노출점검시스템 3대 등 총 7종 21대를 보유하고 있다.

한편, 서울의 벤처기업은 근래 5년 동안 1.7배 증가해 2013년에는 6,237개다. 정보처리 및 소프트웨어 관련 기업은 2,878개로 약 47%를 차지했다. 그중 소프트웨어 개발 및 공급업은 2,000개인 것으로 파악됐다.[59]

서울시 홈페이지 일일 방문자 수는 195,579명이다. 2011년에 15만 명이었으니, 꽤 늘어난 수치다. 전자설문 관련 소관부서는 36개, 안건은 60건, 참여자 수는 29,255명으로 파악된다. 모바일 포털 이용 현황은 1일 평균 방문자가 163,596명이고, 접속 건수는 7,525,335건이다(2012년 12월 말 기준. '2013년도 서울시 정보화 시행계획' 참조).

서울시 소프트웨어 구현 및 정책 관련 통계

2013년 정보화예산(총 예산의 0.63%)	1천4백9십억 원
서비스	157개 운영
홈페이지 1일 방문자 수	195,579명
모바일 포털 1일 평균 방문자 수	163,596명
서울시 공공데이터 가치	2조1천억 원(추산)

위의 '서울시 소프트웨어 구현 및 정책 관련 통계' 수치에 대해 주위의 총 5명의 웹 기획자와 개발자들에게 보여주고 의견을 물었다. 이하 도표로 나오는 부분에 대해서도 함께 물어봤다. 정량적인 부분에서는 큰 의미가 없겠으나, 정성적인 차원에선 현업에 있는 사람들의 목소리에 귀 기울일 필요가 있을 것이다.

우선, 홈페이지 1일 방문자 수에 대해 사업비용 대비 방문자 수가 적다는 의견이 지적됐다. 정보화 예산으로 투입되는 시민들의 세금에 비해 방문자 수가 그리 많지 않다는 것이다. 이에 대해 구체적으로 수치를 제시하긴 힘들지만, 정보의 중요성을 생각해 볼 때 예산이 많이 부족하다고 생각된다는 의견도 있었다. 아울러, 공공데이터에 대한 가치 추산이 피상적인 것 같다는 얘기도 있었다.

서울시에서 추진하는 소프트웨어 관련 정책 및 방향성

❶ IT 개발자 청책토론회 개최
❷ 국산 소프트웨어 제품 활성화 추진
❸ 오픈소스 기반 웹 사이트 구축(워드프레스 등)
❹ 모바일 서울(m.Seoul) 서비스
❺ 빅 데이터, 모바일 중심 초협력 전자정부 선언
기타: (직접 작성)

서울시에서 추진하고 있는 소프트웨어 관련 정책 및 방향성은 표 '서울시에서 추진하는 소프트웨어 관련 정책 및 방향성'과 같이 축약된다. 이에 대해 1순위와 2순위로 나눠 의견을 구한 결과, IT 개발자 청책(聽策)토론회가 바람직하다는 쪽으로 집중됐다. 직접 가보진 못했으나 뉴스에서 봤

다는 의견이다. 특히, IT 개발자들의 목소리를 직접 들을 필요가 있다고 생각하고 있었다. 이와 관련해서는 밑에서 좀 더 살펴볼 것이다. 또 다른 의견으로는 국산 소프트웨어 제품 활성화 추진을 들었다. 국산 소프트웨어 제품이 활성화가 되지 않는 한 국내 소프트웨어 시장 상황이 좋아질 수 없다는 의견이다.

참고로, 서울시의 서버, 스토리지, 네트워크 등은 사실 대부분 외산이었다. 특히, 서울시 데이터센터에 구축된 정보화 시스템 중 소프트웨어는 378개인데, 국산이 차지하는 비율은 32.8%(124개)에 달했다. 국산 제품은 대부분 보안소프트웨어에 집중돼 있고, 데이터베이스 분야는 유명 외산업체가 주를 이루고 있다.[60] 이 때문에 서울시는 2013년 10월 1일에 국산 IT 활성화에 앞장서겠다고 밝혔다. 서울시 정보시스템에 국산 중소기업 제품 도입을 적극적으로 추진하겠다는 뜻이다. 아울러, 서울시 데이터센터에도 국산 IT 자원풀을 구성해 도입하겠다는 의지를 보였다.

서울시는 개방·소통의 열린 시정을 위해 표 '서울시가 개방·소통의 열린 시정을 위해 추진 중인 정보화 사업'과 같은 주요 과제들을 추진 중이다. 소프트웨어 성공의 관점에서 가장 바람직한 것은 무엇일까? 공공데이터 전면 개방이 매우 중요하다는 의견이 많았다. 소프트웨어 성공의 관점이란 표현에 적합하다는 것이다. 또한, 소프트웨어 개발에 있어서 점차 데이터가 기반이 되어야 좋은 개발이 될 수 있다는 의견이 있었다. 한편, 서울시는 2014년까지 단계적으로 157종 1,200여 개의 행정정보 원문 데이터를 무료로 개방할 예정이다. 분야는 교통, 환경, 도시관리, 보건, 주택 등이다. 특히, 서울시는 문서 포맷을 표준화하고 데이터 간 관계를 정의하는 링크드 데이터 기술을 도입한다. 관련 사이트는 서울 열린 데이터 광장 (http://data.seoul.go.kr)이다. 현재는 시범 사이트로 운영 중이다.

서울시가 개방·소통의 열린 시정을 위해 추진 중인 정보화 사업

❶ 공공정보 전면 개방, 〈서울 정보소통 광장〉 구축·개설

❷ 공공데이터 전면 개방, 〈서울 열린 데이터 광장〉 구축·개설

❸ 개방·참여형 홈페이지로 서울시 홈페이지 혁신

❹ 모바일 서울, 웹&앱 콘텐츠 강화

❺ 서울시 공공 무선인터넷(WiFi) 구축 및 운영

❻ 모바일 공간정보 서비스 및 플랫폼 운영

❼ 스마트 서울맵 앱 구축, 서비스

❽ 서울 '스마트 불편신고' 커뮤니티 매핑 구축 운영

❾ 서울도서관 개관, 첨단 도서정보 서비스 제공

❿ QR 코드 속 서울이야기 콘텐츠 서비스 강화

⓫ 인터넷 TV 운영 등 디지털 콘텐츠를 통한 시민소통·참여 확대

⓬ IT 거버넌스, 시민 중심의 서울 스마트 포럼 추진

서울시는 최적의 스마트 ICT 서울을 위해 표 '서울시가 최적의 스마트 ICT 서울을 위해 이룬 사업성과'와 같은 사례를 제시했다. 소프트웨어 성공의 관점에서 가장 바람직하다고 판단되는 것은 무엇일까? 우선, 개인정보 보호의 중요성은 소프트웨어를 떠나서 모든 분야에서 최우선이 되어야 할 사항이라는 의견이 있었다. 제2회 세계 전자정부 협의체 총회의 성공적 개최 및 의장 도시 연임은 대외 위상을 높여 바람직하다. 한편, 시민의 측면에서 가장 필요한 서비스라는 의미에서 대시민 주차정보 제공과 택시정보 종합관리 시스템이 바람직하다는 의견이 있었다. 나머지는 시민

에게 직접적인 필요성이 있는지 의문이라고 했다.

서울시가 최적의 스마트 ICT 서울을 위해 이룬 사업성과

❶ '세계 대도시 전자정부 평가'에서 5회 연속 1위

❷ 제2회 세계 전자정부 협의체 총회 성공적 개최 및 의장 도시 연임

❸ 정보보안 및 개인정보 보호 활성화

❹ 정보시스템의 안정적 운영

❺ IT 환경변화에 따른 수요자 중심의 IT 전문교육 운영

❻ 교통정보시스템의 안정적 운영

❼ 대시민 주차정보 제공을 위한 통합주차정보안내시스템 구축

❽ 택시정보 종합관리시스템 구축

❾ 스마트 재난안전시스템 구축

❿ 재난현장 기록물 DB 구축 및 119 소방방재센터 정보시스템 기능 강화

⓫ 하수도 GIS DB 정확도 개선

소프트웨어 환경 다양화에 따라 웹 호환성이 필요하다. 아울러, 정보격차 해소를 위해 웹 접근성 역시 갈수록 중요해지고 있다. 서울시 관련 웹 페이지들의 웹 접근성과 웹 호환성을 진단했을 때 어느 정도 수준일까? 물론, 이에 대한 정량적 분석이나 전문 분석 툴을 이용할 여유가 없었으나 다음과 같은 의견을 들었다. 웹 접근성의 측면에서 보자면, 디자인은 다른 포털 사이트들보다 메뉴 구성이 간결해 보이지 않는다는 의견이 있었고, 웹 호환성은 현재 일반적으로 사용하는 웹 브라우저들에서 큰 오류 없이 웹 페이지가 잘 표시된다는 의견이 있었다.

서울시의 소프트웨어 성공을 위해 필요한 것을 무엇일까? 이에 대해 공공기관의 사업 제약 및 비효율성에 대한 냉정한 평가가 필요하다는 의견이

있었다. 서울시 역시 공적 영역에 머물러 있기 때문에 일반 서비스 기업들의 생존 전략을 깊게 들여다봐야 한다는 것이다. 다시 말해, 서울시는 사업이 성공하지 못하더라도 별 문제가 없지만, 기업들은 죽고 사는 문제다. 접근법과 고민의 깊이가 다를 수밖에 없다. 현재 소프트웨어 산업 생태계는 민간 차원의 경쟁이 결과적으로 질적 수준을 이끌어 내고 있다. 아무리 좋은 정책이 나와도 생멸하는 기업들이 고민하는 수준을 따라잡기에는 미흡할 수 있다는 일침이다.

그렇다면 서울시가 앞으로 추구해야 할 소프트웨어 성공 전략의 키워드는 무엇일까? 표 '서울시가 추구해야 할 소프트웨어 성공 전략 키워드 예시'를 통해 물어봤다. 이에 대해 사업의 목적이 시민들의 필요와 불편함 해소에 초점이 맞춰져야 한다는 의견이 있었다. 즉, 소프트웨어에 의한 시민과의 소통 강화가 더욱 필요하다는 뜻이다. 기타로는 정말 시민이 필요한 사업을 진행해야 한다는 의견이다. 개발자들의 처우개선이나 창업 활성화는 서울시가 나서서 해결할 수 있는 문제가 아니라 산업 생태계의 문제라는 지적도 있었다.

서울시가 추구해야 할 소프트웨어 성공 전략 키워드 예시

❶ 개발자들에 대한 처우 개선
❷ 정보보안 강화를 통한 안전성 제고
❸ 소프트웨어를 통한 창업 활성화
❹ 소프트웨어에 의한 시민과의 소통 강화
❺ 웹 호환성 및 웹 접근성 질적 개선
기타: (직접 작성)

앞에서 제기된 대로 '소프트웨어에 의한 시민과의 소통 강화'가 앞으로 더욱 중요하다. 현장의 목소리가 매우 중요하다는 의견에 상응하도록 2013년 6월 24일, '세상을 움직이는 IT 개발자들의 목소리'가 열렸다. 박원순 서울시장은 개발자들의 목소리를 지속해서 듣는 소통의 채널을 마련하겠다는 얘기를 했다. 박 시장은 "소통과 집단지성이 희망"이라고 강조했다.

박원순 서울시장은 SNS 친구가 92만 명이나 된다고 한다. 그는 '스마트 클라우드쇼 2013'에서 "SNS를 통해 시정의 아이디어를 얻고, 시민들의 여론을 듣고, 시민들의 삶을 배우고 있다."면서 "행정의 성패는 바로 시민과의 소통에 달렸는데, IT 기술이 소통의 또 하나의 창을 열어준 것"[61]이라고 밝힌 바 있다. IT를 기반으로 '소유의 시대'에서 '공유의 시대'로 변하고 있다고 그는 강조했다. 공유촉진 조례 제정, 공유단체와 기업 지정을 통한 지원, 벤처기업인들의 창업 지원, 서울시 보유 자원 공개 및 공유 등. 특히, 서울시의 공공데이터를 무료로 개방하여 연구자료로 활용할 수 있게 했다.

소통과 집단 지성이 서울시의 희망

개발자들과 함께한 청책토론회의 주제는 'IT 개발자 지원을 위한 서울시의 역할'이었다. 사회는 곽동수 숭실사이버대학교 교수가 맡았다. 노상범 OKJSP 커뮤니티 대표는 'IT 개발자의 현실과 서울시의 역할'에 대해 발제하며 울분을 토했다. 그는 법만이라도 제대로 지키자고 강조했다.

이날 나온 얘기들은 고질적인 우리나라 소프트웨어 산업의 문제점을 고스란히 들려준다. 주요 골자는 다음과 같다. ▲무상 유지 보수 근절 ▲야

근문화 개선 및 수당 지급 ▲재하청 구조적 문제 해결 ▲발주자의 전문성 강화 ▲갑을 관계 개선 ▲지적재산권 문제 해결 ▲개발자 작업 환경 개선(통합센터 제공) ▲성과 위주의 관료적 사고 지양 ▲서울시의 모범적인 웹 서비스 제공 ▲일관된 데이터 접근 및 활용 ▲임금 체납 문제 해결 및 실업급여 제도 개선 ▲서울시 주관 소프트웨어공학센터 구축 ▲잦은 요구사항 변경 지양 ▲가격 제대로 주기. 박 시장은 "IT 분야에서 재하청을 없애는 것을 심각하게 고민해야겠다는 생각이 들었다."면서 "서울시가 좋은 발주자로서의 역할을 해야 한다는 것도 중요한 말씀"이라고 말했다. 그는 서울시 앱개발센터, 창업교육센터, 신용보증재단 등 가능한 지원책들을 언급했다.

여기서 중요한 것은 이에 대한 답변을 7월 22일에 내놓았다는 점이다. 물론, 만족할 만한 수준은 아니지만, 청책(聽策)이 정책(政策)으로 한 걸음 다가서는 순간이다. 현재 온라인시장실에 들어가면 관련 내용을 확인할 수 있다. 각 내용과 유형별, 처리현황을 한눈에 확인할 수 있다. 모든 사안에 대해 1차 처리답변 혹은 처리방향을 안내했다. 안내에 따라 처리방향 및 조치결과가 나온 것들이 있으며, 2차, 3차 처리방향 및 조치결과가 게시된 것들도 있다.

정부와 지자체가 재하도급을 해결하기 위한 노력이 필요하다는 부분은 처리현황이 추진 중으로 되어 있다. "계약 대가 지급 시 발주처는 계약상대자 소속 참여자 급여지급 내역 확인 등 재하도급 해결을 위한 책임과 노력이 필요"하다는 부분에 대해선 "정보화사업 추진 시 원도급자가 사업의 일부분을 하도급을 주고자 하는 경우, 제안단계에서부터 계획된 하도급이 이루어질 수 있도록 사전승인제도를 강화하고, 하도급 대가 지급이 적절하게 이루어지는지에 대한 확인과 더불어, 미준수 업체에 대한 타 정보화사업 제안서 평가 시 감점 부여 등 제재기준을 제도적으로 마련하여 적용할 계획임"이라고 답변이 올라와 있다. 여기엔 정보시스템 구축·운영 지침이 근거 규정으로 함께 적시됐다.

'저작권을 개발자에 돌려줄 수 있는 제도적 마련 필요'라는 부분은 처리현황이 추진 중이다. "현재 저작권은 갑이 가져가는데, 개발자에게 저작권을 주고 사용자는 사용권만 갖는 제도적 뒷받침이 필요"하다는 지적에 대해 "서울시는 계약목적물에 대한 저작권을 발주처의 소유로 한정하여 발주하는 사례를 근절하기 위하여 정보화사업 제안요청서 사전검토 시 불공정 저작권 관련조항이 포함되지 않도록 지속적으로 조치할 계획임"이라며, "사업목적물의 저작권은 '용역계약 일반조건'(기획재정부 예규)에 의거 발주처 및 사업자 간의 공동소유를 기본으로 상호 협의하여 정함을 원칙으로 하고 있음"이라고 답변돼 있다.

이 외에도 ▲IT 개발자 채용정보사이트 운영 등 지원 ▲서울시 정보화사업 관련 제안평가 시 심사위원의 충분한 평가 시간 확보 ▲서울시와 계약한 업체가 일할 수 있는 근무환경 제공 ▲서울시가 소프트웨어공학센터를 설립·운영하여 개발자 의견을 반영한 유효한 정책 마련 ▲서울시 기관들의 데이터를 제공받을 수 있는 일관된 통로 필요 등에 대한 답변이 올라와 있다. 앞으로 실제 발주자들이 어떻게 일하는지 계속 두고 볼 일이다.

오픈소스 소프트웨어의 가능성을 찾아서

한 가지 더 주목할 만한 부분은 2012년에 일어났다. 서울시의 얼굴이라고 할 수 있는 홈페이지를 오픈소스 소프트웨어 워드프레스 기반으로 바꿨다는 점이다. 참여와 공유, 소통을 강조하는 시정 철학에 걸맞은 부분이다. 워드프레스는 검색엔진에 노출이 잘 되기 때문에 데이터 공유라는 부분과도 결부된다. 또한, 소셜 미디어센터를 구축하는 등 소통에 중점을 뒀다.

공적 영역에서 블로그 형태의 웹 사이트를 구축한 것은 서울시가 처음이었다. 서울시의 변화를 계기로 오픈소스 소프트웨어 워드프레스에 대한 인기가 급상승했다. 서울시 홈페이지는 이후 여러 개편 과정을 겪으면서 워낙 방대한 자료가 얽혀 있다 보니 워드프레스 이외의 다른 요소가 가미된 상황이다.[62] 아울러 '서울시 대표 외국어 홈페이지 전면개편 계획(2013.8)'에 따르면, 플랫폼 전략은 워드프레스 활용으로 글로벌 인터넷 환경에 대응한다고 밝히고 있다. 3장에 소개된 레드블럭의 킴스큐 같은 경우, 국산이지만 워크플로우 미지원, 자유도 낮음, 플러그인 낮음 등이 워드프레스와 비교돼 있다. 한편, 백악관은 드루팔(PHP 기반의 오픈소스 CMS)의 오픈소스를 활용하여 웹 사이트를 제작했다. 특히, 자체 개발한 모듈과 테마는 다른 곳에서 사용토록 해 IT 생태계에 기여했다.[63]

우샤하디는 무료 오픈소스 소프트웨어를 개발하는 비영리 기술지원 법인이다.
우샤하디의 소프트웨어는 정보수집과 시각화, 인터랙티브 매핑을 지원한다.
우샤하디는 스와힐리어로 목격, 증언 등을 뜻한다.
_사진은 http://ushahidi.com/about-us에서 인용

오픈소스 소프트웨어의 가능성은 무궁무진하다. 케냐 출신 변호사이자 블로거인 오리 오콜로Ory Okolloh는 정당한 권리 행사가 어려워진 경험을 겪고, 사건·사고들을 지도에 표시하는 대규모 온라인 협력을 제시한다. 그 결과는 '우샤히디Ushahidi'라는 재난관리 오픈소스 플랫폼으로 나타났다.[64] 이 플랫폼은 오픈소스였기에 전 세계적으로 알려지고 공유될 수 있었다. 우샤히디 플랫폼은 아이티 지진과 러시아 산불에 이용된 바 있다.

그렇다고 오픈소스 소프트웨어라는 것이 늘 같은 맥락에서 사용되는 개방성은 아니다. 김재연은 리처드 스톨만에게 오픈은 자유였고, 리누스에겐 관리 방식이라고 적었다.[65] 전자는 상업화를 반대했지만, 후자는 일정

부분 수용하고 독점화만 반대했다는 것이다. 하지만 구글은 상황이 다르다는 게 그의 설명이다. 구글은 스톨만과 리누스의 영향을 받았지만, 갈수록 정보 접근의 통로를 독식하고 있다. 김재연은 "구글은 개방을 통해 오픈을 독점했다."[66]고 밝혔다.

우리의 현실은 어떠한가?

오픈소스 정신은 기업과 정신과도 연결된다. 특히, 기술 기반 '스타트업'이라 하면 도전-개방-공유-참여-혁신이 떠오른다. 이를 통해 성공의 역사가 만들어진다. 수백만의 사용자들 혹은 벤처 머니를 끌어들이면 또한 성공적이라고 불린다. 퍼블리싱(**사용자들을 위해 서비스가 공개되는 것을 의미**)되기 전에 페이스북이 그랬던 것처럼 말이다. 트위터 역시 계속 성공적이다. 아울러 광고주들이 사로잡고 싶은 특정 소비인구 층을 스타트업 제품이 사로잡게 되면 그 기업은 유망하다. 혹은 새로운 생각과 기술로 우리 삶의 방식을 바꿔 더 나은 방향으로 변화시킬 수 있으면 성공 가능성이 있다. 우리가 생각하는 스타트업의 유형들이다.

페이스북은 사진공유 애플리케이션 인스타그램을 10억 달러에 인수했다(2012년). 최근 인스타그램은 15초짜리 동영상 제작 및 공유 서비스 기능을 선보였다. 혁신이고 소비자들의 관심을 끌 만하다. 이외에도 이미지 공유 SNS 서비스를 제공하는 핀터리스트Pinterest, 모바일 카드리더 서비스를 제공하는 스퀘어Square, 앱으로 고급차량과 기사 서비스를 제공하는 우버Uber 등은 많은 사용자와 투자금을 보유해 어느 정도 성공했다고 볼 수 있다.

성공하는 스타트업이 있으면 망하는 곳도 있기 마련이다. 폐쇄형 SNS 패스Path나 실시간 비디오 플랫폼 에어타임Airtime은 하락세를 그리고 있다. 반면, 우리나라는 네이버의 밴드나 최근 새로 출시된 네이트의 데이비 등을 통해 폐쇄형 SNS가 인기 상승 중이다. 이는 불특정 다수와 친구가 돼야 하는 어색함을 극복하려는 시도다. 한국인의 정서에 특히 부합하는 서비스라 눈길을 끌고 있다.

하지만 국내 현실은 어떤가? 규모의 경제학을 앞세운 불공정한 플랫폼 전쟁, 창업의 자기검열인 규제와 틀, 일자리 창출과 금전적 보상의 최종 목표가 이미지화된다. 우버Uber가 불법으로 낙인찍히고, 창업자연대보증제로 창업하려면 불안 속에 모험을 해야 하며, 소수 특출한 아이디어 제품을 대형 기업들이 모방하고 자신들의 플랫폼으로 상용화하는 모습들. 이는 기술이 기술과 대결을 이뤄 아이디어가 사회혁신을 이루는 게 아니다. 기술이 기술 이외의 사회·문화를 극복해야 하는 형국이다. 결국, 기술은 고립될 수밖에 없고 창의성은 주눅이 들 수밖에 없다. 이 때문에 창업을 도와주는 테크숍, 킥스타터 등 창업플랫폼이 각광을 받고 있다.

드라마 〈응답하라 1997〉에서 주인공 윤태웅(송종호 분)은 스타트업을 통해 성공의 길을 간다. 그는 첫사랑에 아파하나, 일에 몰두하며 창의성을 발현한다. 드라마 속 장면은 매일 라면을 먹고, 밤샘하며 홀로 고군분투하는 모습이다. 앞으로 승승장구할 스타트업은 체계적인 창업지원책과 밤샘 없는 즐거운 일거리이어야 하지 않을까! 스타트업이라는 것이 자발성에 기인하는 것인데, 각종 외부 요인에 발이 얽매이다 보면 결과는 뻔할 것이다.

소프트웨어 성공은 아마추어리즘과 사용자 만족에 있다

〈포브스〉가 꼽은 2013년 미국에서 가장 선호하는 직업 1위는 소프트웨어 개발자였다. 2위는 컴퓨터 시스템 애널리스트, 6위는 네트워크와 컴퓨터 시스템 관리자, 8위는 정보보안 분석가와 웹 개발자, 컴퓨터 네트워크 아키텍트였다.[67] 물론, 이것은 미국이 소프트웨어 산업에서 갖는 위상을 말하는 것이다. 우리나라 개발자들은 조로(早老) 현상을 보이며, 시장에서 퇴출당하는 게 다반사다. 이게 바로 우리 현실임을 부정할 순 없다.

미래를 뜻하는 future의 어원은 14세기경 중세 영어인 futur다. 앵글로 프랑스말인 futur는 라틴어 futurus에서 기원했다. futurus는 '그렇게 될 것이다about to be'라는 뜻이다. 명사로서 future는 라틴어 futura을 본 떠 만들었다. 응당 그렇게 될 실체가 요구된다. 미래에 대비되는 개념은 일상적으로 생각하듯 과거가 아니라고 생각한다. 어원이 언급하듯이, 그렇게 되지 않도록 혹은 그렇게 될 수 있도록 만들어 가는 것, 그게 바로 미래다. 소프트웨어 성공의 미래는 '그렇게 될 것'이라는 믿음과 실천에서 만들어질 것이다. 벤처 거품이 꺼지고 하향 곡선을 그려온 과거에 대한 회한이 아니라, 앞으로 만들어가야 한다는 인식의 전환과 실천이 요구되는 것이다.

우리 사회는 전반적으로 해커 정신이 필요하다. 흐르는 물이 얼지 않듯이, 과학기술이 계속해서 삶을 혁신하고 성공시키기 위해선 여기저기 해커들이 존재해야 한다. 해커들은 삶을 바꿀 아이디어를 갖고 있다. 국력이 한 단계 도약하기 위해선 더더욱 해커 정신을 돌아봐야 한다. 해커는 결과보다 과정에 더 집중하고, 성과보다는 자각에 관심을 둔다. 해커는 1등이 결코 아니다. 물론, 코드와 아이디어가 결합한 최종 프로덕트로 판가름나는 게 해커들의 세계다. 그러나 해커는 '1등 바라기'를 하지 않는다. 해커들의 이러한 창조는 자발성과 공정한 경쟁, 공유와 혁신에서 비롯된다.

해커 정신은 아마추어리즘으로도 충분하다. 새로운 창의성이 발현되기 위해선 꼭 전문가일 필요는 없다. 대가를 바라지 않고, 무언가에 이끌려 재미를 위해 취미에 목숨 걸기. 이해하는 척하며 보여주기보다는 본질을 꿰뚫기 위해 한 가지에 몰두하기. 확신에 찬 아이디어에 모든 것을 걸고 전념하기. 진실이 아니면 상대조차 하지 않는 신념 갖기. 다른 생각과 관점으로 바라보기. 해커 정신은 인문정신이자 과학정신이고 예술혼이다.

해커 정신과 더불어 소프트웨어 성공을 위해선 결국 사용자를 만족시켜야 한다. 개발자는 모두 동시에 사용자다. 구글의 경영 철학 십계명 중 제1은 "사용자에게 초점을 맞추면 나머지는 저절로 따라온다."다. 브라이언 피츠패트릭과 벤 콜린스-서스먼은 "사용자는 소프트웨어 성공을 위한 생명선이다."[68]고 강조한다. 소프트웨어 역시 워즈니악과 스톨만, 토발즈, 주커버그의 역사가 아니고, 소프트웨어를 좋아하고 애용한 수많은 이용자의 역사다. 특히, 보이지 않는 곳에서 묵묵히 제 역할을 해온 이름 없는 개발자들의 발자국이다. 소프트웨어 성공 방정식의 변하지 않는 상수는 해커 정신과 사용자인 것이다.

정 / 리

☑ 소프트웨어는 점점 눈에 보이지 않고 우리 삶 속에서 기체화되어 가고 있다. 구글 글래스는 인터페이스가 없는 특징을 갖고 내가 촬영되는지 모를 정도로 소프트웨어와 더욱 가까워지는 세상을 만들 것이다. 또한, 이젠 정보의 폭발로 인해 정보중개인 없이 바로 소스에 접근 가능한 시대가 도래했다.

☑ 그 가운데 주목할 것은 데이터의 빅뱅인 빅 데이터다. 소스에 접근 가능해지니 그로 인해 파생되는 2차, 3차 정보들이 흘러넘친다. 데이터의 단위가 요타바이트를 향하고 있다. 빅 데이터는 대통령을 당선시키고, 독감을 예보하며, 심야버스가 과연 어디서 많이 필요한지 알아내고, 범죄를 예방하는 데에도 활용된다.

☑ 서울시가 꿈꾸는 소프트웨어의 성공 전략은 주목할 만하다. 공공데이터를 개방하고, 각 웹 페이지들 간 상호연계성을 높이며, 스타트업을 활성화하며, 국산 소프트웨어를 구매하겠다는 의지를 표명하는 것 등은 이례적이다. 특히, IT 개발자들과 직접 만나 문제점이 무엇인지 직접 청책(聽策)토론회를 개최하고, 이날 나온 사항들을 웹 사이트에서 답변하는 모습은 공공성이란 무엇인지, 소프트웨어 정책이 성공하기 위해 무엇이 필요한지 다시금 깨닫게 해준다. 이러한 노력이 모여 세계 대도시 전자정부 평가 1위와 UN에서 선정하는 공공행정상을 수상하게 만들었을 것이다. 서울시를 칭찬할 만한 또 한 가지 점은 오픈소스 소프트웨어인 워드프레스 기반으로 홈페이지를 재구축했다는 점이다. 이러한 부분이 기술의 흐름이기도 하지만, 공공기관으로서 블로그 형태의 웹 사이트를 구축한 것은 서울시가 국내에선 처음이다.

☑ 서울시는 공공기관으로서의 한계도 적나라하게 드러낸다. 발주자의 전문성 부족과 업무 문화 등은 토론회에서 개발자들의 탄식을 자아냈다. 구체적으로 살펴보면 정보화 예산 관련, 사업비용 대비 홈페이지 방문자 수가 그리 많지 않다. 공공데이터에 대한 가치 추산이 피상적이다. 좀 더 시민에게 직접적인 필요성이 있는 과제를 추진해야 한다. 서울시는 공적 영역에 머물러 있기 때문에 소프트웨어 관련 사업이 성공하지 못하더라도 살아남겠지만, 기업들엔 죽고 사는 문제다. 토론회 등은 그 자체로 바람직하나, 앞으로 소프트웨어에 의한 시민과의 소통 강화가 더욱 필요하다.

☑ 오픈소스 소프트웨어의 가능성은 무궁무진하다. 물론, 오픈이라는 맥락은 강한 정도에 따라 조금씩 차이가 난다. 재난관리 오픈소스 플랫폼은 지진과 산불이 났을 때 유용하게 활용됐다. 오픈소스 정신은 기업가정신과 연결된다. 기술 기반 스타트업은 도전-개방-공유-참여-혁신이 가능하다. 하지만 국내 현실은 불공정한 플랫폼 전쟁, 자기검열의 규제와 틀, 실패에 대한 위험과 불안, 체계적인 창업지원책 부족 등 극복해야 할 부분들이 많다.

☑ 소프트웨어가 성공하기 위해선 아마추어적 해커 정신과 사용자 만족이 관건이다. 소프트웨어의 성공은 그렇게 될 것이라는 믿음과 실천으로부터 만들어진다. 과거에 대한 회한보다 앞으로 만들어가야 한다는 인식의 전환과 행동이 필요하다.

소프트웨어
성공
방정식

인터뷰이들을 만나고 이야기하면서 과연 무엇이 소프트웨어의 성공인지 고민했다. 응당 성공이란 소프트웨어로 더욱 성장하고 현실적인 보상이 이뤄지는 것이다. 또한, 소프트웨어가 더 많은 사람에게 오류 없이 활용될 때, 그 문제점마저 협업과 공유를 통해 수정되고 극복 가능할 때 진정 소프트웨어의 성공적인 모습을 볼 수 있다. "f(x)=소프트웨어 성공"이라는 방정식이 있을 때 x라는 변수에 들어갈 요소는 매우 다양하면서 동시에 단순하다. 너무 어려워서 해답이 없을 것 같은데, 알고 보면 누구나 알고 있다. 인터뷰이들이 말하고자 했던 것들 속에 해답이 있다. 그 어떤 수사학이나 공식보다도 말이다. 아래를 살펴보면 좌변에 들어갈 변수의 윤곽이 드러날 것이다.

1. 앨런 튜링 - 연계적 사고(joined-up thinking)를 가져라!

흔히 융합적 사고를 강조하는데, 연계적 사고는 좀 더 긴밀하게 접속해 있다는 의미에서의 사고방식이다. 튜링은 수학과 공학, 논리학과 생물학의 관계 짓기를 시도했다.

2. 이고잉 - 자발적 학습이 필요하다!

스스로 커리큘럼을 설계하고 학습해야 한다. 특히, 장인과 아마추어 정신을 융합해야 한다. 이고잉은 하이레벨 기저에 있는 근본 원리(로우레벨)를 알고자 한다. 그래서 좋아서 하는 학습은 필수다. 그는 최근 수학과 영어 학습에 푹 빠져 있다.

3. 박원준 - 인간의 마음을 먼저 생각하자!

소프트웨어의 원리-활용-응용이 필요하다. 왜 그 소프트웨어를 쓰는지와 조금은 특이한 활용 방법을 찾아보자. 최종 사용자에겐 불편함을 해결하는 것, 소프트웨어 개발자에겐 협업과 공유 정신을 지향하는 마음 갖기가 중요하다. 박원준 씨는 이게 바로 컴퓨터보다 인간의 마음을 먼저 생각하는 것이라고 강조한다.

4. 박상민 - '문제'를 발견하고 해결해 보자!

박상민 연구원은 긍정적 의미의 해커로 남고 싶어한다. 즉, 직업이 즐거움이 되길 원하는 것이다. 즐거워하다 보면 능력 있는 개발자가 되고 보상이 따른다고 한다. 또한, "구글은 '알고 싶다', 아마존은 '사고 싶다', 페이스북은 '친해지고 싶다', 트위터는 '말하고 싶다'는 문제를 해결한 것"이 소프트웨어의 성공 요인이라고 한다. 요컨대, '문제'를 해결하려는 해커 정신이 성공하는 스타트 업을 만들 것이라고 말한다.

5. 권기택, 김성호 - 스타트업 도전 정신과 오픈소스의 사회적 가치를 함께 추구하자!

이들은 창의성과 혁신성을 바탕으로 경제적·사회적 가치를 동시에 추구하고자 한다. '공유 경제'라는 사회 흐름과 더불어, 지식이 더욱 공유되고 선순환하는 생태계를 만들려고 노력한다. 김성호 개발자는 본인이 만든 소프트웨어를 누군가 사용할 때 가장 큰 보람을 느낀다. 아마 모든 소프트웨어 개발자들의 꿈이 그러할 것이다.

6. 유신 - 소프트웨어는 완벽할 수 없지만 계속 나아질 수 있는 운명을 타고났다!

유신 교수는 완벽한 소프트웨어를 가지기 힘들지만 언제나 더 나아질 수 있다고 한다. 21세기의 과학은 '계산', 즉 소프트웨어에 더욱 의존할 것이라고 한다. 그는 세상을 보는 큰 틀로서의 소프트웨어란 어떤 의미인지 함께 고민해 보자고 했다.

7. 박태환 - 보안 기술은 IT의 흐름과 그 맥을 같이 한다!

박태환 팀장은 보안 기술의 영역은 IT 기술이 미치는 모든 영역으로 확대될 것이라고 본다. 보안인을 꿈꾼다면 운영체제와 프로그래밍에 대한 기본 지식을 갖출 것을 그는 당부했다.

8. 조근영 - 보안 전문가가 되려면 몰입하고 즐겨라!

조근영 씨는 보안 전문가에게 가장 잘 어울리는 단어는 '몰입'이라고 한다. 또한, 그는 즐기지 않고서는 보안이라는 넓은 분야를 헤쳐나갈 수 없다고 강조했다.

9. 김인성 - 진보는 IT에 있다!

김인성 교수는 소프트웨어 기술의 궁극은 '똑똑한 개인비서'를 구현하는 것이라고 한다. 특히, 기계는 인간의 오감을 확장시킨다고 했다. 세상을 바꾸는 것은 IT이므로 진보는 IT에 있다고 감히 말할 수 있다고도 했다.

10. 고산 - 세상에 없는 제품이나 서비스를 만들어 가치를 더하자!

고산 대표가 생각하는 기업가정신은 세상에 없는 제품이나 서비스를 만들어 가치를 더하는 것이다. 그는 인문학자도 웹 페이지를 만들 줄 알아야 한다고 강조한다. 강력한 창업을 위해선 차별화된 기술이 필수다.

11. 서울시 - 소통과 집단지성이 희망이다!

서울시는 소유에서 공유의 시대로 변모하는 추세에 맞춰 갖가지 새로운 모색을 하고 있다. 그중 '세상을 움직이는 IT 개발자들의 목소리' 청책토론회는 개발자들과 직접 소통하고 질의에 대해 답변"했다"는 의미에서 바람직하다. 토론회에서 밝힌 희망이란 소통과 집단지성이다.

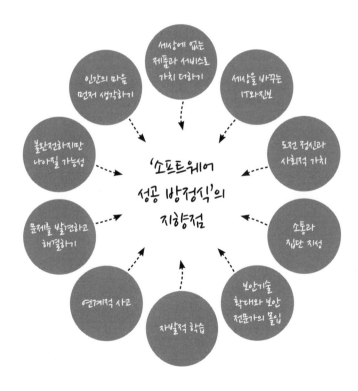

소프트웨어의 성공에 대한 책을 써보자는 아이디어는 인터뷰이 중 한 명인 김인성 교수를 만났을 때 나왔다. 이번 프로젝트 전에 만난 적이 있었는데, '소프트웨어 성공학'에 대해 쓰면 오래갈 수 있는 책이 될 것이라고 김 교수는 조언해줬다. 그런데 막상 인터뷰를 진행하다 보니 여러 난관에 부닥쳤다. 이 주제가 너무 어렵고 대답하기가 쉽지 않기 때문이다.

인터뷰하고 책을 쓰면서 과연 성공한다는 것이 무엇인지 고민해봤다. 라디오를 듣거나 방송을 보니 사람들이 문득문득 '성공'이라는 말을 내뱉었다. 다들 어려움 속에서 지금의 성공을 이끌었고 앞으로도 열심히 할 것이라고 강조했다. 응당 맞는 말이다. 한편으로 든 생각은 '왜 좀 더 즐기거나 좋아하면서 성공할 수 없을까?'였다. 놀이처럼 일하면서 보상받을 수 있다면 그야말로 성공의 진수가 아닐까?

소프트웨어가 나아가야 할 방향, 성공의 의미와 충분조건 등에 대해 답을 구하기 위해선 더 많은 사람의 이야기를 들어봐야 할 것이다. 외국인 개발자 인터뷰를 추진하고 싶었으나 안타깝게 성사되지 못했다. 서울시 역시 담당자 혹은 시장과 인터뷰를 추진하고자 했으나 불발로 끝났다. 추후 소프트웨어 성공 방정식의 두 번째 이야기가 나온다면 좀 더 다양한 사람과 특별한 얘기를 나눠봐야 할 것이다.

이 책이 세상에 나오기까지 많은 사람이 도와줬다. 인터뷰에 흔쾌히 응해준 책 속 주인공들에게 제일 먼저 감사의 말씀을 전한다. 이 책의 기획을 믿고 여러 조언과 편집, 교정을 해준 제이펍의 장성두 실장님에게 역시 고마움을 느낀다. 뭐니 뭐니 해도 곁에서 온정을 나눠주며 집필에 실제로 큰 도움을 준 다현 씨가 있었기에 책을 마무리할 수 있었다. 그녀에게 고마움을 전한다.

이 책이 부디 우리나라 소프트웨어에 일말의 희망이라도 부여하길 꿈꿔본다.

참 / 고 / 문 / 헌

■ 단행본

고산 기획, 허제 지음, 《3D 프린터의 모든 것》, 동아시아, 2013.

김갑수 외, 《진보의 블랙박스를 열다》, 들녘, 2012.

김인성, 《도난 당한 패스워드: 한국 인터넷에서 살아 남는 법》, 홀로깨달음, 2013.

김인성, 《한국 IT 산업의 멸망》, 북하우스, 2011

김인성, 《두 얼굴의 네이버: 네이버는 어떻게 우리를 지배해 왔는가》, 에코포인트, 2012.

김재연, 《누가 한국의 스티브 잡스를 죽이나: 열린 인터넷과 그 적들》, 서해문집, 2012.

데이비드 리비트, 《너무 많이 알았던 사람. 앨런튜링과 컴퓨터의 발명》, 승산, 2008.

마이클 세일러, 이준걸 옮김, 《모바일 웨이브》, 제이펍, 2013.

로버트 해리스, 조영학 옮김, 《에니그마》, 랜덤하우스, 2007.

루돌프 키펜한, 이일우 옮김, 《머리를 쓰는 즐거움 암호의 해석》, 코리아 하우스, 2009.

박정일, 《추상적 사유의 위대한 힘》, 김영사, 2010.

백욱인, 《컴퓨터의 역사》, 커뮤니케이션스북스, 2013.

브라이언 피츠패트릭·벤 콜린스 서스먼, 장현희 옮김, 《협업의 기술》, 제이펍, 2013.

양대일, 《정보 보안 개론》, 한빛미디어, 2013.

에릭 슈미트·제러드 코언, 이진원 옮김, 《에릭 슈미트 새로운 디지털 시대》, 알키, 2013.

에른스트 페터 피셔, 박규호 옮김, 《슈뢰딩거의 고양이》, 들녘, 2009.

이재현, 《인터넷》, 커뮤니케이션스북스, 2013.

장라세구, 임기대 옮김,《인공지능 창시자 튜링》, 동문선, 2003.

조지프 르두, 강봉균 옮김,《시냅스와 자아》, 소소, 2006.

베리 쿠퍼 외,《앨런 튜링: 그의 업적과 영향(Alan Turing: His Work and Impact)》,
　　Elsevier Science, 2013.

팔란타리 2020,《우리는 마이크로 소사이어티로 간다》, 웅진윙스, 2008.

프랭크 웹스터, 조동기 옮김,《정보사회이론》, 나남출판, 1997.

■ 논문

'가상환경 RAC를 이용한 악성코드 탐지에 대한 연구: 첨부문서를 이용한 APT 공격사례
　　중심으로', 성균관대, 오종환 석사 논문. 2013.

'계산 기계와 지성(Computing Machinery and Intelligence)', 앨런 튜링, 〈Mind〉, 1950.

■ 보고서

'국내 지식정보보안산업 실태조사', 한국인터넷진흥원, 2013년

'사이버 보안산업 정책', 장홍순, 국가미래연구원, 2013년 3월.

'소프트웨어 인력 양성 전략', 김대호 외, 국가미래연구원, 2013년 3월.

'스마트 클라우드 컴퓨팅 시대의 IT 정책지원 체계', 서울대 행정대학원, 2012년.

'오픈소스SW가 만능은 아니다', SW산업 월간 동향, NIPA, 2013년 4월.

'오픈소스 소프트웨어 라이선스 가이드 1.0(초급편)', 문화체육관광부, 한국저작권위원회, 2012년.

'오픈소스 소프트웨어 라이선스 가이드 2.0(중급편)', 문화체육관광부, 한국저작권위원회, 2012년.

'2013 서울 웹 콘퍼런스' 발표자료 중 '데이터 공개 플랫폼 활용 사례', 서울시, 2013년.

'2012년 정보화 시행계획', 서울시, 2012년.

'2013년 정보화 시행계획', 서울시, 2013년.

■ 기사 및 웹 자료

〈가트너〉, '2013년 10대 IT 전략기술', 가트너, 2012년.

〈공개SW포털〉, '서울시 워드프레스로 홈페이지 혁신', 2012년 5월 8일자.

〈뉴욕타임스〉, '어떤 스타트업이 앞으로 위대하게 될 것인가?
(Which Start-Up Could Be the Next Big Thing?)', 2013년 8월 29일자.

〈뉴욕타임스〉, '구글 글래스에 대한 조기 경고: 출입 금지
(Google Glass Picks Up Early Signal: Keep Out)', 2013년 5월 6일자.

〈디지털데일리〉, '서울시 IT정책토론회에 쏟아진 관심… 재하청 없애고 직접도급 확대',
2013년 6월 25일자.

〈디지털타임스〉. '서울시 데이터센터도 외산 일색', 2013년 9월 19일자.

〈로이터〉, '해커들, 아이폰 5S의 지문인식 기능을 크래킹길 원하다
(Hackers eager to crack fingerprint scanner on iPhone 5S)', 2013년 9월 19일자.

〈리드라이트〉, '앨런 튜링 101: 컴퓨터과학의 아버지가 들려주는 교훈(Alan Turing 101: A Lesson
On The Father Of Computer Science)', 2013년 9월 30일자.

〈마이크로소프트〉, '인간의 마음을 연구한 앨런 튜링', 2013년 8월 1일자.

〈민중의 소리〉, '무능한 한국 정부, 해커 집단 몰려든다', 2013년 3월 24일자.

〈서울경제〉, 'ICT 융합엔 업종 구분이 없다', 2013년 7월 17일자.

〈시사IN〉, '온라인 선거 부정을 막는 방법', 2013년 10월 22일자(제318호).

〈블로터닷넷〉, '서울시 홈페이지, 워드프레스로 바꾼다', 2012년 3월 16일자

〈올띵스디〉, '랙스페이스가 CERN을 위한 새로운 클라우드를 개발한다. CERN은 웹을 개발한 곳
으로 유명하다(Rackspace Builds a New Cloud for CERN, A.K.A. the Place That Invented
the Web)', 2013년 7월 1일자.

〈인포섹인스티튜트〉, '핵티비즘: 수단과 동기, 그 외에는?
(Hacktivism: Means and Motivations… What Else?)', 2013년 10월 2일자.

〈전자신문〉, '시한폭탄 같은 공개SW 라이선스', 2013년 7월 30일자.

〈전자신문〉, '오픈 소스 소프트웨어는 공짜가 아니다', 2013년 9월 6일자.

〈전자신문〉, '오픈소스 대란 현실화… 라이선스 관리 비상', 2013년 9월 5일자.

〈전자신문〉, '해외 오픈소스 분쟁 사례, 그 결과는', 2013년 9월 5일자.

〈전자신문〉, '주요 오픈소스 라이선스', 2013년 9월 5일자.

〈전자신문〉, '[이사람] 김석우 한국정보보호학회장', 2013년 3월 3일자.

〈조선일보〉, '세계 1위 한국 造船, 주요 소프트웨어는 96% 수입… 조립만 1등인 셈',
2013년 8월 1일자.

〈조선비즈〉, '[스마트클라우드쇼] 박원순 서울시장 환영사 전문', 2013년 8월 1일자.

〈한겨레21〉, '창조경제 1년? 우린 여전히 지렁이', 2013년 10월 28일자(제983호).

참고문헌

〈허핑턴 포스트〉, '소셜 미디어 시대의 아이러니: 소셜 미디어는 가장 소셜 하지 않은 사람에 의해
　　만들어졌다.(The Irony of the Social Media Era: It Was Created By the World's Least Social
　　People)', 2012년 5월 15일자.

〈BBC〉, '구글: 검색 거인 구글의 대항마들(Google: Alternatives to the search giant)',
　　2013년 7월 17일자.

〈CBS 시사자키〉, '공안사건은 증거 조작해도 괜찮다?', 2013년 7월 25일자.

〈Communications of the ACM〉, '앨런 튜링의 해가 남긴 의미심장한 유산
　　(The Alan Turing Year Leaves a Rich Legacy)', 2013년10월호. Vol.56, No.10.

■ 참고 사이트

aistudy.co.kr	hawking.org.uk	salon.com
allthingsd.com	sangminpark.wordpress.com/	health20.kr
besuccess.com	home.web.cern.ch	scienceon.hani.co.kr
blog.meson.kr	huffingtonpost.com	seoul.go.kr
blogger.com	isitwp.com	sisainlive.com
bloter.net	itfind.or.kr	successful-blog.com
book.naver.com	kimsq.com	techopedia.com
burrus.com	ko.wikipedia.org	techopedia.com
code.org	m.seoul.go.kr	techrepublic.com
codecademy.com	makerbot.com	techrepublic.com
data.seoul.go.kr	minix.tistory.com	ted.com
ddaily.co.kr	minoci.net	terms.naver.com
duckduckgo.com	navercast.naver.com	theguardian.com
egoing.net	newyorkcomputerforensics.com/learn	tideinstitute.org
en.wikipedia.org	olc.oss.kr	time.com
etnews.com	opentutorials.org	turingfilm.com
etymonline.com	oss.kr	twitter.com/sm_park
forbes.com	plato.stanford.edu	ucsb.edu
github.com	rackspace.com	ushahidi.com
gov20.seoul.go.kr	readwrite.com	venturebeat.com
h21.hani.co.kr	resources.infosecinstitute.com	wikiseoul.com

1 〈Communications of the ACM〉, '앨런 튜링의 해가 남긴 의미심장한 유산(The Alan Turing Year Leaves a Rich Legacy)', 2013년 10월호. Vol.56, No.10.

2 http://plato.stanford.edu/entries/turing 참조. 이하 이번 장에서 '앨런 튜링 소개' 등 일부분 내용을 참조했다.

3 《컴퓨터의 역사》(2013, 커뮤니케이션스북스) p. 76 참조.

4 readwrite.com, '앨런 튜링 101: 컴퓨터과학의 아버지가 들려주는 교훈(Alan Turing 101: A Lesson On The Father Of Computer Science)', 2013년 9월 30일자. 여기서 101은 그가 태어난 지 101년이 지났음을 의미하는 듯하다.

5 《슈뢰딩거의 고양이》(2009, 들녘), p. 208 참조.

6 앨런 튜링의 일생은 《스탠퍼드 대학교 철학사전》과 《너무 많이 알았던 사람》(데이비드 리비트 지음, 고중숙 옮김, 2008), 월간 《마이크로소프트》(2013년 7월호), '인간의 마음을 연구한 앨런 튜링'을 참조.

7 앨런 튜링과의 가상 인터뷰는 다음의 책들을 참고했다. 《너무 많이 알았던 사람. 앨런 튜링과 컴퓨터의 발명》(데이비드 리비트, 2008, 승산), 《시냅스와 자아》(조지프 르두 지음, 강봉균 옮김, 2006, 소소), 《에니그마》(로버트 해리스 지음, 조영학 옮김, 2007, 랜덤하우스), 《인공지능 창시자 튜링》(장라세구 지음, 임기대 옮김, 2003, 동문선), 《추상적 사유의 위대한 힘》(박정일, 2010, 김영사), 《앨런 튜링: 그의 업적과 영향(Alan Turing: His Work and Impact)》(Elsevier Science, 2013). 에니그마 부분은 《암호의 해석: 머리를 쓰는 즐거움》(루돌프 키펜한 지음, 이일우 옮김, 2009, 코리아하우스), p.196-242 참조.

8 앨런 튜링의 반박은 http://www.aistudy.co.kr/math/computing_machinery_intelligence.htm 를 참조해 작성했다.

9 캐나다 커뮤니케이션 이론가 마셜 맥루언(Mashall McLuhan)은 정보량과 참여도에 따라 미디어를 핫미디어와 쿨미디어로 분류했다. 그의 유명한 저서 《미디어의 이해》(1964)에 이 두 개념은 소개됐다. 라디오나 텔레비전 같은 전통적 미디어들과 더불어 블로그, SNS 등 새로운 매체들이 등장했다. 이에 따라 정보량과 참여도는 매체뿐만 아니라 매체를 운영하는 주체에 따라 핫미디어와 쿨미디어의 성격이 혼재하는 경향을 띤다.

10 http://blog.meson.kr/470 '시스템을 바라보는 시선 – 구조적 설계 사고'

11 http://blog.meson.kr/366 '검색엔진의 진화 – 플랫폼을 통한 인식의 진화'

12 《우리는 마이크로 소사이어티로 간다》(팔란타리 2020 지음, 웅진윙스, 2008), p. 117 참조.

13 〈BBC〉. '구글: 검색 거인 구글의 대항마들(Google: Alternatives to the search giant)'. 2013년 7월 17일자.

14 https://duckduckgo.com

15 http://blog.meson.kr/371 '소프트웨어 엔지니어의 가치를 생각하다 – 클라우드 서비스'

16 http://blog.meson.kr/398 '스마트폰을 이용한 도서관리 – 코드2디비'

17 http://blog.meson.kr/377 '정보의 가공 및 개인화 – 논문 작성을 중심으로'

18 http://blog.meson.kr/386 '개방성 표준을 통한 산업의 발전은 가능한가'

19 http://blog.meson.kr/258 '나는 왜 카카오톡을 사용하지 않는가'

20 박상민 연구원 블로그 Human-Computer Symbiosis(http://sangminpark.wordpress.com/) 중 '우리의 강함은' 2013년 5월 8일.

21 《정보 보안 개론》(양대일 저, 2013, 한빛미디어), p. 25 참조.

22 정지훈 소장 블로그 하이컨셉 & 하이터치(www.health20.kr) 중 '해커정신과 아르파넷의 꿈' 참조.

23 박상민 연구원의 트위터는 https://twitter.com/sm_park이다. 여기에는 소프트웨어 산업의 전반적 흐름을 볼 수 있을 정도로 관련 소식이 많다.

24 〈올띵스디(http://allthingsd.com/)〉, '랙스페이스가 CERN을 위한 새로운 클라우드를 개발한다. CERN은 웹을 개발한 곳으로 유명하다(Rackspace Builds a New Cloud for CERN, A.K.A. the Place That Invented the Web)', 2013년 7월 1일자.

25 공개 소프트웨어로 번역되지만, 이 책에서는 코딩의 '소스'를 자유롭게 활용한다는 어감을 살리기 위해 원어를 사용한다.

26 한국저작권위원회 오픈소스 소프트웨어 라이선스 가이드 참조.

27 《협업의 기술》(브라이언 피츠패트릭, 벤 콜린스 서스먼 지음, 장현희 옮김, 제이펍, 2013) p. 6 참조.

28 킴스는 우리나라에서 가장 많은 성씨인 김씨의 복수형인데, 그만큼 대중적이며 한국적인 소프트웨어를 지향한다. 큐는 퀄리티(기술적 우수함)와 퀵(가볍고 빠르다)을 의미한다. 요컨대, 킴스큐는 다음을 의미한다. "열정, 노력 그리고 창의력과 독창성을 통해 가장 쉽고 대중적인 소프트웨어가 되겠다는 의지를 담고 있다."

킴스큐(KIMQ) 제품에 대한 소개는 관련 웹 페이지(kimsq.com)에서 확인할 수 있다. "전문기술이 없는 사용자도 간단한 조작으로 쉽게 웹 사이트를 구축하고 운영할 수 있게 해주는 도구입니다. 개인화된 나만의 웹 사이트를 구축하고 싶은 사용자에게 쉽고 빠르게 웹 사이트를 만들 수 있는 기반을 제공하는 것을 목표로 개발되고 있습니다."

29　이 당시 킴스보드는 제로보드보다 인기를 끌진 못했지만 비슷한 기능을 했다. 위키백과는 제로보드(ZeroBoard)를 "고영수가 개발한 홈페이지용 전자 게시판(BBS) 소프트웨어 또는 프레임워크"라고 설명한다.

30　http://venturebeat.com 참조.

31　위키백과의 킴스큐 설명을 보면, "개발자 김성호가 개발하여 무료로 배포한 프리웨어 전자게시판이다. 펄(Perl)을 사용하여 개발되다가 PHP로 변경하였다."고 밝히고 있다. 이 책에 그와의 인터뷰가 이뤄진 건 의미 있다.

32　'가상환경 RAC를 이용한 악성코드 탐지에 대한 연구: 첨부문서를 이용한 APT 공격사례 중심으로', 성균관대 석사 논문, 오종환, 2013.

33　'스마트 클라우드 캄퓨팅 시대의 IT 정책지원 체계' 중 참고자료 부분 참조. 서울대 행정대학원, 2012.

34　〈전자신문〉, '[이사람] 김석우 한국정보보호학회장' 2013년 3월 3일자.

35　《정보사회이론》(프랭크 웹스터, 조동기 옮김, 1997, 나남출판) 참조.

36　영국의 경제학자 크레샴이 언급한 것으로, 원문은 "Bad money drives out good money."다. 시장에 유통되는 나쁜 화폐가 좋은 화폐를 몰아낸다는 뜻이다. 한 마디로, 나쁜 것들이 많아지면 그 안에 있던 좋은 것들이 자취를 감추게 된다는 의미다.

37　〈허핑턴 포스트〉, '소셜 미디어 시대의 아이러니: 소셜 미디어는 가장 소셜 하지 않은 사람에 의해 만들어졌다(The Irony of the Social Media Era: It Was Created By the World's Least Social People)' 2012년 5월 15일자 참조.

38　http://resources.infosecinstitute.com/hacktivism-means-and-motivations-what-else/에 실린 '핵티비즘: 수단과 동기, 그 외에는?(Hacktivism: Means and Motivations … What Else?)' 참조. 2013년 10월 2일자.

39　"소프트웨어가 사회를 움직인다." 이는 사이언스온(http://scienceon.hani.co.kr)에서 유신 교수가 연재 중인 '내일의 소프트웨어' 소개 글에 나온다.

40　〈한겨레21〉에 따르면, "낮은 보수와 임금 체불, 극심한 노동 강도 등으로 고통을 호소하는 목소리가 높아지고" 있다. '창조경제 1년? 우린 여전히 지령이', 2013년 10월 28일 제983호.

41　http://newyorkcomputerforensics.com/learn/ 참조.

42　그가 인터뷰로 참여한 한 책을 보면 좀 더 자세한 설명이 나온다. "디지털 포렌식은 컴퓨터 하드디스크, 웹 서버, 데이터베이스 서버 등 디지털 증거 확보에 주력해야 한다. 특히, 컴퓨터가 무슨 작업을 했는지 1/1,000초 단위까지 정확하게 기록하는 로그 데이터를 최우선으로 수집하여야 한다."《진보의 블랙박스를 열다》(김갑수, 김인성, 이병창, 김영종, 김준식 저, 2012, 들녘) p. 15. 참조.

43 〈시사IN〉, '온라인 선거 부정을 막는 방법', 318호.

44 김인성 교수는 라디오방송과 인터뷰에서 "디지털 포렌식 작업하는 분들이 일반 형사사건 같으면 공정하게 하는 편인데. 이런 공안사건이나 특히 국가보안법 사건이 걸리면 국정원이나 검찰, 경찰이 원하는 대로 다 해주고 있는 실정"이라면서 "그런 식으로 보고서가 일단 나오고 나면 민간이든 그쪽에 있는 작업자들은 다 입을 다물죠. 거기에 대해서 아무도 말을 안 합니다."고 말했다. 〈CBS〉 시사자키, '공안사건은 증거 조작해도 괜찮다?', 2013년 7월 25일자.

45 〈민중의 소리〉, '무능한 한국 정부, 해커 집단 몰려든다', 2013년 3월 24일자.

46 〈서울경제〉, 'ICT 융합엔 업종 구분이 없다', 2013년 7월 17일자.

47 〈조선일보〉, '세계 1위 한국 造船, 주요 소프트웨어는 96% 수입… 조립만 1등인 셈', 2013년 8월 1일자.

48 《3D 프린터의 모든 것》(고산 기획, 허제 지음, 2013, 동아시아), p. 238. 책은 국내 현실에 맞게 3D 프린터를 통해 창업하거나 도움을 얻고자 하는 독자들을 위해 정말 모든 것을 담았다. 지적재산권이나 저작권 문제, 관련 웹 사이트, 3D 프린터 추세와 현황, 소프트웨어 등을 총망라하고 있다.

49 앞의 책. p. 133.

50 앞의 책. p. 108.

51 〈뉴욕타임즈〉, '어떤 스타트업이 앞으로 위대하게 될 것인가?(Which Start-Up Could Be the Next Big Thing?)', 2013년 8월 29일자. 이하 관련 내용 참조. 벤처 열기가 한창일 때와 마찬가지로 스타트업이 유행처럼 번지고 있는 지금 그 본질적 의미에 대해 고려해 볼 필요가 있다.

52 이외에도 다음과 같은 기술 기반 스타트업들이 〈뉴욕타임즈〉에 소개되었다. 앞의 기사 참조.

- 왓츠앱(WhatsApp): 2009년 야후의 전직 엔지니어들이 만든 왓츠앱 역시 인기 있다. 이용자가 3억 명이나 될 정도다. 국내 유명 메시징 어플과 비슷한 왓츠앱은 1년에 1달러를 내면 광고 없이 메시지와 관련된 혁신적인 아카이브를 제공받을 수 있다. 지난 6월 초, 왓츠앱에 따르면 하루에 270억 건의 메시지가 처리됐다.

- 와넬로(Wanelo): 현명한 온라인 쇼핑을 하도록 도와주는 와넬로(Wanelo, Want+Need+Love의 조합어)는 2000년에 설립됐다. 와넬로는 1천만 사용자들을 보유하고 있으며, 젊은 여성들에게 인기다. 와넬로의 가치는 1억 달러에 이른다.

- 리프트(Lyft): 자동차 승차공유 앱 리프트는 2007년에 출발했다. 샌프란시스코에 자리 잡은 리프트를 활용하면 사용자는 원하는 목적지에 갈 수 있고, 차량 소유자는 서비스를 제공하며 돈을 벌 수 있다. 운전기사가 되려면 일정 자격이 있어야 한다. 매주 3만 건의 서비스를 제공한다. 최근 6천만 달러의 벤처 자금을 투자받았다.

- 마이오(MYO): 2012년 캐나다 워털루에서 시작한 스타트업. 마이오의 암밴드(armband, 팔뚝에 차는 완장)는 근육에서 발생하는 전기적인 변화를 탐지해 컴퓨터, 폰, 혹은 선호하시는 디지털 기술을 무선으로 사용할 수 있도록 해준다. NYT는 향후 우리가 컴퓨터와 개인 디바이스를 다루는 데 혁신적인 기여를 하게 될 것으로 전망했다. 3명의 엔지니어로 시작한 마이오는 1천5백만 달러를 모았고, 선주문만 3만 건에 이를 정도다.

■ 브레인트리(Braintree): 온라인 결제 서비스 페이팔(Paypal)의 아성에 도전장을 던진 브레인트리. 2007년 시카고를 중심으로 시작된 이 스타트업은 앵그리버드 게임으로 유명한 로비오(Rovio), 앱으로 식사 예약하는 오픈테이블(OpenTable), 모바일 차량 예약 이용서비스 우버(Uber) 등 주요 고객사를 확보했다. 브레인트리는 문자 메시지를 통해 결제가 가능한 벤모(Venmo) 애플리케이션을 획득했다. 브레인트리는 은행업의 스타트업인 심플(Simple)과 전략적 파트너십을 체결했다. 7천만 달러의 자금을 시작으로 브레인트리는 성장하고 있다.

■ 캔디 크러쉬(Candy Crush): 광고 없는 게임 캔디 크러쉬는 오래 갈 것 같다. 킹(King)이라고 불리는 게임 스튜디오에서 2012년 하반기 스마트폰용으로 출시한 캔디 크러쉬는 빅히트를 기록 중이다. 4천5백만 사용자를 확보했고, 하루에 6억 회 이상 플레이된다.

53 위키서울닷컴 http://wikiseoul.com/ideas/791/#.UnYjzHC8CxY 참조.

54 《모바일 웨이브》(마이클 세일러 지음, 이준걸 옮김, 2013, 제이펍, p.30) 참조.

55 〈뉴욕타임스〉, '구글 글래스에 대한 조기 경고: 출입 금지(Google Glass Picks Up Early Signal: Keep Out)', 2013년 5월 6일자.

56 http://www.techrepublic.com/blog/cio-insights/future-it-trends-experts-pick-out-their-top-tips/

57 '2012년 정보화 시행계획'(서울시, 2012). 이하 관련 내용 참조.

58 '2013년 정보화 시행계획'(서울시, 2013). 이하 관련 내용 참조.

59 '모바일서울' 통계 자료 참조. 2013년 6월 자료 기준.

60 〈디지털타임스〉. '서울시 데이터센터도 외산 일색', 2013년 9월 19일자.

61 〈조선비즈〉, '[스마트클라우드쇼] 박원순 서울시장 환영사 전문', 2013년 8월 1일자.

62 워드프레스의 사용 여부를 알려주는 http://www.isitwp.com에서 확인해 보면, 서울시 메인 홈페이지 등은 워드프레스가 아니라고 나오지만, 온라인시장 페이지(mayor.seoul.go.kr)와 교통섹션(http://traffic.seoul.go.kr)은 워드프레스로 만들어진 것이라고 나온다. "Good news everyone, this website is on WordPress."

63 '2013 서울 웹 콘퍼런스' 발표 자료 중 '데이터 공개 플랫폼 활용 사례 - 성북구청 마경근 기술사' 참조.

64 《누가 한국의 스티브 잡스를 죽이나: 열린 인터넷과 그 적들》(김재연, 2012, 서해문집). p. 52 참조.

65 앞의 책. p. 120 참조.

66 앞의 책. p. 123 참조.

67 http://www.forbes.com/sites/jacquelynsmith/2012/12/06/the-top-jobs-for-2013/2 참조.

68 《협업의 기술》(브라이언 피츠패트릭, 벤 콜린스 서스먼 지음, 장현희 옮김, 2013, 제이펍) p. 232 참조.

찾 / 아 / 보 / 기

ㅎ

숫자 및 영어